自贸金融创新与改革年度研究报告 2015

跨境资金流动与上海自贸试验区金融创新研究

主编 殷林森 吴 君

中国财政经济出版社

图书在版编目（CIP）数据

跨境资金流动与上海自贸试验区金融创新研究／殷林森，吴君主编．—北京：中国财政经济出版社，2015.11

（自贸金融创新与改革年度研究报告．2015）

ISBN 978－7－5095－6483－7

Ⅰ.①跨…　Ⅱ.①殷…　②吴…　Ⅲ.①自由贸易区－金融改革－研究报告－上海市－2015　Ⅳ.①F832.751

中国版本图书馆 CIP 数据核字（2015）第 270273 号

责任编辑：吕小军　　　　责任校对：黄亚青

封面设计：思梵星尚　　　　版式设计：兰　波

中国财政经济出版社出版

URL：http：//www.cfeph.cn

E－mail：cfeph@cfeph.cn

社址：北京市海淀区阜成路甲 28 号　邮政编码：100142

发行处电话：88190406　财经书店电话：64033436

北京财经印刷厂印刷　各地新华书店经销

787×1092 毫米　16 开　16 印张　359 000 字

2015 年 11 月第 1 版　2015 年 11 月北京第 1 次印刷

定价：32.00 元

ISBN 978－7－5095－6483－7/F·5220

（图书出现印装问题，本社负责调换）

本社质量投诉电话：010－88190744

打击盗版举报热线：010－88190492、QQ：634579818

本书编写组名单

主　编：殷林森　　吴　君

执　笔：第 1 章　　殷林森　刘晓明

第 2 章　　吴　君

第 3 章　　杨莉莉

第 4 章　　聂　峰

第 5 章　　殷林森

第 6 章　　吴　洁

第 7 章　　殷林森　吴　君

Contents

目 录

第1章 绪　论

1.1 选题意义

当前世界经济一体化进程不断加快、金融全球化程度不断加深，全球各国在贸易、金融等领域的依赖性增加。伴随经济全球化进程的推进，跨境资本流动规模不断扩大。

据国际货币基金组织统计，1994年全球国际资本流量为1.9万亿美元，到2007年则达到22.6万亿美元。2008年金融危机爆发后，全球国际资本流量又迅速回落至2.6万亿美元。但到2014年，全球国际资本流量已恢复到30多万亿美元。从流动方式看，全球国际直接投资流量从1994年的0.5万亿美元增至2014年的16.5万亿美元，国际证券投资流量从1994年的0.8万亿美元增至2014年的10万亿美元。

随着我国经济实力的不断增强，特别是在2008年全球金融危机中的稳定表现，人民币在国际市场上的声望越来越高，人民币国际化进程逐步加快。人民币资金的跨境流动是促进人民币成为世界主要结算、投资、储蓄货币的重要手段和途径，是更好促进对外投资、服务实体经济的重要抓手。

自2009年跨境贸易人民币结算试点开始以来，经过两三年的发展，人民币跨境贸易结算已扩大到全国，人民币国际化下一步将面临资本项目开放的挑战。但发展至今，跨境证券投资业务的发展规模与主要发达国家存在相当大的差距，业务模式仍然停留在QFII、QDII以及“沪港通”等过渡式的投资模式，大大限制了我国跨境证券投资的发展步伐；而跨境直接投资的发展规模尽管增长不少，但是部分“假贸易、真投资”的交易一定程度上制约着跨境直接投资的质量及服务实体经济的效果。

目前，国家外汇管理局资本项目管制存在较多限制，资本账户全面开放尚待时日，在全国范围内有效深入推进跨境双向投资时机还未完全成熟，上海自贸区先行先试部分内容以及探索相应模式显得尤为重要。

2014年9月上海市政府印发的《关于本市进一步促进资本市场健康发展的实施意见》（以下简称《实施意见》）明确，不断提升上海资本市场开放水平；坚持金融服务实体经济发展的本质要求，进一步增强上海多层次资本市场的服务功能；支持证券期货服务机构增强核心竞争力，进一步提升服务能力；充分发挥资本市场资源配置功能，推动本市企业创新发展。

《实施意见》明确，促进资本市场在自贸试验区进一步开放。在促进跨境证券投资方面，上海自贸试验区正在出台相关办法与细则，制定相应的规则。推动区内金融机构和企业按规定进入上海地区的证券和期货交易场所进行投资和交易，推进区内符合条件的个人按规定开展跨境双向投资；推动境外机构和自贸试验区注册企业的境外母公司在境内发行人民币债券；促进跨境资本通过自由贸易账户实现双向流动；努力把自贸试验区建成全国资本市场对外开放度最高的试验田。

上海自贸试验区作为推进政府制度创新的国家战略和试验特区，承担着为资本市场证券投资的开放先行先试的功能。《中国（上海）自由贸易试验区总体方案》为深化利用境内外两种资源、两个市场，实现跨境投融资自由化提供了制度保障。结合国内跨境资金流动实际情况，探索上海自贸试验区先行先试跨境投资的模式及核心内容，具有鲜明的时代意义。

1.2 跨境资金流动的内涵及主要形式

跨境资金流动①是国际收支交易活动（一个国家或经济体与世界其他国家或经济体之间的进出口贸易、投融资往来等各项国际经济金融交易及对外债权债务情况）在资金层面的反映，是一个经济体资金流出入的总体状况，即资金跨越经济体管辖区域范围流动的情况。

1.2.1 跨境资金流动是国际收支不平衡的表现形式

资金作为经济交往的一种媒介，在进行跨国界流动时，背后承载的是一个国家或者经济体对外货物、服务、资本及金融等经济内容的交往。国际上公认，以国际收支概念记录、分析和解释一国或一个经济体与世界其他地方的经济交往情况，是最为科学和有效的方法之一。因此，资金的跨境流动实质上是国际收支交易活动不平衡所反映出来的资金流动情况。

所谓国际收支，就是一个经济体在一定时间（通常是一年，有时候为了统计分析也会有季度数据或者月度数据）全部对外往来的系统的货币记录。国际收支平衡表将经常

① 定义源于中国人民银行。

项目，包含货物、服务、经常转移等内容和资本及金融项目，包含直接投资、证券投资、贸易信贷、贷款等各项国际收支记录下来。

表1－1 国际收支平衡表反映跨境资金流动的项目 单位：亿元人民币

项目 \ 年份	2010	2011	2012	2013	2014
一、经常项目差额	16 043	8 736	13 602	9 190	13 510
1. 货物差额	17 167	15 666	20 303	22 262	29 256
2. 服务差额	－2 109	－3 977	－5 667	－7 710	－11 793
3. 收益差额	－1 765	－4 547	－1 251	－4 822	－2 095
4. 经常转移差额	2 751	1 595	217	－540	－1 858
二、金融账户差额	19 030	16 985	－2 289	21 227	2 326
1. 直接投资差额	12 569	14 983	11 122	13 473	12 813
2. 证券投资差额	1 605	1 264	3 013	3 267	5 062
3. 贸易信贷等其他投资差额	4 856	738	－16 424	4 486	－15 549

来源：数据源自国家外汇管理局公布的中国国际收支平衡表。

一国经济体对外往来的货币记录有国际收入和国际支出，当国际收入大于国际支出时形成净收入，称为国际收支顺差；当国际收入小于国际支出，形成净流出，称为国际收支逆差。国际收支顺差和国际收支逆差这两种情况就是国际收支不平衡。表1－1反映了我国经常项目和资本项目在2010年至2014年的国际收支情况，其正、负反映了各项国际收支相应的顺差或者逆差。

根据国际收支平衡表统计项目的分类，将国际收支顺差或逆差所引起的国际收支不平衡分为：经常项目不平衡、资本和金融账户不平衡和总差额。其中经常项目不平衡是衡量货物贸易、服务贸易等经常项目总差额的指标，资本和金融账户不平衡是衡量直接投资、证券投资等资本和金融对外往来收支差额的指标，总差额就是全部对外往来的收支差额。

国际收支不平衡的直接反映就是跨境资金的流动，当出现国际收支顺差时，跨境资金流入该国经济体；当出现国际收支逆差时，资金流出该国经济体。跨境资金流入给该国经济体货币政策等带来压力，货币供应量相应增加，会导致通货膨胀压力等；跨境资金流出说明该国经济体对外需求超过对内需求，对外依存度较高，容易受到国际上各种因素的影响。

1.2.2 跨境资金流动的主要形式

国际上测度跨境资金流动状况，一般用国际收支平衡表中的资本和金融项目，主要包括直接投资、证券投资和其他投资，不含储备资产变动（剔除了汇率、资产价格变动等影响）。具体到我国实际情况，国家外汇管理局每年发布的中国跨境资金流动监测报告，采取宽口径监测，除国际收支平衡表数据外，还包括跨境收付和结售汇数据，即国际收支平衡表包含的经常项下的资金流动和资本项下的资金流动。

依据国际收支平衡表所包含的跨境资金流动的内容，根据不同的分类标准，对跨境资金流动进行分类，以进一步界定其内涵。

1. 按跨境资金流动的动机进行分类

从资金跨境流动的动机角度，参照金德尔伯格（1985）对国际短期资本流动的定义，我们可以将跨境资金流动分为：贸易性跨境资金流动、转移性跨境资金流动、生产性跨境资金流动以及金融性跨境资金流动。

其中，贸易性跨境资金流动是指由货物和服务贸易而产生的资金跨境流动，其流动的目的是为国际贸易服务，主要包括货物、服务、贸易信贷等项目下的资金跨境流动。

转移性跨境资金流动是指资金或货物在国际的单向转移，不涉及归还或偿还问题，具体包括个人间的无偿赠与或赔偿，以及政府间的军事、经济援助、赔偿、赠与等涉及的资金跨境流动。

生产性跨境资金流动的主要目的是通过投资实体经济，获取长期股权投资、债券投资、贷款收益等。

金融性跨境资金流动是指包括套利性资金流动、保值性资金流动、投机性资金流动在内的短期资本流动。套利性资金流动是利用各国金融市场上利率差异与汇率差异进行套利活动而引起的短期资本流动；保值性资金流动，又称避险性资金流动，是金融资产的持有者为了资金安全而进行资金调拨所形成的短期资金流动；投机性资金流动是指投资者利用国际市场上金融资产或商品价格的波动，进行高抛低吸而形成的资金流动。其中套利性和投机性资金跨境流动也称为“热钱”流动，主要包括股本证券投资、短期债券、货币市场有价证券等涉及的资金流动。

2. 按照跨境资金流动主体分类

按照跨境资金流动主体可以分为外汇资金跨境流动和本币资金跨境流动。自 2009 年我国推动人民币作为跨境贸易结算货币开展跨境业务以来，人民币已逐渐成为跨境资金流动的重要币种。外币跨境资金流动和人民币跨境资金流动已成为我国国际资本流动并存现象。

3. 按照跨境资金渠道分类

资金跨境流动形式多种多样，根据国际收支结构划分，可以分为经常项目资金跨境流动和资本及金融项目的跨境流动。经常项下的资金流动包括货物贸易、服务贸易和经常收支转移为内涵的跨境贸易结算。资本项下的资金流动以国际收支平衡表中的资本和金融项目，主要包括直接投资、证券投资和其他投资为主要内涵，表现为以跨国公司为主体的国际直接投资、以机构投资者为主体的国际证券投资、以政府和国际官方机构为主体的各种贷款、以商业银行为主体的国际银行贷款等。

从国家外汇管理局对外公布的国际收支平衡表和跨境资金流动监测报告来看，从跨境资金流动渠道来核算跨境资金流动，是我国最为完整、全面的统计标准，这也符合国际货币基金组织等机构的表述方式。因此，本书后续阐述主要从跨境资金流动渠道来分析、阐述跨境资金流动情况，主要从经常项下和资本项下两大模块，涉及跨境贸易结算、跨境直接投资、跨境证券投资和跨境贷款等方面，分章节阐述。

专栏1－1

2014年我国跨境资金流动的特点与趋势①

2014年，我国跨境资金净流入明显放缓，外汇储备小幅增长，主要体现了深化改革和境内外宏观环境变化的共同结果。一方面，人民币汇率市场化改革稳步推进，效果逐步显现，人民币汇率双向波动明显增强，市场主体相关财务运作作出适应性调整。另一方面，世界经济继续呈现不平衡复苏，主要经济体货币政策出现分化，国际金融和大宗商品市场波动加剧，新兴经济体普遍承受资金外流、货币贬值压力，国内经济发展进入新常态，对市场情绪的影响进一步加大。

全年跨境资金流动重现“钟摆式”的双向波动。一季度跨境资金延续了2013年底的大规模净流入态势，二季度净流入势头明显放缓，三季度转为净流出，四季度跨境资金流出压力有所上升。跨境资金流出主要反映了外汇资产由央行集中持有转向市场主体分散持有，以及境内企业回补美元空头的财务调整，体现了“藏汇于民”的改革意图，符合债务去杠杆的调控方向。随着人民币汇率形成机制市场化改革的推进，央行逐步退出常态式外汇市场干预，“贸易顺差、资本流出”的格局会更加常态化。而且，当前跨境资金流出规模是适度的、可承受的，外汇市场流动性充足，人民币多边汇率继续保持坚挺。

2015年，我国跨境资金流动仍将面对诸多不确定和不稳定的因素，有利流入和促进流出的因素皆有，全年可能继续呈现跨境资金有进有出、双向振荡的格局。外汇管理部门将主动适应我国经济发展新常态，坚持推改革和防风险并举，推动国际收支基本平衡，促进经济平稳健康发展。

1.3 跨境资金流动的作用与影响

跨境资金流动在全球范围内配资资源，使资金短缺国获得了宝贵的资金支持，也提高了资本的使用效率，增进了资金供需双方的福利水平。伴随着资金的流动，跨国公司直接投资带来的先进技术和管理模式也对资金短缺国产生积极影响，优化了全球劳动分工与协作，提高了劳动生产率和就业水平，激发了当地引进、模仿和创新的活力，提高了资金短缺国的产业发展水平；同时也使跨国公司付出了较低的人力成本，充分利用了

① 国家外汇管理局：《2014年中国跨境资金流动监测报告》。

资金短缺国的优势资源，延伸了产业价值链，扩展了海外市场。跨国证券投资丰富了投资者的投资渠道，提高了投资效用，分散了投资风险，提高了资金充裕国的整体福利水平；而且也为资金短缺国提供了丰富的资金投入和外汇来源，提高了金融市场的有效性，并对全球资本市场的发展起到了重要作用。

当前，全球范围内的金融危机已经渐渐离我们远去，世界经济缓慢复苏。世界经济一体化、区域化继续发展，国际资本流动的规模更趋扩大。发达国家不仅是国际资本的最大提供者，同时也是最大需求者，为了尽快从金融危机中恢复过来，必然会寻找新的投资机会。发展中国家出于经济发展的需要，或为了加强基础设施建设，或为了发展实体产业，或为了振兴资本市场，或为了开发国内能源，争相吸引海外资金，也会纷纷放松对资本的管制，为资本的大规模输出、入创造条件。总之，资本账户的逐渐开放、资金的跨境流动、跨国直接、间接投资规模不断扩大将成为未来各国间经济开放与交流的主流趋势。

国际资本按期限长短分为长期资本和短期资本，按流动方向分成资本流入和资本流出，按投资类型分为直接投资和间接投资，但它不管以怎样的形式存在，都蕴藏着巨大的机会和风险，对资本输入国和输出国的金融与经济体系有着重要的作用与影响。

1.3.1 长期国际资本流动的作用与影响

1. 对世界经济的一般作用与影响

（1）形成全球利润最大化。长期资本流动可以增加世界经济的总产值与总利润，使资本收益趋于最大化。因为，资本在国际转移的一个原因，就是资金的边际收益抵减规律，随着资金在资金富余国投资收益的下降，资本输出的收益水平高于留在国内的收益水平，这意味着资本在资本输入国创造的产值大于资本输出国因资本流出而减少的总产值，而资本输入国的许多部门也因获得资本配置，增加了总产出。这样，资本流动一般遵循哪里利润率高往哪里流动的原则，最终会促使全球利润最大化。

（2）加速世界经济的国际化。贸易国际化、生产国际化和资本国际化，是世界经济国际化的主要标志。这三个国际化之间互相依存，逐步深入，推动了整体经济的发展。二战后，资本流动国际化已经形成根本趋势，20世纪80年代以来更有增无减。尤其是资本国际化的外部环境与内部条件不断改善，如全球贸易规则和金融秩序的建立，金融市场的建立与完善，高科技的发明与快速商业化运用，互联网的普及与通讯的便捷化，新金融机构的诞生与跨国金融机构的扩张，金融业务的创新与金融中介服务的发展，风险的降低与投资机会的增多，以及知识的累积与爆发式增长，思维的变化与生活方式的变革，人文的交流与文化的融合，政治条件的改善，经济发展现实需要的增强，市场的扩张与开放等等，都使资本流动规模增大，流速加快，影响更广，而其所创造的雄厚的物质基础，又反过来推动贸易国际化与生产国际化，使各国经济在更广的空间、更高的水平、更深的内涵上获得交汇、融合与发展。

（3）加深了货币信用国际化。首先，加深了金融业的国际化。资本在国际间的转移，促使了金融业尤其是银行在世界范围内广泛建立分支机构，银行网络遍布全球，同时也促进离岸交易中心与国际金融中心的建立，这些都为国际金融市场增添了丰富的内容。目前，不少国家的金融业已成为离岸金融业而完全国际化。其次，促使以货币形式出现的资本遍布全球。国际资本流动使以借贷形式和证券形式体现的国际资本大为发展，其增长速度已远远超过国际贸易，渗入到世界经济发展的各个角落，深刻影响了全球借贷市场、资本市场、外汇市场和投资市场。再次，国际资本流动主体的多元化，使多种货币共同构成国际支付手段。长期资本比较充裕的发达国家，其货币都比较坚挺，持有这些货币，意味着实现购买力在国际的转移或拥有清偿国际债权债务的更多手段，分散了汇率风险和国际储备风险。这些都在不同程度上加深了货币信用的国际化，也使世界各国有了更多的支付清偿手段的选择。

2. 对资本输出国的作用与影响

在一般情形下，长期资本流动对资本输出国的影响有积极与消极两个方面。其积极作用与影响表现在:

(1) 可以提高资本的边际效益，也为剩余资本寻求出路。长期资本输出国一般是资本较充裕或技术、专利、管理、品牌、规则等方面具有优势的国家。这些国家由于总投资额或在某项生产技术领域的投资额增多，其资本的边际效益就会递减，由此使新增加的投资的预期利润率降低。如果将这些预期利润率较低的投资额，转投到资本较少或某项技术较落后的国家，便可充分利用资本输入国的比较优势，提高资本使用的边际效益，增加投资的总收益，进而为资本输出国带来更可观的利润，并避免由于资本闲置而造成的浪费。因此，一般规律是，由于资本富余，发达国家的资金会更多地流向发展中国家寻找投资机会，或通过货币市场、外汇市场等进行套利和短期操作，无非也是为了获得更高的边际收益。

(2) 可以带动商品出口。长期资本输出会对输出国的商品出口起推动作用，从而增加出口贸易的利润收入，刺激国内的经济增长。如某些国家采用出口信贷方式，使对外贷款（即资本输出）与购买本国产品相联系，从而达到带动出口的目的。特别是对于资金短缺又需要购买大型设备、生产线、大宗商品、原材料的国家，资金输出国提供的商品和资金，能够以最快的速度、最低的风险、最便捷的方式实现融资和进口的有效结合，使资金短缺国（进口国）以最快的速度获得自己所需的物资，也使资金富余国顺利实现大额商品出口。

(3) 可以迅速地进入或扩大海外商品销售市场。通过绕开贸易壁垒，降低关税等方式，资本输出国可以在输入国开展直接投资，建立工厂，开拓该国市场，往往比商品直接出口到该国更具优势。比如，很多资本输出国通过 OEM、贴牌生产或合资生产的方式，既绕开了关税壁垒，又避免了资本输入国的贸易保护，顺利开辟和占领了市场。

(4) 有利于提高国际地位。资本输出，一般来说意味着该国（地区）的物质基础较为雄厚，意味着该国（地区）更有能力加强同其他国家（地区）的政治与经济联系，从而有利于提高自己的国际声誉或地位。比如美国、日本、欧盟、新加坡、中国香港特区等发达国家和地区，通过将资本输出至发展中国家，扩大了与其他国家的贸易交往，也带动了当地的经济发展，树立了良好的国际投资形象，受到发展中国家的欢迎。

其消极影响表现在：

（1）必须承担资本输出的经济和政治风险。当今世界经济和世界市场错综复杂，资本输出一不小心，如投资方向错误，就会产生经济业务的风险。此外，还得承担投资的政治性风险。这体现在资本输入国发生政变或政治变革，就可能会实施不利于外国资本输出的法令，如因陷入债务危机或政治动荡而停止还债，没收投资资本，拒绝偿还外债，政治动荡或战争导致投资无法收回等。

（2）会对输出国经济发展造成压力。在货币资本总额一定的条件下，资本输出会使本国的投资下降，从而减少国内的就业机会，降低国内的财政收入，加剧国内市场竞争，削弱国内的产业竞争力，使国内资产价格大幅下跌，投资者财富缩水，进而影响国内的政治稳定与经济发展。这就是为什么有些国家为了防止资本过分外流而采取管制的原因。

3. 对资本输入国的作用与影响

长期资本流动对资本输入国的影响也有积极与消极两个方面，且更多地表现为积极的一面，这使得各国都想吸引长期资本流向实体经济，增加资本投入，改善经济结构，促进国民经济的长远发展。其积极作用与影响表现在：

（1）弥补输入国资本不足。资本输入国获得的间接投资，通过市场机制或其他手段会流向资金缺乏的部门和地区；获得的直接投资则在一定程度上会发展实体经济，或促进产业升级调整，弥补国内某些产业的空心化现象。既解决了资金不足问题，也促进了经济的发展。根据索罗的新古典经济增长理论，资本积累是国家经济增长的必要条件，如果储蓄不足，则可以通过引入外资等方式在短期内获得资本投入，推动经济增长。

（2）引进先进技术与设备，获得先进的管理经验。长期资本流动的很大一部分是直接投资。该投资的特点就是能给输入国直接带来先进技术、管理经验和机械设备，甚至是销售市场。因此，只要输入得当，政策科学，资本输入无疑会提高本国的劳动生产率，增加经济效益，加速经济发展进程。中国在改革开放初期，就是在引进外资的同时，引进先进技术与设备，学习借鉴国外先进的管理经验，实现了经济的快速成长。

（3）可以增加就业机会，增加国家财政收入。资本输入的目的很大程度上是用来创建新企业或改造老企业，这对发达国家或发展中国家都是如此。这样，就有利于增加就业机会，有利于增加国民生产总值，进而有利于增加国家财政收入，提高国民的生活水平。特别是当资本输入国存在大量的非就业人口时，输入的资本能有效地与劳动力结合，促进就业与经济增长。

（4）可以改善国际收支。一方面，输入资本建立外向型企业，实现进口替代与出口导向，有利于扩大出口，增加外汇收入，进而起到改善国际收支的作用，另一方面，资本以存款形式进入，也可能形成一国国际收支的重要来源。很多贸易逆差国通过吸引外资，弥补了外汇储备的不足，实现了国际收支平衡，保持了经济的稳定增长。

其消极影响表现在：

（1）可能会引发债务危机。输入国若输入资本过多，超过本国承受能力，则可能会出现无法偿还债务的情况，导致债务危机的爆发。比如，2009 年欧债危机在冰岛、希腊、葡萄牙、西班牙等国爆发，其重要原因之一是这些国家债务沉重，财政收入难以支撑，导致经济出现衰退，危及金融安全和社会安定。

（2）可能使本国经济陷入被动境地。输入资本过多又管理不善并使本国经济不能获得长期发展的话，输入国就会对外产生很强的依赖性。这样，一旦外国资本停止输出或抽走资本时，本国经济发展就会陷入被动的境地，甚至使本国的政治主权受到侵犯。特别是当本国投资预期收益率下降或资本输出国预期收益率上升时，本国将面临很大的资金外流或外汇兑换压力，并使本国资本市场、外汇市场、商品市场等面临巨大的价格下行风险。

（3）加剧国内市场竞争。大量外国企业如果把产品就地销售，必然会使国内市场竞争加剧，从而使国内企业的发展受到影响。特别是当本国相关行业处于幼稚期，尚未发展成熟时，外资冲击带来的危害是很大的，某些战略性产业可能被国外企业垄断和把持，甚至使本国丧失了经济自主权，沦为资本输出国的附庸。

1.3.2 短期国际资本流动的作用与影响

短期国际资本在某种程度上有利于弥补资金流入国的赤字，起到短期融资的效果，但由于其流动性强，带来的资本波动较大，容易造成资金的大进大出。很多国家在引入短期国际资本的同时，在某种程度上又对其进行限制，防止其快速流动和大进大出对本国实体经济与资本市场造成冲击。

1. 对国际贸易的影响

在国际贸易中，买卖双方（或银行）提供的短期资金融通，如预付贷款、延期付款、票据贴现、出口信贷等，都有利于国际贸易双方获得资金便利，从而有利于国际贸易的顺利进行。与短期国际资本流动相结合，已经成为国际贸易发展的重要趋势。国际金融的发展，正是国际贸易发展到一定程度的产物，而国际金融又有力地促进了国际贸易的便利化，降低了结算和融资风险。

2. 对各国国际收支的影响

（1）当一国出现暂时性的国际收支失衡时，短期资本流动有利于调节失衡。当出现暂时性逆差时，该国的货币汇率就会下跌，如果投机者意识到这种汇率下跌仅是暂时的，预期不久就会上升，于是就会按较低汇率买进该国货币，等待汇率上升后再以较高的汇率卖出，这样就形成了该国的短期资本流入趋势，这种趋势有利于调节该国的国际收支逆差。反之暂时性顺差时，本国货币就会被按较高的汇率卖出，等待汇率回落后再以较低的汇率买进该国货币。这种投机行为形成该国的短期资本流出，这也显然有利于减少该国出现的暂时性顺差，使国际收支失衡得以纠正，提高整个外汇市场的有效性。

（2）当一国出现持续性国际收支不平衡时，则投机性和保值性短期资本流动会加剧该国的国际收支失衡状态。当一个国家出现持续性逆差时，该国的货币汇率就会持续下跌，如果投机者预期到该国货币汇率还会进一步下跌时，他就会卖出该国货币，买进其他货币，以期该国货币贬值，其他货币升值后获利。这种投机行为，会使该国的资本流出，从而会扩大逆差，加剧国际收支失衡。反之，当一个国家出现持续性顺差时，这个国家的货币汇率就会持续上升，如果投机者预期到这种汇率还会上升，他就会卖出其他货币，买进该国货币，以期该国货币升值后获利。这种投机行为，会使该国顺差扩大，从而也加剧了国际收支失衡。因此，一国应及时采取措施制止持续性的国际收支不平衡，比如通过财政手段扩大出口、减少进口，在外汇市场公开干预货币汇率的方式等措施，实现经常项目顺差，冲减不平衡带来的影响。

3. 对国际金融市场的影响

短期资本流动会加剧国际金融市场动荡，造成汇率大起大落，投机更加盛行。如果一国发生短期性国际收支不平衡，汇率波动有利于国际收支平衡的调节，保持市场汇率的稳定。但如果一国发生持续性国际收支失衡，则投机者的投机行为既不利于国际收支平衡，也不利于汇率的稳定，造成国际金融市场动荡不安。不过有一种情况例外，即如果一国发生持续性国际收支失衡，是因为汇率偏高或偏低没有得到及时调整所致，这时，这种投机又会强迫该国适时进行调整，从而使汇率处于合理水平，因此也具有积极意义。另外，对于那些市场监管制度不健全的发展中国家的货币市场与资本市场而言，短期资本的跨境流动有可能使金融资产价格大起大落，加剧这些国家的金融市场动荡，不利于金融体系的稳定。特别是这些短期流动资金可能流向房地产市场、股票市场、期货市场、外汇市场等，容易引起金融体系的振荡，甚至造成货币危机、股市危机等。比如 1997 年的东南亚金融危机首先发生在泰国，其中一个很重要的原因是因为不受管制的巨额短期流动资本卖空泰铢，对原本脆弱的金融市场形成巨大冲击，而泰国中央银行外汇储备不足，导致泰国被迫放弃固定汇率制，改为浮动汇率制，致使投资者纷纷抛出泰铢，其结果是泰铢大跌，泰国金融资产大幅缩水，形成货币危机并最终影响了整个东南亚。

1.4
跨境资金流动的经济学机理分析

1.4.1 国际资本流动的一般模型

国际资本流动的一般模型，亦称麦克杜加尔（G. D. A. Macdougall）模型（如图 1-1），是一种用于解释国际资本流动的动机及其效果的古典经济学理论。根据边际收益递减规律，投资水平越高，每增加单位资本投入的产出就越低。该模型假定整个世界由两个国家组成，一个资本充裕，一个资本短缺，并得出结论认为：国际资本流动的原因是各国利率和预期利润率存在差异，认为各国的产品和生产要素市场是一个完全竞争的市场，资本可以自由地从资本充裕国向资本稀缺国流动。国际资本流动使各国的资本边际产出率趋于一致，从而提高世界的总产量和各国的福利。该理论与认为国际贸易有助于增进进口国和出口国的总剩余的古典经济理论不谋而合。

世界资本总量为横轴OO′，其中资本充裕国资本量为OC，资本短缺国资本量为O′C。曲线AA′和BB′分别表示两个国家在不同投资水平下的资本边际产出率。

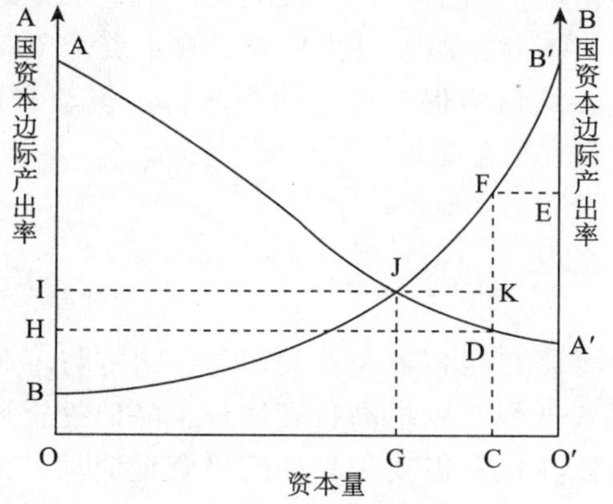

图1-1 麦克杜加尔模型

在封闭经济系统（资本没有互为流动的经济系统）中，无论是资本充裕国，还是短缺国，资本只能在国内使用。如果资本充裕国把其全部资本OC投入国内生产，则资本的边际收益为OH，总产出为曲边梯形OADC的面积，其中资本使用者的收益是曲边三角形HAD的面积，资本所有者的收益是矩形OHDC的面积；如果短缺国也将全部资本O′C投入国内生产，则其资本的边际收益率为O′E，总产出为曲边梯形O′B′FC的面积，其中，资本使用者的收益是曲边三角形EB′F的面积，资本所有者的收益是矩形O′EFC的面积。

在开放经济系统中（资本互为流动的经济系统），如果资本充裕国把总资本量中的OG部分投入本国，而将剩余部分GC投入资本短缺国，并假定后者接受这部分投资，则两国的效益会增大，并且达到资本的最优配置。就资本输出国而言，输出资本后的国内资本边际收益率由OH升高为OI，国内总产出变为曲边梯形OAJG，其中资本使用者的国内收益为曲边三角形IAJ的面积，资本所有者的国内收益是矩形OIJG的面积；就资本输入国而言，输入资本后的国内资本总额增为O′G，总产出为曲边梯形O′B′JG的面积，其中总产出增加量为曲边梯形CFJG的面积。这部分增加量，又被分为两部分，矩形CKJG是资本输出国所有的收益，曲边三角形JFK则是资本输入国的所得。这样，由于资本的输出与输入，就使资本输出国增加了曲边三角形JKD面积的收益，而资本输入国也增加了曲边三角形JFK面积的收益。资本流动增加的总收益就为这两个分收益之和，即$S_{\triangle JFK}+S_{\triangle JKD}$。

从上面的模型分析，可得出下面三个结论：

（1）在各国资本的边际生产率相同的条件下，开放经济系统里的资本利用效益远比封闭经济系统里的高，并且总资本能得到最佳的利用。所以世界经济总体的趋势是资本账户开放与资金的跨境自由流动，使资本流向能产生高增加值的地方，为资金提供者和资金使用者都带来收益。

（2）在开放经济系统里，资本流动可为资本充裕国带来最高收益；同时，资本短缺国也因输入资本使总产出增加而获得新增收益。所以资本充裕国会鼓励资本输出，而资本短缺国希望资本输入，从而提高自身的福利水平。

（3）由于上述两个原因，最后也因为资本可自由流动，结果在世界范围内可重新进行资本资源配置，使世界总产值增加并达到最大化，促进了全球经济的发展。虽然很多经济学派在很多问题上争执不断，但在自由贸易、自由资金流动等促进市场优化资源配置的问题上很少产生分歧，均认为促进要素的全球自由流动有助于提高全人类的福利，人为设置过多障碍只会使各方利益受损。

1.4.2 国际证券投资理论

国际证券投资理论主要研究在各种相互关联的、确定与不确定结果的条件下，理性投资者该如何作出最佳投资选择，以提高投资回报，降低投资风险，实现投资效用最大化的目标，从而解释了由证券投资需要带来的跨境资金流动。该理论主要有两种，一是古典国际证券投资理论；二是现代证券投资组合理论。

古典国际证券投资理论认为，国际证券投资的起因是国际间存在的利率差异，如果一国利率低于另一国利率，则金融资本就会从利率低的国家向利率高的国家流动，直至两国的利率没有差别为止。进一步说，在国际资本能够自由流动的条件下，如果两国的利率存在差异，则两国能够带来同等收益的有价证券的价格也会产生差别，即高利率国家有价证券的价格低，低利率国家有价证券的价格高，这样，低利率国家就会向高利率国家投资购买有价证券。有价证券的价格 C、收益 I 和市场利率 r 的关系可表示为：$C = I/r$

不过，该理论与现实存在一定差距。比如，它仅说明资本从低利率国家向高利率国家的流动，而未能说明资本为何存在大量的双向流动；它以国际资本自由流动为前提，而在现实中各国对资本流动的管制处处可见；而且现实情况是，即使国家间存在利率差异，也并不一定会导致国际证券投资，因为资金的国际流动会有较高的摩擦成本。

马科维茨的现代证券投资组合理论认为，多种证券组合可以提高投资收益的稳定，同时也降低了投资风险，要使投资价值最大化，作为投资者可能选择不同国家的证券作为投资对象，在全球范围内进行投资组合，跨境资本流动满足了这种全球资产配置与进行最优化投资组合的要求，投资者通过寻找最优投资机会，充分分散投资风险，获得高收益回报。如图 1-2，根据马科维茨的观点，在全世界范围内进行投资组合，总能找到收益相等下的最小方差，形成最小方差边界，即在同等收益的情况下，实现投资风险的最小化。而且虚线以上的部分成为投资组合的有效边界，边界上的每一点均是可行的投资组合。当然，该模型得以成立的前提是投资者可以在全球范围内配置资本，实现资本的跨境自由流动。

现代证券组合理论指出了任何资产都有收益和风险的两重性，并提出以资产组合方法来降低投资风险的思路，揭示了国际间资本互为流动的原因，因此有其进步性和合理性。但该理论主要用于解释国际证券资本流动，而对国际直接投资却未作任何解释，即并没有解释为什么投资者要选择投资证券而不是其他实物资产。此外，该理论假设市场

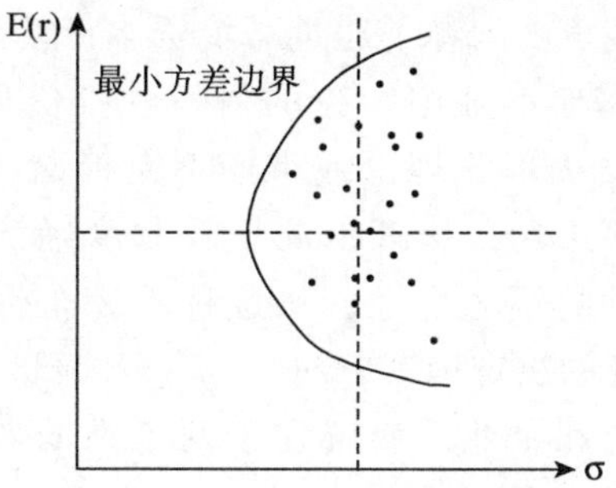

图1-2 马科维茨全球投资组合形成的最小方差边界

是充分有效的，参与者同时可以得到充分的投资信息，这与现实情况不符，因此现实中很少存在充分有效的市场，而且还存在投资者有限理性的问题。另外，该理论同样没有考虑到国际间存在的资本管制现象，投资者在全球配置资源可能会面临资本流动不自由、无法充分分散风险、无法及时套利等问题，因此，该理论也有它的缺陷。

1.4.3 国际直接投资理论

1. 以产业组织理论为基础

以产业组织理论为基础的国际直接投资理论主要是从跨国公司海外投资获取垄断优势、降低交易成本的市场内部化、产品生命周期带来的价格弹性、技术周期下的资本输出等角度研究跨境资本流动的原因及主要影响因素。这些角度无不与产业发展直接相关，揭示了产业资本通过跨境资金流动提高资金使用效率、降低运作成本、追逐剩余价值与高回报的天性。

（1）垄断优势论。该理论最早由美国学者金德尔伯格（C. P. Kindleberger）和海默（S. A. Hymer）等人提出。所谓垄断优势，是指跨国公司所拥有的“独占性的生产要素优势”，包括资本集约程度高、技术先进、专利垄断、开拓新产品的能力强、销售系统完善以及经营管理方式科学等。

他们认为，应从产业组织形式上、从跨国公司拥有的垄断优势上去寻找一国为什么会对外投资的答案。一个公司之所以到海外投资就是因为这些公司在技术、专利、资金及管理上有垄断优势，而且这些优势能够通过产业组织转移到国外又不被当地竞争对手所掌握。因此，虽然在与当地企业的竞争中，这些公司在运输、通信成本、本土化及了解当地法律经济环境上处于不利地位，但垄断优势完全可以抵消这些劣势，从而使跨国公司海外投资获得高于国内的收益。金德尔伯格还认为，拥有这些优势的多数是一些大寡头垄断企业，它们既可在国内，也可在全球发挥其生产、营销上的规模经济效益。将产业资本输出到国外，可以充分利用原有的垄断优势，提高技术、专利、管理等无形资产的重复利用率，进一步降低生产成本与营销成本，达到规模经济的目的。

后来的研究者对该理论进行了发展和完善，比如强调直接投资降低成本的作用，大型高科技企业资本流动性更强、不易国界限制，垂直投资将生产过程一体化，避免原材料价格扭曲和供给波动等，多角度阐释了通过跨境资本流动形成垄断优势的各项条件。

（2）市场内部化理论。基于产业组织论的另一种投资理论即巴克利（P. J. Buekley）和卡森（M. C. Casson）的市场内部化理论或市场不完善论。所谓市场内部化，主要是指以公司内部市场取代公司外部市场。该理论源于新制度经济学关于市场与企业的形成理论，其出发点是探讨外部市场的不完全性，从这种不完全性与跨国公司分配其内部资源的关系，来说明对外直接投资的决定因素。

新制度经济学认为，市场和企业的界限在于两者谁的效率更高，如果通过市场交换的效率高于企业内部组织生产，则采用市场化手段购买，否则采用企业生产，或者说，如果市场交易成本低于采用权威式的企业的管理成本，则采用市场交易方式，否则采用企业内部组织生产的方式。

与之类似的是，市场内部化理论认为，由于外部市场的不完全性，如果将企业拥有的半成品、工艺技术、营销诀窍、管理经验和人员培训等“中间产品”通过外部市场进行交易，就不能保证企业实现利润的最大化。企业只有利用对外直接投资方式，在较大的范围内建立生产经营实体，形成自己的一体化空间和内部交换体系，把公开的外部市场交易转变为内部市场交易，才能解决企业内部资源配置效率与外部市场的矛盾。这是因为内部化交易会使交易成本达到最小化，在内部市场里，买卖双方对产品质量与定价都有准确的认识，信息、知识和技术也可得到充分的利用，从而减少贸易风险，实现利润最大化。

该理论认为，由于存在垄断买方，或缺乏远期的套期市场，或信息不灵、政府干预等原因，导致外部市场存在不完全性。为了减少这些市场不完善所带来的影响，使企业拥有的优势和生产的中间产品有理想的收益，企业一般都会投资于海外。当然，市场最终能否内部化，取决于以下四个因素：产业特定因素（产品性质、外部市场结构和规模经济等）、地区特定因素（地理距离、文化差异、社会特点等）、国家特定因素（国家的政治制度、财政制度等）和公司特定因素（不同企业组织内部市场管理能力等）。其中最关键的是产业特定因素。

该理论是对付市场不完全性的一种有力措施。它解释了通过直接投资所建立的跨国公司可以取得内部化的优势——降低交易成本与风险，也在一定程度上解释了战后各种形式的对外直接投资与跨境资金流动。但该理论仅从交易成本等微观角度分析，没有考虑到跨国企业的管理与协调成本问题，也没有从世界经济一体化的高度分析跨国公司的国际生产与分工等问题。

（3）产品周期论。与产业组织理论相关的另一个国际投资理论是维农（R. Vernon）的“产品周期论”。维农认为，企业产品生产周期的发展规律，决定了企业需要占领海外市场并到国外投资。他指出，产品在其生命周期的各个阶段各有特点。在产品创新阶段，创新国占有优势，一般是国内市场需求较大，这时最有利的是安排国内生产，迅速占领国内市场，国外的需求通过出口就可以得到满足。产品进入成熟阶段之后，产品性能稳定，国外市场日益扩大，这时就迫切需要通过规模经济降低成本。如果国内生产边际成本加运输成本超过企业在国外生产的平均成本，而且还存在着国外的劳动力价格差异，那么在国外生产就更为有利。而且在这个阶段，国外的竞争者也会出现，因为随着产品的输出，技术产生溢出效应，企业无法再保守技术秘密，创新产品的技术优势逐渐丧失。在市场竞争日趋激烈，替代品不断出现，消费价格弹性增加的情况下，为了维持市场，阻止海外竞争，就需要到国外去建立分支机构。这个阶段上的投资对象往往是与母国需求相似、技术水平差异不大的国家。当产品最后进入标准化阶段，生产已经规范化时，价格竞争便成为主要方面，相对优势就不再是技术，而成了总生产规模、单位成本和劳动力价格。为了取得竞争优势，企业必须加快对外直接投资的步伐，到生产成本低的国家或地区建立子公司或其他分支机构，利用当地的优势资源，降低生产成本，占领当地市场。

上述种种与产业组织理论有关的国际投资理论都有一个共同的特点，就是从产业组织行为角度分析垄断优势对跨国公司海外投资的影响。垄断优势论侧重于跨国公司总的垄断优势的制约性影响，并且强调这种优势是产业组织角度上的优势而非国别优势，指出了跨国公司在国际直接投资中的主体作用。市场内部化理论或市场不完善论重点强调跨国公司寻求生产成本最小化的动机，并在市场交易与企业生产之间进行选择，通过使市场内部化来降低成本。产品周期论侧重于分析跨国公司产品发展的不同阶段跨国公司如何争取最有利的生产条件，保持其垄断优势及它对国际投资的影响，强调在海外扩展市场以促进规模经济、降低成本的重要性。但是，所有上述理论都有一个缺陷，就是将跨国公司的对外直接投资的内在动因与外在客观条件混为一谈，混淆了跨国公司在全球范围内追逐垄断高额利润的性质及与其所具有的全球生产、销售能力和其他客观条件的区别。这些理论无法解释一些未拥有技术、专利等垄断优势的企业海外投资的动机，以及一些国家在国外并未通过跨国公司形式而是直接开发新产品，或将研发中心、营销中心等核心部门移至其他国家等投资行为。

2. 从金融角度出发

跨入20世纪80年代后，国际投资的格局发生了很大的变化。美国从最大的资本输出国地位上逐渐退下来，日本、德国等其他发达国家的海外投资急剧上升。美国成了它们竞相投资的对象，到1985年，美国竟成了最大的资本输入国。与此同时，一些新兴的工业化国家也开始大举向海外投资，比如新加坡、韩国等也不断在发展中国家加大投资，既充分利用了发展中国家较低廉的土地租金和劳动力，又扩展了海外市场，并使国内的制造业产业链延伸到海外。与国际投资格局变迁相适应的变化是国际金融市场的作用在国际资本流动中越来越大，新兴的国际金融中心一个个出现，商业保理、融资租赁、P2P融资、众筹融资、CDO、动产抵押贷款、BOT项目融资、离岸融资、供应链融资等新创的融资手段也层出不穷。国际银团和金融寡头已取代产业性的跨国公司成为国际投资的主宰。所有这些，都对以往的国际投资理论提出了新的挑战。于是，从金融角度出发研究分析国际投资的理论便成为80年代以来新投资理论的共同特点。

（1）货币汇率论。阿里伯（R. Aliber）的“货币汇率论”是较早从金融角度提出来的一种跨境资本流动理论。该理论认为，20世纪60年代美国资本市场的优势来源于美国及世界各国的投资者有以美元计算债务的偏好，以美元计算的利率在用预期汇率波动调整后比其他货币的利率低。因此，投资者将以较高的代价去获得1美元的股息收入，反过来这就意味着美国公司在购买外国股权时能够比其他国家的公司付更高的价格。整个60年代美国海外投资的高涨是美元高估的结果。随着70年代浮动汇率的实行，美元汇率大幅度下跌，美国股市价格就下降，外国股市价格上涨。此时，总部在欧洲、日本的企业就愿付较高的价格购买美国的企业了。国际投资的格局可以从总部设在不同国家的企业市价涨落中得到衡量。总部所在地公司的市价下跌，资本就流入，市价上升，资本就输出。总部所在地不同的企业市场价格上的变化是名义汇率、通货膨胀率变化的反映。因此，硬货币国家会向软货币国家进行直接投资。

（2）国际金融中心论。另一从金融角度分析国际投资理论的是里德（H. C. Reed）于20世纪80年代提出的“国际金融中心化”。里德认为，国际金融中心对国际投资活动非常重要，它不仅是国际清算中心、全球证券投资管理中心、通信交流中心、跨国银行中心，而且还是国际直接投资中心。国际化公司追求的不是一般的收入最大化或成本最小化，而是股票和债券价格最大化，这可以使企业在商品市场和资本市场两个方面增强竞争力。跨国公司的经营效益是由国际金融中心来评估的，而评估的结果是通过跨国公司发行的股票债券的价格升降来反映的。国际金融中心通过跨国公司资本结构、经营政策的评估，影响跨国公司的证券价格，从而对其国际直接投资发生作用，使其扩大或收缩海外投资。因此，国际金融中心及在金融中心的融资活动中占统治地位的大银行、保险公司、共同基金等金融垄断资本就控制了国际直接投资活动。

（3）投资发展阶段论。唐宁在1982年提出了投资发展阶段论。该理论认为，一个国家的投资流量与该国的经济发展水平有着密切的关系，并经历由浅入深的四个阶段：

本国优势很少，利用外资很少，没有对外投资；

国内市场扩大，进口替代型和带动出口型资本开始流入，并伴有少量对外投资；

国内经济水平有较大提高，积累了一定的技术和资源优势，利用外资与对外投资增长速度都很快；

经济已相当发达，一般都拥有所有权特定优势、内部化优势，并利用其他国家的区位特定优势，扩大对外投资，致使其等于或超过利用外资。

（4）产业内双向投资论。产业内双向投资论是根据近20多年来国际资本在发达国家之间双向流动的现象提出来的。E. M. 格雷汉指出，之所以会出现双向投资，是由于“跨国公司产业分布的相似性”，相似的东西容易接近。唐宁则指出，双向的投资主要集中在技术密集型部门，传统部门则投资比例不高。这是因为：发达国家之间水平相近，没有一个企业能取得所有权特定优势，而若干个公司才能拥有几乎相近的所有权优势。各公司为了获得联合优势与规模经济优势，以及东道国的资源比较优势，就进行双向投资。发达国家收入水平相近，需求结构相似，而对异质产品的需求不断扩大，就会产生发达国家之间的产业内国际贸易的倾向，一旦产业内贸易受到阻碍，则市场内部化的要求就会导致产业内双向投资的出现。海默和金德尔伯格也对这一现象进行解释，提出“寡占反应行为”说。他们认为各国寡头垄断组织为获取或保住在国际竞争中的地位，会通过在竞争对手的领土上占领地盘即“寡占”这个形式来进行，而产业内直接投资是这种“寡占”竞争的重要手段。这些理论都有效地解释了产业内双向投资的趋势和现象。

以上这些理论或模型，从长期和短期、垄断和竞争、产业和金融、风险和收益、跨国贸易和跨国投资、资产定价和经营业绩、成本因素和比较优势、企业与市场、经济发展阶段与产业生命周期等多个角度，阐明了出于各种经济动机而导致的国际资本流动，为研究新时代条件下的跨境资本流动规律提供了重要参考。

1.5 跨境资金流动研究的理论综述

跨境资金流动理论的发展是与世界经济金融发展保持高度一致的，不同时期的宏观经济形势和跨境资金流动特点为理论的研究提供了现实依据和研究方向。从本质来看，跨境资金双向流动的本质是逐利，而要限制投机性跨境资金的流动规模和频率，就要增加投机性跨境资金流动在跨境过程中的交易成本，才能发挥其对经济增长的积极效应。

1.5.1 影响跨境资金流动的主要原因及相关因素研究

从跨境资金流动逐利的本质，利率、汇率的变动是造成跨境资金流动获取资金回报的重要因素。许多学者，结合所在年代的国际金融制度，分析了当时跨境资金流动的利率、汇率的作用情况。

在金本位时代，当时研究重点关注利率变动引起资金跨境流动。如魏克塞尔指出，随利率的变动，资本流动会出现周期性变化；马歇尔认为，高利率有利于吸引资本流入、减少资本流出；费雪提出了国际资本流动的利率模型，指出各国的利率差是决定国际资金流动的主要因素。在这一期间，由于汇率波动很小，对跨境资金流动的影响不大，因此，当时学者高度关注利率的作用效果，并且认为利率变动是金融资产获利的重要手段，导致了跨境资金的流动。

在20世纪30年代，全球经济大衰退，西方各发达国家竞相实施货币战，对货币进行恶性贬值，汇率发生频繁的大幅波动，大量短期资金在各国间频繁出入，使得各国的经济金融体系受到严重的冲击。凯恩斯对这种现象进行了分析和解释，他对跨境资本流动与汇率、利率三者之间的关系作出了较为系统的阐述，指出汇率是影响资金在国际间短期跨境流动的重要原因。

米德、蒙代尔和弗莱明认为：在影响国际资金流动的因素中，利率水平是最为核心的，提高利率水平，有助于资金的持续流入，对利率水平的调整能够有效引导资本跨境流动，进而保持一国的国际收支平衡。布兰逊也指出进出口、利率和汇率三者共同决定了短期资本流动，长期资本流动的决定因素则有国内收入以及国内外利差。

国内也有一些学者结合我国的实际情况分析影响我国跨境资金流动的因素。曲凤杰（2005）对人民币汇率改革前后的资本流动情况进行研究，发现资本流动不会因为汇改而发生方向的根本逆转，也不会因为汇改而急速的扩大规模，认为在可预见的未来，资本流动会在很大程度上受到预期因素的影响。孙涛、张晓晶（2006）对香港特区和内地间的资金流动进行研究，认为在影响资金流动的众多因素中，以下因素最为重要：经济增长状况、股市表现、政府政策规则以及预期的人民币汇率情况。

王晶（2008）研究了在大量短期国际资本频繁流入我国的情况下，利率、汇率对短期国际资本流入的影响。首先进行了利率、汇率以及两者联动对短期国际资本流入影响的理论分析，基于此，通过实证方法运用相关数据，对这种影响进行了定量分析，指出：在影响短期资金流入的众多因素中，一直被大家认为很重要的利率差其实并不重要，只有当其与汇率联动时才体现出其重要性，同时，对于汇率变动的预期以及资产收益率也是相当重要的影响因素。

除了利率、汇率等因素外，有的学者认为是风险因素所致，如克鲁格曼（Krugman）认为金融界存在的道德隐患导致国家向外借用过多债务，导致大量的短期国际资本涌入境内。而金则认为，影响资本跨境流动的一大因素就是交易成本，为促进资本跨境流动，可以通过发展通信技术、进行金融创新等措施降低金融交易的成本。

总体而言，利率变动、汇率波动导致资金跨境流动以追求资金收益回报是众多研究共同关注的内容。除此以外，其他因素包括控制风险、追求降低交易成本等，也会导致跨境资金流动。

1.5.2 跨境资金流动对经济增长的影响研究

跨境资金流动在一国经济发展中发挥怎样的作用？包括直接投资、证券投资、国际银行信贷在内的各类资本流动对一国经济发展的作用是否存在一定差异？各类跨境资金流入和流出对经济增长、经济稳定影响如何？

关于跨境资金流动对经济增长的影响，研究结论各不相同。至少有三方面的观点，促进经济增长、不利于经济增长和不确定等。

一些文献认为跨境资金流动又有利于经济增长。比如，大卫·李嘉图（1809）通过比较优势理论分析认为，跨境资金由资本边际产出低的国家流向边际产出高的国家，促进了效率的提升和经济总量的增加，从而带来了全球福利的提高。Levine（1999）通过分析研究认为，跨境资本流动性会随着管制的放松而增强，达到提高生产效率及经济增长的目的。

以国际货币基金组织（IMF）为代表的国际经济界一直强调资本自由流动具有合理性，恰似商品和服务的自由贸易，可以互惠互利并带来更高的效率和经济增长，而限制资本流动就如同实行贸易保护主义一样，对每个国家和地区的经济发展都是有害的，而且随着经济的开放，资本管制的效力日益降低、成本日益增加。世界银行对20世纪80年代末到90年代初私人资本流入较多的18个国家实证研究表明，其每增加1美元的外国非直接投资资本流入，就伴随0.60美元的追加投资，对国民经济增长的作用不可小视。

奥伯斯特菲尔德（Obstfeld，1994）指出，资本流动可以使投资风险分散化，提高生产的专业化程度，促进资本的合理配置，从而有利于经济增长。凯利文和奥利文（2001）提出国际短期资本的自由流动使资本能够流入资金短缺的国家，对这些国家产生正的产量效应。

一些学者则是通过直接投资角度来解释跨境资金与经济运行之间的密切关系，如De Mello（1999）通过研究发现，外国直接投资会直接或间接地促进了发展中国家和经合组织国家的经济增长。

然而另有一些研究则认为跨境资金流动较大可能是会影响金融体系的安全，并危害经济的增长。如Rodrik和Velasco（1999）研究表明，短期资本对东道国经济发展会造成严重的负面影响，他们认为如果国内银行外债过多，则可能面临巨大的流动性风险，最终背负昂贵的资产清算成本，国家收入和福利将明显减少；同时资本过度流入会导致宏观经济过热，如增大通胀压力，导致本币升值、贸易条件恶化，影响总需求；并且资本过度流入易产生逆转风险，引发金融动荡。

国内一些学者结合我国汇改背景、资本账户开放的现状，提出当前跨境资金流动会对我国经济稳定性形成负面冲击。比如鲁春义（2006）指出，由于我国的汇改以及对资本项目管制的不断放宽，在各种利益的诱惑下，大量资金会流入我国，这在很大程度上会对我国的货币体系造成不良的冲击，导致我国发生金融经济危机的概率上升。

杨丽（2007）对我国出现国际收支双顺差局面的原因进行分析，并在此基础上，讨论了其与货币政策的关系。其研究结果表明，我国持续的大量国际收支双顺差，使得我国货币供给中以外汇占款方式增加的量越来越多，这在很大程度上削弱了我国货币政策的独立性，同时也使得货币政策传导机制复杂化，进而影响调控宏观经济的效率。

中国科学院研究生院国际资本流动研究课题组（2008）在研究国际资本流动与我国货币政策关系时，指出：国际资本流入快速地增加了我国外汇储备，使得我国基本货币的投放渠道变成了以外汇占款为主的形式，这就威胁了我国货币政策的独立性；同时，由于外汇占款的增加，央行会将政策重心放在治理流动性和控制信贷规模上，这样，在很大程度上会对货币政策稳定性造成负面冲击。

另有一些文献则认为跨境资金流动要视该国经济发展、金融市场建设情况而定，对经济增长是促进还是危害，难以界定。如Borenz Stein和De Gregorio（1998）认为，当一个国家的人力资本优势积累到一定程度时，跨境资本投资才能发挥积极效应，而短期资本对经济增长的效应很难确定。Choong等（2009）比较了几种国际私人资本流动对发展中国家和发达国家经济增长的影响，结果显示：境外直接投资对经济增长有显著的促进效果，而包括外债、证券投资以及其他投资则存在负面作用；通过进一步研究发现，股票市场是国际资本影响一国经济增长的重要渠道，当其发展到一定阶段后，证券投资的负面影响会向正面转化。

众多研究结果表明，跨境资金流动在提升资本市场效率，完善、健全资本市场并促进经济发展方面发挥了积极作用，也正是这些原因诱发全球资金流动的规模越来越大，流动频率越来越频繁。但是在特定的历史条件下，在一国经济体制改革、资本市场建设不完备的基础上，资金跨境流动，尤其是短期资本的大进大出，对金融市场的冲击力很大，对经济的破坏性也可能很强。

其实，从跨境资金流动的本质来看，却有提升效率、弥补一国资本不足，以及提升经济发展效率与水平的功能，其危害和破坏性则主要与该国的经济发展水平、金融市场的健全程度等有关。跨境资金流动能否有利于经济发展不在于其自身的功能，主要在于其是否与当前的经济发展相匹配，是否处在该国对外资本掌控能力范围内。

1.5.3 跨境资金流动的风险研究

跨境资金流动可能引起的相关风险一直是专家学者重点关注的内容。资金跨境流动容易造成以套取利益为目的的短期资本大进大出，即所谓“热钱”效应。热钱一般为投机性短期资本，是充斥在世界上、无特定用途的流动资金，为追求最高报酬，在国际金融市场上迅速流动，具有投机性强、流动性快、隐蔽性强等特征，是诱发市场动荡乃至金融危机的重要因素之一。因此，跨境资金流动所形成的风险较多被认为是以逐利为目的的短期资本的大进大出，从而造成对所在东道国的经济、金融产生危害，形成相应的风险。

最为被研究关注的是几次著名的世界金融危机，国际货币基金组织 IMF 分析美国、英国、日本等国家放松或取消外汇管制后，发现国际资本加速流动，尤其是短期资本大规模流动是造成这几次大的金融危机的元凶。

麦金农、罗纳德和惠尔（Mekinnon、Ronald & Huw，1996）研究跨境资金流动时认为，在金融自由化条件下，大量国际资本流入必将导致金融中介的“过渡借贷症”，从而影响金融市场的稳定。卡明斯基和莱因哈特（1996）指出，投机性投资的大量流入带来的信用的增加，不仅会带来一国金融市场的膨胀，使之产生大量泡沫，加剧金融体系的脆弱性，还会导致股票等资产价格非理性上涨，这将会严重冲击新兴金融市场的稳定性。

克鲁格曼（Krugman，2009）在“三元悖论”的基础上，进一步阐述当前跨境资金流动日益频繁，指出对跨境“热钱”流动进行一定程度的管制，虽然可能会损失资金流动的效率，但有利于维护国际金融市场的稳定，因此资本项目可兑换必须建立在良好的金融监管体系的基础上。

针对我国跨境资金流动的情况进行分析，国内许多学者也非常关注其造成的风险，指出防范跨境资金流动尤其是短期跨境资本流动所隐含的风险是极其重要的。管涛、曾卫京（1997）指出，对于资本流入国来说，适度的国际资本流入是有利于活跃金融市场并且可以改善国际收支的；但是如果完全不加管制必会对该国经济造成巨大的危害。国际资本的频繁出入会影响外汇市场、国内货币政策实施，当其大量获利后抽逃会造成国内财富外流，并且其可能随时大规模逆转资金流动方向的特点极易造成金融的动荡，引发金融危机。

针对管涛提出的金融动荡的风险，鲁政委也提出了相同的观点。鲁政委（2008）提出，过高的资本流动性是金融危机的催化剂，他通过对近 200 年来国际上发生过的金融危机进行总结，发现国际资本流动性增强之后，金融危机便常常如影随形，金融危机传染效应的大小与资本流动性高低正相关；与资本流动性相对较低的新兴经济体相比，资本高度流动的经济体在金融危机后 GDP 下滑程度更为严重。

鄂志寰（2000）指出，国际资本的流动有助于推进金融体系的发展和壮大，但同时由于金融监管跟不上其脚步，那么资本的大规模进出，将会使得银行体系脆弱性上升，金融市场波动性增加，金融市场与国外市场关联性加强甚至使金融危机频繁爆发。金洪飞、李子奈（2001）指出，对于资本短缺的国家，外资的流入确实可以起到缓解的作用，但是如果一味鼓励国际资本的流入则会导致投资过热的现象，当积累到一定程度的时候，大量短期资本流向会发生逆转，甚至引发货币危机。

张明（2009）认为，除了外商直接投资金额的减少，包括“热钱”在内的跨境资本在流动方向上也发生明显变化，正在从流入新兴市场国家转向流回发达国家，从流入金融衍生品市场转向美元资产和部分品种的期货市场。这种流动方向的转变，对于新兴市场国家的资本市场将会产生极大的冲击，控制不当会引起重大金融危机。

国内外文献结合各国经济发展阶段的特点，均提出了短期跨境资本流动所带来的相应风险。跨境资金流动所带来的“热钱”效应，是资本市场不健全、金融监管手段不成熟的国家的大敌。

1.5.4 跨境资金流动的监管研究

针对近年以来日益猖獗的国际金融投机活动，为防范跨境资金流动的风险，尤其是短期跨境资金流动给经济带来的波动风险，对跨境资金流动的监测以及相应的风险防范研究逐渐增多。

托宾税是发展中国家的一种防范跨境资金流动风险的主要手段，托宾（Tobin，1972）认为国家要对证券交易和外汇交易征收国际税，提高短期跨境资金流动的交易成本，才能降低投机者的收益预期，从而达到降低短期跨境资金流动性和波动性的目标，进而增长一国货币政策的有效性，维护经济金融繁荣稳定。Sphan（1975）对托宾税的理论基础上作了重新设计，在跨境资金交易税的基础上，又提出了对异常跨境资金流动征收临时性和惩罚性的高税率监管举措。Edwards（1986）从另一个角度提出了对跨境资金流动征税的理论依据，他认为国内的借款额度受到限制，会导致跨境资金借道国外贷款途径流入国内，大额跨境资金的流入将引起资金获利后的迅速撤离，导致相关的风险，对跨境资金流动征收相应的税收一定程度可以限制大量跨境资金的流动。

国内的一些学者对跨境资金流动监管提出了结合国内实际的看法。如宋文兵（2009）认为“目前我国现阶段采取资本管制是有意义的，但在我国加入 WTO 多年后，经济金融全球化程度已经很高的今天，仅靠资本管制是远远不够的，需要加大汇率浮动区间来缓解跨境资金流动压力”。李翀（2000）提出，“我国面对短期跨境资金流动形势加剧的状况，可以采取对短期跨境资金流动征税的措施。既可以通过调整税率调节短期跨境资金流动的速度，又可以增加我国财政收入。但从长远眼光看，我国目前还是应该采取市场化手段来控制短期跨境资金的流动。”

但同时，一部分国内学者也认为我国资本管制的作用有限，尤其是“假贸易、真投资”的虚假交易，大大削弱了资本管制的作用。李庆云和田晓霞（2012）通过 2002—2013 年国际收支平衡表的数据进行资本外逃规模测算，发现我国资本管制并未完全发挥作用。

考虑到资本管制的局限性，曲凤杰、孙恒（2008、2013）等提出我国要从宏观和微观两方面来加强对短期跨境资金的监管，一是通过利用征收税收等财政手段来抑制短期跨境资金的流动；二是采取行政干预手段，如取消外资企业非国民待遇等来抑制跨境资本流动；三是从外汇管理方面加强汇率波动幅度，加强对跨境资金流出、入的审批管理；四是建立预警机制防范短期跨境资金流动带来的风险，提高风险监控能力。

许满刚（2008）研究异常外汇资金跨境监管时提出：应该结合各个主管部门的监管合力共同监管跨境资金。外汇主管部门对异常境外资金有针对性检查，对金融系统进行检查；公安部门对地下钱庄、非法外汇交易等违法行为进行严厉打击；金融部门认真履行代位监管作用。另外对金融部门和企业等市场主体进行排查。他认为管理异常跨境资金的监管手段主要在于监管主体部门的检查制度，检查力度大违法的成本就会加大，进而减少外汇违法行为。同时他认为在现场检查的基础上创新非现场检查制度是非常必要的。

从对跨境资金流动的监管来看，国内外学者都认为适当对证券交易和外汇交易征收国际税是抑制跨境资金流动速度的重要手段，同时采取适当的监管手段，如现场检查等也是很有必要的。

1.5.5 文献评述与分析

总体而言，从国内外跨境资本流动的实际情况来看，对于促进实体经济发展、提升经济发展水平，充分有效利用国际、国内两个市场的资金和资源要素，资金的跨境双向流动均发挥了积极作用。各方面的研究也充分肯定了这一意义。但是，在资本项目开放不充分的情况下，跨境资金流动的风险，包括套利、套汇、洗钱等风险也是经济发展的最大隐患，尤其是短期资本的大规模、方向不明确的流动，容易引发系统性金融风险，危害经济的发展。跨境资金流动是一把双刃剑，适当地运用才能发挥出积极效应，否则会危及东道国的金融市场稳定，影响经济的发展。

事实上，自2008年金融危机爆发以来，全球资本流动格局发生了显著改变，国际资本流动出现一些新趋势。一方面，宏观刺激政策相对稳定对信心起到很重要的作用，国际投资者看好亚洲股市和信贷市场；另一方面，近两年美国资本市场逐步走出泥潭，美元资产重新成为投资者新的投资方向，资金从新兴市场经济体国家回流美国等发达国家。如亚洲的一些新兴市场国家成为跨境资金流入的热点方向，但美国退出“QE”政策带来的美元走强则成为更重要的吸引国际资金流动的重要力量，国际资金流动受到相关国家资本力量的影响越来越明显，流向也不再那么确定。资金跨境双向流动的特点成为当前国际资本流动的新趋势。

显然，资金跨境双向流动趋向与世界各国经济体的经济发展形势、经济政策制度有很大关系，但各国在面对资金跨境流动尤其是短期资本的大进大出，大多表现出控制不力，从而危及实体经济发展、动荡本国金融市场的后果。

在资本项目开放的风险方面，由于资本项目开放打破了封闭状态下一国的经济稳态，跨境资金的双向流动可能引发经济波动甚至金融危机，因此国内外学者均认为应谨慎、平稳地推进这一过程，加强相应的风险防范制度与措施在所难免。

当前研究文献揭示了跨境资金流动的积极意义及相应的危害，包括对其造成的风险及防范均有明确的分析。近些年跨境资金流动的新趋势、新特点，提出了跨境资金流动不是单方向地流进或流入，短期跨境资本的大进大出需要从制度上、措施上进行更为细致的研究和设计，从而真正发挥跨境资金流动优化国际资本配置，提升资本效率，促进经济发展的作用。

1.6
研究思路

依据国家外汇管理局跨境资金流动监测报告以及国际收支平衡表对跨境资金的内涵与范畴的界定，本书下面主要从两大方面，即经常项目的跨境贸易结算和资本项目的跨境直接投资、跨境证券投资和其他投资的跨境贷款等来阐述跨境资金流动的现状、趋势以及金融制度改革与业务创新。

主要分七章来阐述，具体架构如图 1 - 3 所示。

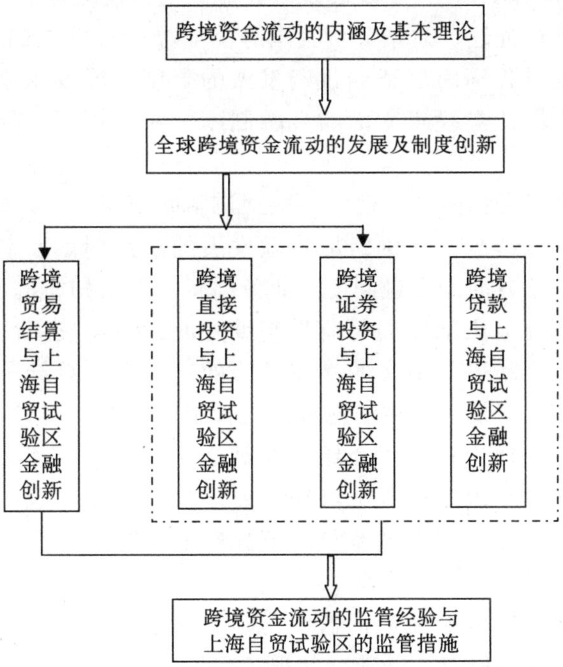

图 1 - 3　本书的架构

第 1 章为基本理论部分，主要对跨境资金流动的基本内涵及表现形式进行阐述，从理论上就长期国际资本流动和短期国际资本流动对资本输出国和资本输入国的经济、政治、金融市场等的影响进行分析，并对引起跨境资金流动的动因和机理进行阐述，基于总结和分析以前研究基础上，提出本书研究的内容、范围以及研究思路。

第 2 章先从全球范围跨境资金流动的总体趋势和特征着手，分析世界主要国家在经常项目和资本项目上的资本跨境流动的发展现状，并总结国际跨境资金流动的特点、经验和启示。然后落实到分析我国跨境资金流动的现状与发展瓶颈，引入在资本账户管制背景下，上海自贸试验区先行先试金融制度改革与业务创新的必要性，重点阐述上海自贸试验区在促进跨境资金流动方面的金融制度创新与金融载体建设。

第 3 章主要阐述经常项目的跨境贸易结算的现状、瓶颈与制度创新。对我国跨境贸易结算的发展历程及当前状况进行描述，总结分析我国跨境贸易结算发展的制约因素及制度瓶颈，然后阐述上海自贸试验区在跨境贸易结算方面的金融制度与业务创新，提出相应的发展模式与发展对策。

第 4、5、6 章则主要阐述资本项目下的跨境直接投资、证券投资和其他投资的发展状况及制度改革。

第 4 章主要阐述跨境直接投资的发展现状、瓶颈与制度创新。对上海对外直接投资和外商直接投资的发展现状进行描述，结合上海自贸试验区发展特征分析影响跨境直接投资的制度环境与发展瓶颈，然后阐述上海自贸试验区在跨境直接投资的金融制度与业务创新，提出相应的发展模式与发展对策。

第 5 章主要阐述跨境证券投资的发展现状、瓶颈与制度创新。对我国跨境证券投资的发展历程及当前状况进行描述，总结分析我国跨境证券投资发展的主要特点与变动趋势，揭示我国外汇管理制度对我国跨境证券投资发展的限制情况及未来的发展趋势，然后阐述上海自贸试验区在跨境证券投资方面的金融制度与业务创新，提出相应的发展模式与发展对策。

第 6 章主要阐述跨境贷款的发展现状、瓶颈与制度创新。对我国跨境贷款的发展历程及当前状况进行描述，总结分析我国跨境贷款发展的制约因素及制度瓶颈，然后阐述上海自贸试验区在跨境贷款方面的金融制度与业务创新，提出相应的发展模式与发展对策。

第 7 章主要从跨境资金流动监测与监管制度方面，阐述发展跨境资金流动的宏观环境。在分析了跨境资金流动可能引发的潜在风险的基础上，总结分析国外跨境资金流动的监管经验后，阐述了我国及上海在宏观审慎监管制度方面的模式及措施。

先对跨境资金流动的理论进行了介绍，并对全球跨境资金流动的发展状况、特征等进行总结的基础上，结合我国跨境资金流动发展现状及限制瓶颈，总体上落实到上海自贸试验区发展跨境资金流动的制度创新与改革。然后从跨境资金流动的四种具体表现形式分别阐述发展现状、发展瓶颈、上海自贸试验区的制度创新与发展对策。最后回归到从总的层面上，谈发展跨境资金流动的监测与监管制度。从总体架构上来看，遵循从面到点，再从点回到面的基本思路；既从全球视角出发，又落实到我国及上海的具体实务；既从理论出发，又收于实际业务及具体制度创新。

第2章

跨境资金流动的发展与金融创新制度

2011年，由IMF原总裁Michel Camdessus、前意大利财长Tommaso Padoa - Schioppa，以及其他经济学家及政要发起了“皇宫创意”（Palais - Royal Initiative），提出了如何看待跨境资金流动？如何监测跨境资金流动？以及如何针对跨境资金流动实行全球多边监管等系列国际金融领域的热点问题。

跨境资金流动之所以成为国际社会各界关注的重大国际金融问题，其主要原因在于，在金融自由化和全球化的浪潮下，跨境资金流动的主要问题已经从经常账户不平衡的问题，转变为资本账户不平衡的问题。当前国际金融体系面临的主要危害是资金频繁而无序的流动，并非商品的不对称流动（Borio等，2014）。在全球经济高速发展，金融一体化步伐加快的今天，国际跨境资金流动规模也在快速增加。国际跨境资金影响着世界各国的经济发展。大量、持续的国际跨境资金为全球经济的发展带来了持续强劲的推动力。可见，对跨境资金流动的研究有助于世界各国政府决策部门了解跨境资金流动的变化，以充分利用国际跨境资金对经济的驱动力促进本国经济的发展。同时也有利于各国货币行政当局实施相应监测方案，在国际跨境资金出现不利于本国经济的异常流动时尽快采取应对措施。

本章首先利用国际货币基金组织的权威数据，实证解读了全球主要经济区域，包括发达经济体、主要发达经济体（G7）、欧洲地区、欧盟、新型市场和发展中国家、亚洲新型市场发展中国家、中东和北非经济体，以及独立经济联合体等国际跨境资金流动的发展和现状，并对国际跨境资金流动的特点、经验和启示进行了分析。随后，本章利用中国国家外汇管理局的数据，实证解读我国跨境资金流动的发展现状，并分析了我国跨境资金流动的瓶颈所在。最后，本章介绍了上海自贸试验区促进跨境资金流动的金融载体。

2.1 国际跨境资金流动的发展和现状

国际收支是一国居民在一定时期内与外国居民之间全部政治、经济、文化往来所产生的全部经济交易的系统货币记录。国际收支平衡表是国际收支按经常账户、资本和金融账户、储备资产和净误差与遗漏等四类账户分类，并采用复式记账原则记录的报表。国际跨境资金流动在各国国际收支平衡表上可以通过经常账户（Current Account）和资本与金融账户（Capital and Financial Account）表现出来。

通过对不同经济区域和不同经济体的经常账户和资本与金融账户跨境资金流动的分析，可以了解实体经济领域跨境资金流动的方向、起点和终点，大致勾勒出全球跨境资金流动的基本构图，有助于了解国际跨境资金流动的现状与特点。

2.1.1 经常账户跨境资金流动的发展和现状

国际收支平衡表的经常账户包括货物和服务（Goods and Services）、收益（Income）与经常转移（Transfer）三个部分。主要的部分是货物和服务，它描述的是与实体经济，主要是进出口贸易相关的跨境资金流动。经常账户差额（Current Account Balance）等于货物和服务差额、收益差额和经常转移差额的总和。经常账户差额为正，表示经常账户顺差或盈余；为负，表示经常账户逆差或赤字；为零，则表示经常账户平衡。

1. 全球主要经济区的经常账户差额

自20世纪90年代中后期以来，全球经常账户顺差持续攀升（见图2－1）。体现了全球贸易一体化、金融一体化和经济一体化对全球经济的强劲促进作用。尽管1997年东南亚金融危机和2008年全球金融危机对全球贸易产生过重创，但是从全球经常账户收支情况看，全球贸易仍然能够很快恢复。21世纪以来，经常账户顺差增长幅度大幅提升，增长强劲。

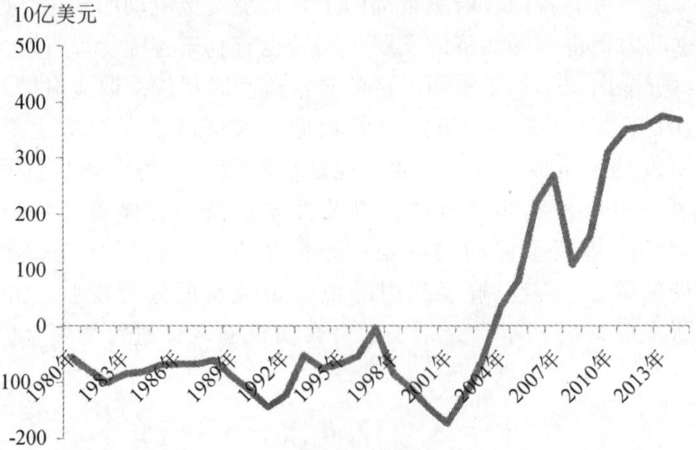

图2－1　1980—2014年全球经常账户差额

资料来源：国际货币基金组织，WEO Database。

全球各主要经济区经常账户自20世纪90年代中后期波动开始加剧。增长最强烈的是新兴市场和发展中国家、亚洲新兴发展中国家，以及中东和北非；而G7国家、发达经济体和欧盟，是全球经常账户主要的逆差国（见图 2－2）。

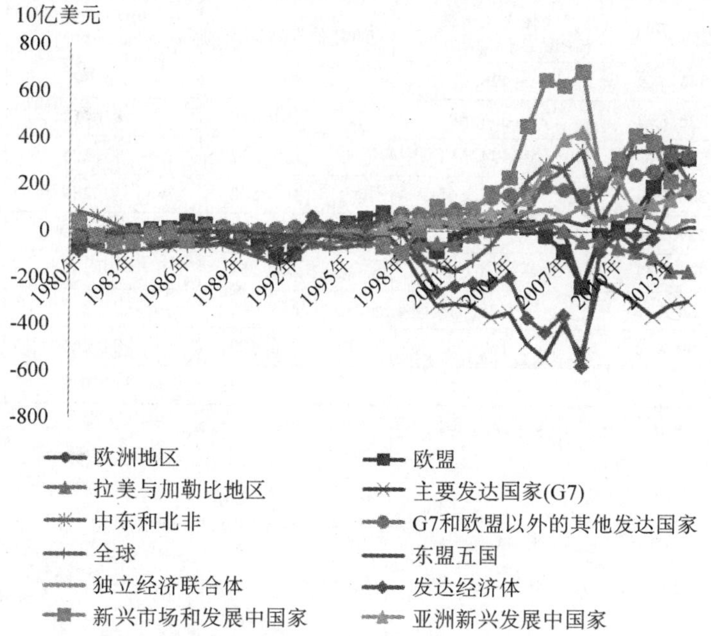

图 2－2　2014 年全球各主要经济区域经常账户差额

资料来源：国际货币基金组织，WEO Database。

2. 发达国家与地区的经常账户差额

图 2－3 描述了 1980—2014 年欧洲和发达国家及地区经常账户差额情况。从图中可以看到，自 20 世纪 90 年代中后期始，发达经济体、主要发达国家（G7）和欧盟各国的经常账户差额均出现宽幅波动。2008 年全球金融危机以后，这些国家和地区的经常账户差额都大幅下滑，但是欧盟和发达经济体经常账户随后恢复了顺差。自全球金融危机以后，G7 国家的经常账户一直处于逆差状态。2014 年，G7 国家的经常账户逆差为 2 913.47 亿美元（见表 2－1）。从 1980 年至今，G7 和欧盟以外的其他发达国家经常账户差额一直保持稳定上升的势态，从 1999 年的 782.73 亿美元上升到 2014 年的 3 308.71 亿美元。

表 2－1　1980—2014 年欧洲和发达国家及地区经常账户差额　单位：10 亿美元

时间	主要发达国家（G7）	发达经济体	G7 和欧盟以外的其他发达国家	欧洲地区	欧盟
1999 年	－196.548	－115.43	78273	－34.078	－20.545
2000 年	－316.878	－255.641	85.008	－92.997	－85.485
2001 年	－307.517	－233.557	97.303	－22.967	－35.786
2002 年	－318.994	－220.634	100.427	44.724	13.919
2003 年	－367.126	－220.574	146.771	25.168	9.818
2004 年	－345.267	－194.664	157.909	75.29	70.679
2005 年	－478.414	－368.934	167.753	13.399	20.25

续表

时间	主要发达国家（G7）	发达经济体	G7 和欧盟以外的其他发达国家	欧洲地区	欧盟
2006 年	-541.819	-428.68	194.914	-18.89	-15.938
2007 年	-396.399	-354.69	181.418	5.418	-82.326
2008 年	-525.013	-574.561	155.827	-233.205	-233.953
2009 年	-205.709	-85.665	199.502	-30.289	-11.098
2010 年	-247.241	-6.032	267.87	-3.719	14.303
2011 年	-295.439	-63.53	248.254	-9.587	85.654
2012 年	-358.191	-28.413	261.908	194.231	198.447
2013 年	-309.492	157.563	338.423	284.265	305.242
2014 年	-291.347	169.869	330.871	313.033	321.49

资料来源：国际货币基金组织，WEO Database。

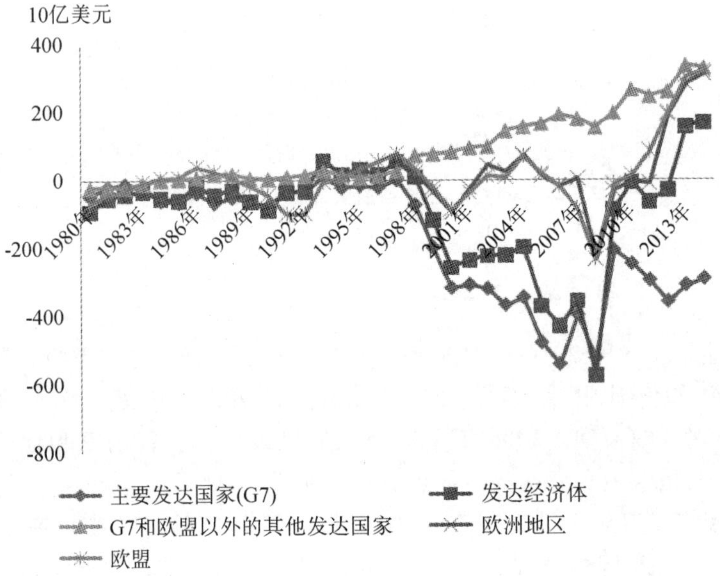

图 2-3　1980—2014 年欧洲和发达国家及地区经常账户差额

资料来源：国际货币基金组织，WEO Database。

3. 主要发展中国家与地区的经常账户差额

图 2-4 描述了 1980—2014 年主要发展中国家，包括拉美与加勒比海地区、东盟五国、新兴市场和发展中国家以及亚洲新兴发展中国家的资本账户差额情况。从图中可以看到，自 20 世纪 90 年代中后期，主要发展中国家的经常账户顺差得到极其迅猛的发展。1999 年，新兴市场和发展中国家的经常账户顺差是 58.26 亿美元，2008 年猛增到 6 840.24亿美元。尽管全球金融危机以后，新兴市场和发展中国家以及亚洲新兴发展中国家的经常账户收支有所下降，但目前仍然保留着较大幅度的顺差。拉美和加勒比海地区的经常账户总体呈下降趋势，2008 年全球金融危机以后加速下降。2014 年，拉美和加勒

比海地区的经常账户为1 647.58亿美元的逆差（见表2-2）。

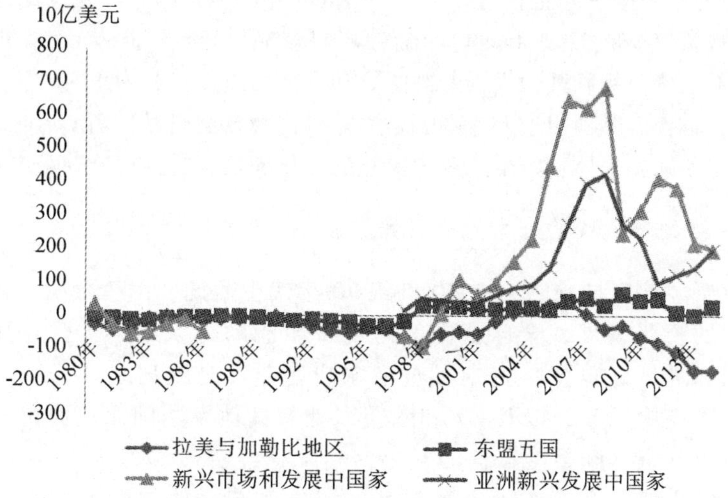

图2-4 1980—2014年主要发展中国家和地区经常账户差额

资料来源：国际货币基金组织，WEO Database。

表2-2　　1980—2014年主要发展中国家和地区经常账户差额　　单位：10亿美元

时间	拉美与加勒比地区	东盟五国	新兴市场和发展中国家	亚洲新兴发展中国家
1999年	-55.192	29.085	5.826	45.13
2000年	-48.703	24.413	108.708	42.762
2001年	-53.805	18.458	61.483	40.714
2002年	-16.807	18.757	96.436	62.469
2003年	7.779	24.614	163.13	84.042
2004年	19.85	23.131	229.688	91.573
2005年	32.013	16.073	450.682	142.708
2006年	45.795	44.845	647.364	272.613
2007年	5.767	53.297	623.064	395.821
2008年	-39.342	31.082	684.024	425.746
2009年	-30.359	65.781	247.064	274.63
2010年	-65.251	45.3	315.703	234.696
2011年	-82.081	49.924	413.088	99.187
2012年	-107.378	7.959	383.318	122.181
2013年	-163.664	1.954	216.954	142.531
2014年	-164.758	25.844	197.013	195.278

资料来源：国际货币基金组织，WEO Database。

2.1.2 资本和金融账户跨境资金流动的发展和现状

从国际通用口径来看，跨境资金流动状况一般用国际收支平衡表的资本和金融账户（Capital and Financial Account）的内容来测度。资本和金融账户包括资本账户（Capital Account）

和金融账户（Financial Account）两个部分。其中，资本账户主要记录资本转移项目（例如债务减免等）。而金融账户则主要包括直接投资（Direct Investment）、证券投资（Portfolio Investment）以及其他投资（Other Investment）。金融账户差额（Financial Account Balance）等于直接投资差额、证券投资差额和其他投资差额的总和。金融账户差额为正时，称作金融项目顺差或盈余，为负时，称作金融项目逆差或赤字，为零时称为金融项目平衡。可见，资本和金融账户的主要内容由金融账户来体现，金融账户差额的变化决定着资本和金融账户差额的变化。

1. 全球各主要经济区域的资本和金融账户差额

从全球各主要经济区域来看，自20世纪90年代中后期，由于金融一体化、经济全球化以及跨国公司的长足发展，全球范围的跨境资金流动得以迅速扩张。其中，跨境资金的主要输入国家和地区，也就是资本和金融账户顺差，是欧洲地区、新兴市场和发展中国家、亚洲新兴发展中国家，以及G7和欧盟以外的其他发达国家；而跨境资金的主要输出国家和地区，也是资本和金融账户的逆差，是发达经济体、G7国家等。2008年全球金融危机以后，尽管主要资金输入国家和地区的资本和金融账户顺差有所下降，而跨主要输出国家和地区的逆差有所缓解，但过去20多年，全球资金从发达国家和地区，向新兴发展中国家和地区流动的整体趋势仍然存在（见图2-5）。

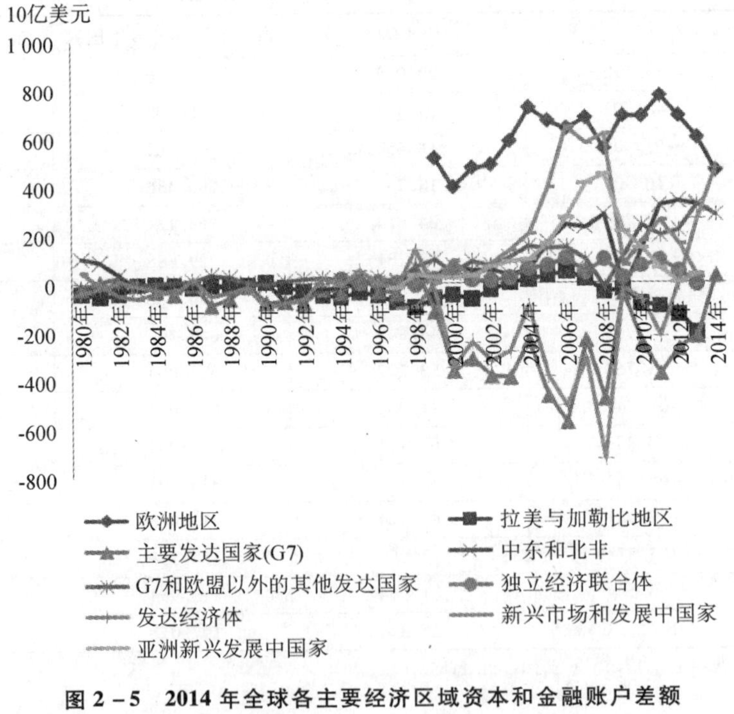

图2-5 2014年全球各主要经济区域资本和金融账户差额

资料来源：国际货币基金组织，WEO Database。

2014年，欧洲地区以及G7和欧盟以外的发达国家成为全球资本和金融账户顺差最大的两个地区，而拉美与加勒比海地区和G7国家，是全球资本和金融账户逆差最大的两个地区（见图2-6）。

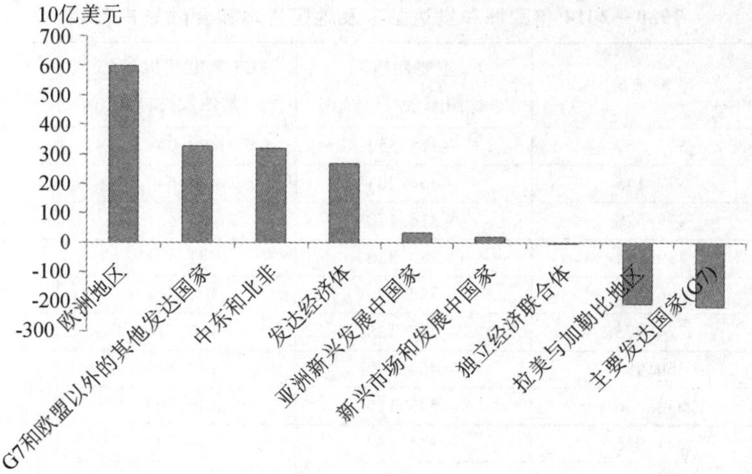

图 2-6　2014 年全球各主要经济区域资本和金融账户差额

资料来源：国际货币基金组织，WEO Database。

2. 主要发达国家与地区的资本和金融账户差额

在全球主要发达国家和地区中，欧洲地区以及 G7 和欧盟以外的发达国家，是资本和金融账户的最大顺差国家和地区；而发达经济体和 G7 国家，是国际跨境资金的主要输出国。

2008 年全球金融危机以后，尽管全球主要发达国家的跨境资金流动有所萎缩，但由于发达国家近年来经济逐渐走向复苏，大量国际资金开始回流 G7 国家和主要发达经济体（见图 2-7）。1999 年，G7 国家资本和金融账户的逆差为 1 155.52 亿美元，发达经济体的逆差为 294.12 亿美元；2014 年，G7 国家资本和金融账户逆转为顺差 294.12 亿美元，发达经济体顺差为 4 729.86 亿美元（见表 2-3）。

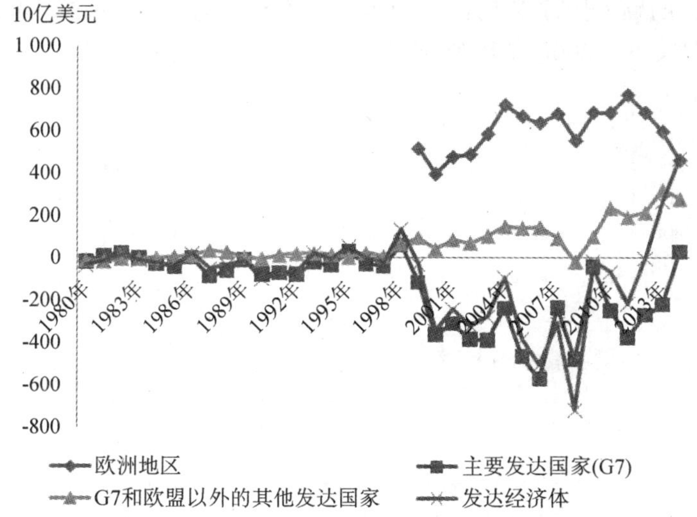

图 2-7　1980—2013 年欧洲和发达国家及地区资本和金融账户差额

资料来源：国际货币基金组织，WEO Database。

表 2-3　　1980—2014 年欧洲和发达国家及地区资本和金融账户差额　　单位：10 亿美元

时间	欧洲地区	主要发达国家（G7）	G7 和欧盟以外的其他发达国家	发达经济体
1999 年	517.267	-115.552	97.044	-29.412
2000 年	397.145	-361.263	40.64	-346.287
2001 年	477.578	-310.178	87.4	-240.807
2002 年	489.394	-383.326	71.401	-320.689
2003 年	586.549	-388.696	104.711	-278.806
2004 年	724.475	-237.128	150.111	-94.216
2005 年	669.984	-464.942	142.842	-382.018
2006 年	638.886	-573.116	146.204	-504.453
2007 年	681.965	-234.237	94.243	-308.313
2008 年	555.169	-476.604	-20.279	-721.367
2009 年	688.69	-40.716	102.344	-17.694
2010 年	687.577	-248.134	237.642	-66.395
2011 年	773.201	-373.85	194.091	-217.726
2012 年	688.875	-269.399	215.443	-2.539
2013 年	598.394	-219.758	324.48	267.683
2014 年	462.258	29.87	280.237	472.986

资料来源：国际货币基金组织，WEO Database。

3. 主要发展中国家与地区的资本和金融账户差额

自 20 世纪 90 年代中后期，由于新兴市场和发展中国家以及亚洲新兴发展中国家经济的迅速发展，吸引了全球范围跨境资金的流入（见图 2-8）。新兴发展中国家成为全球资本和金融账户最大的顺差国家和地区。1999 年，新兴市场和发展中国家资本和金融账户的顺差为 29.39 亿美元，2006 年达到 6446.05 亿美元（见表 2-4）。

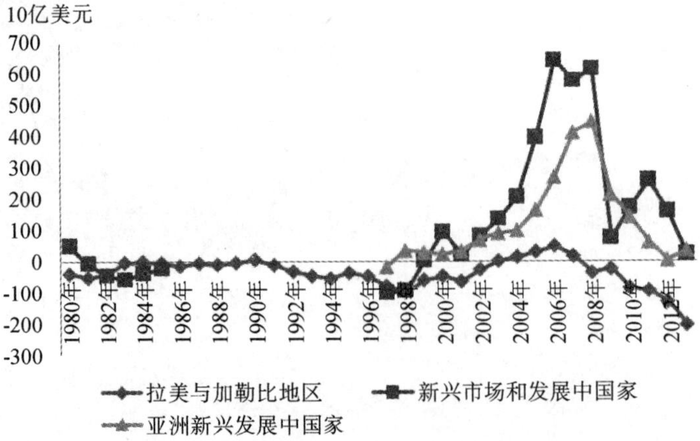

图 2-8　1980—2014 年主要发展中国家和地区资本和金融账户差额

资料来源：国际货币基金组织，WEO Database。

表2－4　　1980—2014年主要发展中国家和地区资本和金融账户差额　　单位：10亿美元

时间	拉美与加勒比地区	新兴市场和发展中国家	亚洲新兴发展中国家
1999年	-60.683	2.939	27.465
2000年	-48.195	93.842	22.516
2001年	-65.162	19.767	31.144
2002年	-26.975	82.228	67.302
2003年	0.495	135.593	89.155
2004年	13.398	206.595	98.401
2005年	29.659	396.464	163.828
2006年	47.72	644.605	269.338
2007年	15.671	579.685	412.368
2008年	-37.422	617.131	448.43
2009年	-25.841	73.642	212.363
2010年	-86.454	171.991	140.846
2011年	-95.248	258.342	59.236
2012年	-132.333	158.742	1.92
2013年	-206.463	21.234	33.407

资料来源：国际货币基金组织，WEO Database。

2008年全球金融危机以后，新兴市场和发展中国家以及亚洲新兴发展中国家跨境资金流入大幅下降。随着发达国家经济复苏，全球资金向发达国家回流，2014年，新兴市场和发展中国家的资本和金融账户顺差已降至212.34亿美元。

进入21世纪以后，拉美和加勒比海地区跨境资金流入一度有所增加。但2008年金融危机以后，这一地区跨境资金一直处于大量外流的状态。2014年，拉美和加勒比海地区资本和金融账户的净逆差为2 064.63亿美元。

2.1.3　直接投资跨境资金的发展和现状

直接投资是国际收支平衡表的金融账户下的重要项目，它刻画的是与实体经济相关的长期跨境资金流动状况。

1. 全球各主要经济区域的直接投资

从全球范围来看，从20世纪80年代中期开始，全球直接投资开始迅速扩张（见图2－9），直接投资的主要流向是发达国家和地区。其中，G7国家、发达经济体和欧洲地区是直接投资最大的顺差国家和地区。而拉美与加勒比海地区、新兴市场和发展中国家，以及亚洲新兴发展中国家是直接投资主要的逆差国家和地区。

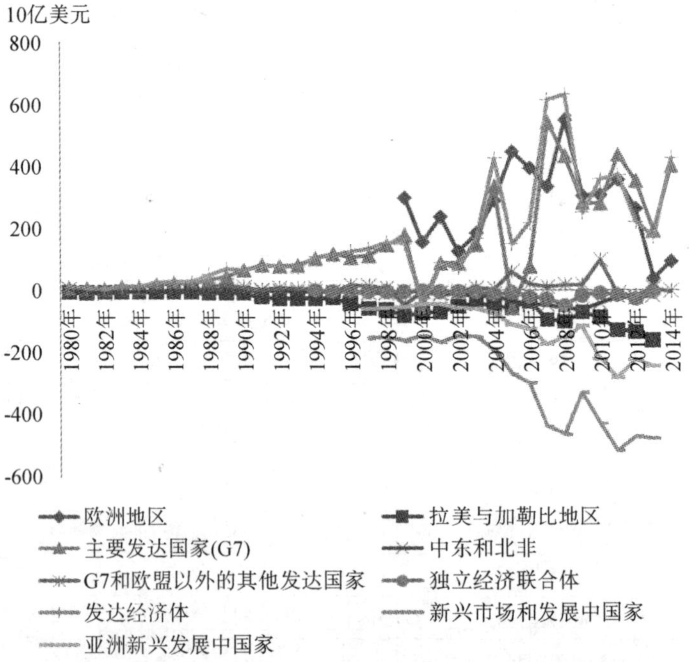

图 2-9　1980—2014 年全球各主要经济区域的直接投资

资料来源：国际货币基金组织，WEO Database。

2. 主要发达国家与地区的直接投资

自 20 世纪 80 年代中期始，G7 国家和发达经济体直接投资顺差大幅波动并振荡上行（见图 2-10）。例如 G7 国家，2000 年直接投资逆差为 545.77 亿美元；2004 年顺差为 3 336.52 亿美元；2005 年逆差为 585.95 亿美元；2014 年顺差为 398.725 亿美元（见表 2-5）。

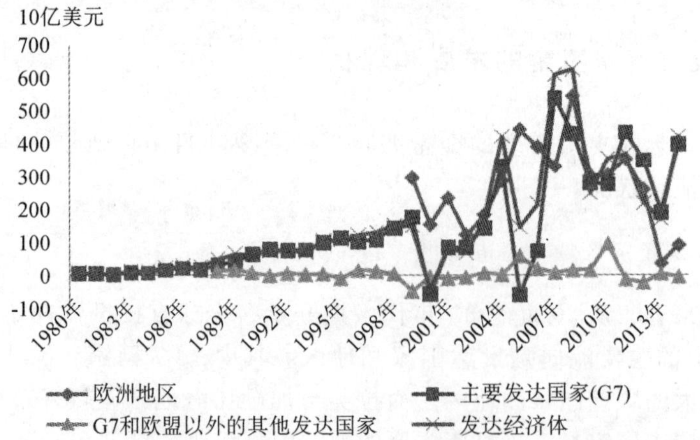

图 2-10　1980—2014 年欧洲和发达国家与地区的直接投资

资料来源：国际货币基金组织，WEO Database。

表2-5　　1980—2014年欧洲和发达国家与地区的直接投资　　单位：10亿美元

时间	欧洲地区	主要发达国家（G7）	G7和欧盟以外的其他发达国家	发达经济体
1999年	296.548	178.097	-46.936	149.623
2000年	154.17	-54.577	-3.288	-43.594
2001年	235.143	86.084	-8.594	86.282
2002年	123.073	85.442	-4.558	68.166
2003年	183.766	144.754	8.226	166.964
2004年	288.077	333.652	3.336	422.418
2005年	443.993	-58.595	60.229	147.351
2006年	391.554	75.5	20.45	215.868
2007年	331.631	540.599	9.869	611.42
2008年	545.568	431.443	16.979	628.051
2009年	303.248	280.777	16.908	249.234
2010年	305.561	277.977	96.948	355.635
2011年	354.268	435.845	-11.023	369.279
2012年	261.448	351.399	-20.561	219.038
2013年	36.35	191.514	6.589	171.832
2014年	91.243	398.725	-2.794	422.766

资料来源：国际货币基金组织，WEO Database。

相对而言，G7和欧盟以外的发达国家直接投资自1980年至现在，一直保持稳定，没有较大变化。

3. 新兴市场和发展中国家与地区的直接投资

自20世纪90年代中后期，主要发展中国家的对外直接投资大幅上升，尤其是新兴市场和发展中国家，以及亚洲新兴发展中国家，成为直接投资的最大逆差国家和地区（见图2-11）。新兴市场和发展中国家在1999年的直接投资逆差是1 642.5亿美元，2007年逆差扩大到4 393.1亿美元，2011年进一步扩大到5 176.1亿美元（见表2-6）。

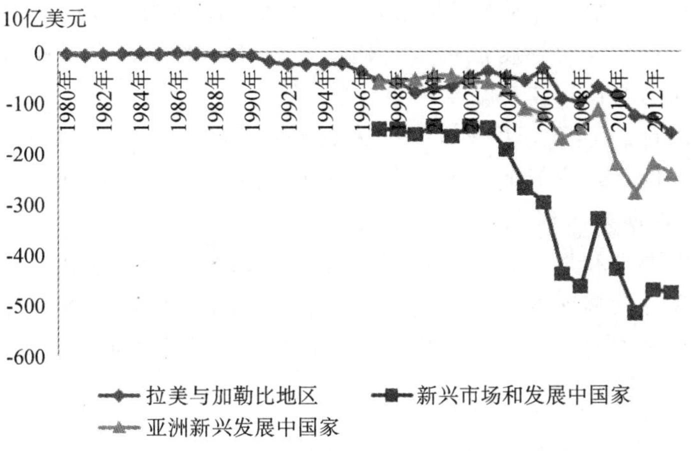

图2-11　1980—2014年拉美、新兴市场和发展中国家与地区的直接投资

资料来源：国际货币基金组织，WEO Database。

表 2-6　　1980—2014 年拉美、新兴市场和发展中国家与地区的直接投资　　单位：10 亿美元

时间	拉美与加勒比地区	新兴市场和发展中国家	亚洲新兴发展中国家
1999 年	-81.602	-164.25	-54.48
2000 年	-73.024	-148.14	-45.75
2001 年	-69.603	-168	-46.73
2002 年	-51.539	-147.86	-58.98
2003 年	-40.197	-152.44	-60
2004 年	-50.798	-193.87	-74.46
2005 年	-58.034	-270.14	-112.6
2006 年	-34.946	-299.12	-126.1
2007 年	-94.692	-439.31	-172.4
2008 年	-101.073	-463.75	-151.9
2009 年	-71.015	-330.76	-115.6
2010 年	-87.976	-429.85	-223
2011 年	-128.313	-517.61	-280.1
2012 年	-134.675	-471.35	-222.1
2013 年	-161.616	-476.66	-243.4

资料来源：国际货币基金组织，WEO Database。

2.1.4　国际证券投资跨境资金的发展和现状

证券投资是脱离实体经济的跨境资金流动，具有较大的风险性和波动性。

1. 全球各主要经济区域的证券投资

自 20 世纪 90 年代始，伴随着全球金融一体化和国际金融创新的发展，国际证券投资跨境资金流动的增长和波动幅度远远超过代表实体经济的经常账户跨境资金流动和直接投资跨境资金流动的增长和波动幅度。

从全球范围来看，主要发达国家 G7、发达经济体、欧洲地区国家，以及新兴市场和发展中国家是证券投资跨境资金的主要供给方（见图 2-12）。例如，2008 年，主要发达国家 G7 的证券投资逆差达到 12 050.71 亿美元。

而主要发展中国家和地区，包括拉美和加勒比海地区、中东和北非地区，以及新兴市场和发展中国家等，其证券投资的跨境资金流动规模和波幅都相对小得多，这主要归因于发展中国家大多国内金融体系不健全、金融市场脆弱、金融产品单一而落后等。

2. 主要发达国家与地区的证券投资

主要发达国家和地区，包括欧洲地区、发达经济体和 G7 国家自 20 世纪 90 年代开始大量输出证券投资资本，并在 2008 年全球金融危机以前，达到最高峰值（见图 2-13）。

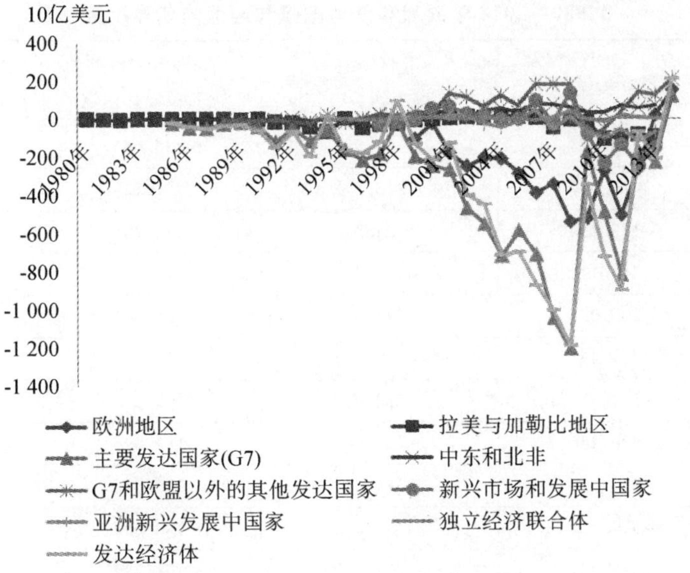

图 2－12　1980—2014 年全球各主要经济区域的证券投资

资料来源：国际货币基金组织，WEO Database。

2008 年，主要发达国家 G7 证券投资逆差峰值为 12 050.71 亿美元，同一时期，发达经济体的逆差峰值为 11 861.92 亿美元（见表 2－7）。

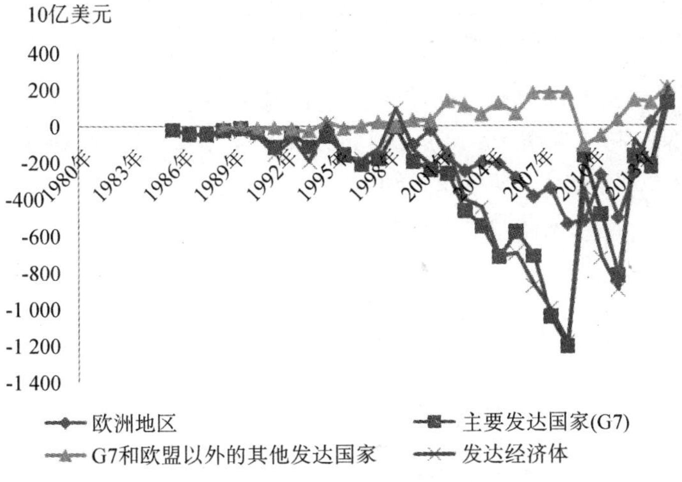

图 2－13　1980—2014 年欧洲和发达国家与地区的证券投资

资料来源：国际货币基金组织，WEO Database。

3. 主要发展中国家与地区的证券投资

相对于发达国家和地区而言，主要发展中国家的证券投资规模要小得多。21 世纪以前，主要发展中国家的证券投资规模几乎可以忽略不计。

表 2-7　　1980—2014 年欧洲和发达国家与地区的证券投资　　单位：10 亿美元

时间	欧洲地区	主要发达国家（G7）	G7 和欧盟以外的其他发达国家	发达经济体
1999 年	-100.623	-194.995	35.085	-128.911
2000 年	-19.947	-243.512	31.528	-212.08
2001 年	-175.256	-264.01	138.208	-123.414
2002 年	-246.111	-465.853	114.681	-399.392
2003 年	-200.091	-548.387	64.341	-445.913
2004 年	-207.491	-716.641	125.142	-711.1
2005 年	-284.534	-580.987	69.233	-695.556
2006 年	-386.256	-711.834	182.096	-874.131
2007 年	-339.119	-1 044.067	180.785	-1 003.752
2008 年	-537.556	-1 205.071	180.643	-1 186.192
2009 年	-518.382	-167.429	-108.235	-342.267
2010 年	-269.103	-486.314	-53.742	-722.44
2011 年	-502.59	-817.941	34.119	-898.098
2012 年	-258.4	-169.22	139.704	-70.533
2013 年	20.188	-226.745	126.956	-208.484
2014 年	153.073	123.001	210.727	209.688

资料来源：国际货币基金组织，WEO Database。

21 世纪以来，新兴市场和发展中国家由于自身经济发展，以及国内金融市场的发展，开始吸引外来证券投资（见图 2-14）。例如，2008 年，新兴市场和发展中国家证券投资的顺差达到 1 359.96 亿美元（见表 2-8）。

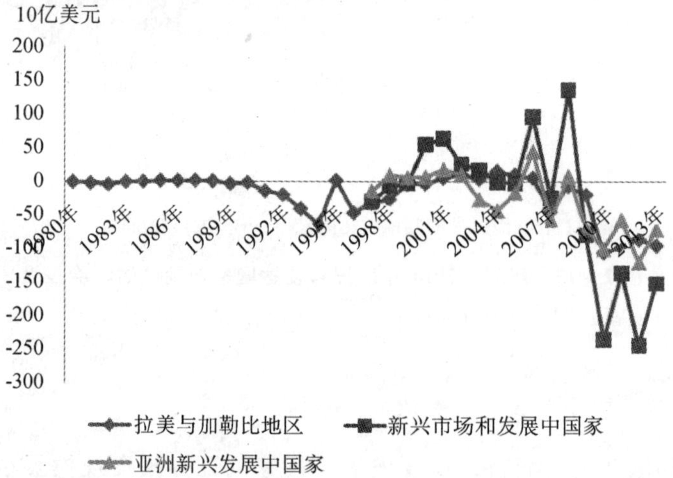

图 2-14　1980—2014 年拉美、新兴市场和发展中国家与地区的证券投资

资料来源：国际货币基金组织，WEO Database。

2008 年全球金融危机以后，包括拉美和加勒比海地区，以及新兴市场和发展中国家，借助自身财富积累开始有少量的对外证券投资。2013 年，新兴市场和发展中国家的证券投资逆差为 1 503.67 亿美元，而拉美与加勒比海逆差为 945.96 亿美元。

表 2-8　　1980—2014 年拉美、新兴市场和发展中国家与地区的证券投资　　单位：10 亿美元

时间	拉美与加勒比地区	新兴市场和发展中国家	亚洲新兴发展中国家
1999 年	-4.089	-2.876	6.124
2000 年	-3.047	54.955	7.273
2001 年	5.418	64.306	18.332
2002 年	10.823	26.418	10.401
2003 年	3.595	18.053	-26.548
2004 年	15.423	-0.71	-43.126
2005 年	10.187	-1.623	-16.288
2006 年	5.716	96.093	44.939
2007 年	-44.246	-24.103	-56.381
2008 年	-7.235	135.996	8.076
2009 年	-19.524	-77.79	-68.846
2010 年	-104.781	-233.132	-99.353
2011 年	-96.697	-134.745	-56.806
2012 年	-85.639	-242.22	-119.501
2013 年	-94.596	-150.367	-70.77

资料来源：国际货币基金组织，WEO Database。

2.1.5　其他投资跨境资金的发展和现状

其他投资主要包括贸易信贷、银行信贷和货币与存款等内容，是短期跨境资金的主要来源，也是跨境资金流动中最不稳定、风险最大的组成部分。

1. 全球各主要经济区域的其他投资

自 20 世纪 80 年代中期始，全球其他投资跨境资金流动波动性加强。其中，欧洲地区、发达经济体，以及新兴市场和发展中国家其他投资跨境资金流动的波动幅度很大（见表 2-15）。

进入 21 世纪以来，全球其他投资跨境资金的规模大幅增加。2008 年全球金融危机以后，欧洲地区以及新兴市场经济和发展中国家是其他投资的主要资金流入方，而发达经济体和主要发达国家 G7，则是其他投资跨境资金的供给方。

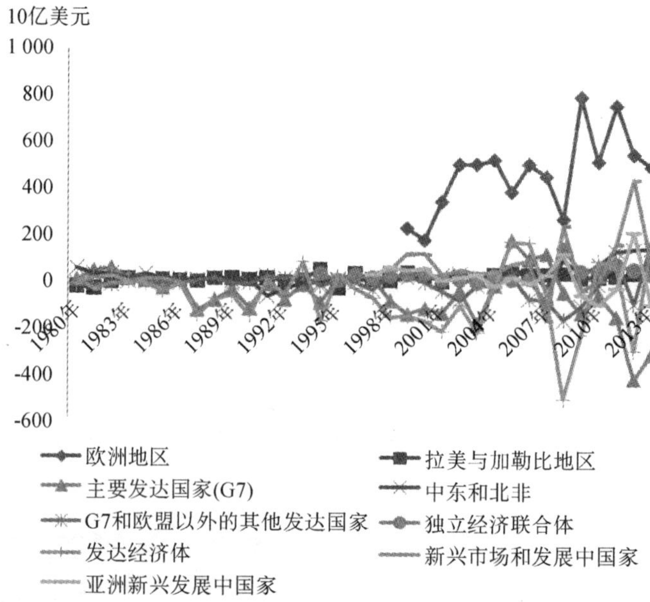

图 2－15　2014 年全球各主要经济区域其他投资

资料来源：国际货币基金组织，WEO Database。

2. 主要发达国家与地区的其他投资

自 20 世纪 90 年代始，全球主要发达国家和地区中，发达经济体和 G7 国家的其他投资的跨境资金流动波幅最大（见图 2－16）。其中，欧洲地区其他投资一直保持着较大幅度的顺差，例如，2009 年，欧洲地区的其他投资顺差达到 7 929.4 亿美元。发达经济体的其他投资则在顺差和逆差之间大幅波动，例如，2005 年发达经济体的其他投资顺差为 1 672.63亿美元，而 2008 年，其他投资逆差达到 5 161.09 亿美元（见表 2－9），可见发达经济体的其他投资波幅之大。

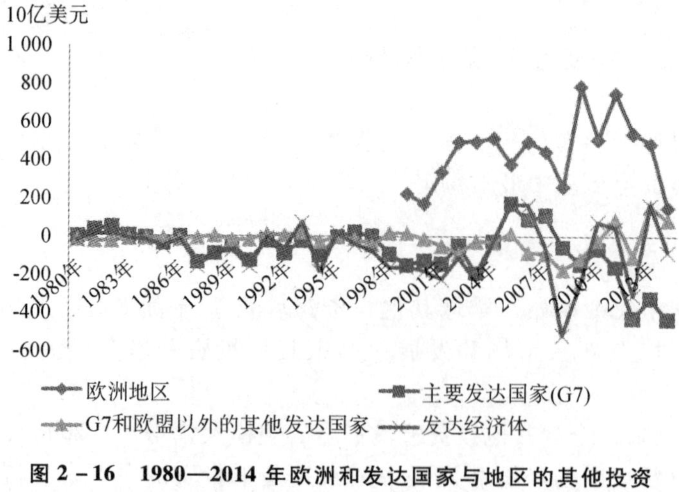

图 2－16　1980—2014 年欧洲和发达国家与地区的其他投资

资料来源：国际货币基金组织，WEO Database。

表2-9　1980—2014年欧洲和发达国家与地区的其他投资　单位：10亿美元

时间	欧洲地区	主要发达国家（G7）	G7和欧盟以外的其他发达国家	发达经济体
1999年	225.946	-149.335	19.332	-157.1
2000年	174.358	-124.339	-12.037	-179.037
2001年	340.503	-143.214	-48.035	-222.563
2002年	500.855	-46.587	-88.892	-108.523
2003年	502.021	-190.22	-24.084	-229.873
2004年	520.441	-23.585	-28.263	-21.831
2005年	382.622	175.359	18.143	167.263
2006年	501.608	91.114	-82.596	165.132
2007年	449.427	114.339	-87.233	-57.351
2008年	265.596	-53.291	-172.861	-516.109
2009年	792.94	-142.574	-114.603	-237.813
2010年	513.743	-65.034	-19.782	79.92
2011年	755.838	-158.951	91.421	49.324
2012年	544.376	-428.746	-102.995	-305.553
2013年	491.558	-322.041	159.535	166.608
2014年	154.316	-434.469	89.307	-79.054

资料来源：国际货币基金组织，WEO Database。

G7和欧盟以外发达国家的其他投资大多为小幅跨境资金流逆差，并且相对而言，不仅规模较小，波动也较为平稳。其中，最大其他投资顺差规模是2013年的1 595.35亿美元，最大其他投资逆差规模也仅是1 728.61亿美元。

3. 主要发展中国家与地区的其他投资

主要发展中国家和地区其他投资的规模小，波幅也窄（见图2-17）。2008年全球金融危机爆发以后，新兴市场和发展中国家以及亚洲新兴发展中国家其他投资得以发展，并且波幅加大。例如，2001年，新兴市场和发展中国家的其他投资顺差规模为210.36亿美元；2007年逆差规模为1 758.81亿美元；2012年顺差规模为4 367.35亿美元（见表2-10）。

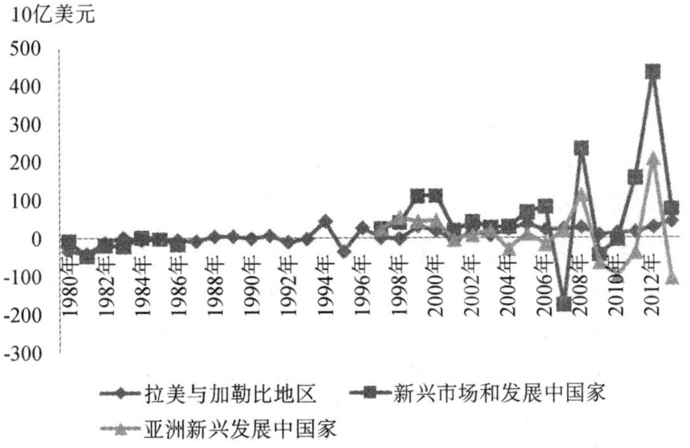

图2-17　1980—2013年拉美、新兴市场和发展中国家的其他投资

资料来源：国际货币基金组织，WEO Database。

表 2－10　　1980—2013 年新兴市场和发展中国家与地区的其他投资　　单位：10 亿美元

时间	拉美与加勒比地区	新兴市场和发展中国家	亚洲新兴发展中国家
1999 年	31.163	111.046	45.013
2000 年	19.576	111.501	47.338
2001 年	-5.326	21.036	-3.083
2002 年	16.959	42.722	8.901
2003 年	7.098	29.212	21.597
2004 年	23.887	29.703	-28.433
2005 年	36.892	68.241	11.886
2006 年	22.136	82.442	-15.339
2007 年	24.649	-175.881	21.987
2008 年	28.036	236.3	114.262
2009 年	9.086	-43.737	-63.583
2010 年	14.729	-3.963	-103.47
2011 年	16.872	158.052	-36.731
2012 年	28.658	436.735	208.704
2013 年	43.61	76.375	-105.461

资料来源：国际货币基金组织，WEO Database。

专栏 2－1

德国成为全球最大顺差国

一、德国成经常账户顺差大国已逾 10 年

自 2000 年以来，德国经常账户一直处于顺差状态，2007 年达到峰值。2012 年、2013 年德经常账户顺差占 GDP 比重已超过 7%，不仅高于 6% 的欧盟警戒线，也达到全球最高水平。

货物贸易持续顺差，服务贸易保持逆差。从 20 世纪 90 年代起，德国一直是货物贸易顺差大国，2007 年曾居世界第一。但因服务贸易逆差较大，导致经常项目顺差小于货物贸易顺差。2007 年，德国经常账户顺差为 1 851 亿欧元，但当年货物贸易顺差为 1 953 亿欧元。自 20 世纪 70 年代起，德国服务贸易就保持逆差，2001 年逆差近 500 亿欧元，近年缩小至 100 亿欧元左右。其中，旅游业逆差自 2000 年以来保持在 350 亿欧元左右。

贸易顺差主要来自法、美、意、英、西，顺差多在欧盟内部消化。根据德国联邦统计局数据，2013 年，德国对上述 5 国贸易顺差占德顺差总额的 62.2%。从 2007 年至 2011 年，德国对法、意、英、西、葡、希的顺差额之和占当年顺差总额比重均超过 55%。

德国对欧盟顺差占比下降，对新兴市场逆差减少，美国成德国最大顺差来源国。德国在欧盟内部贸易产生的顺差比危机前已减少约 30%。2013 年，德国对法、意、英、西、

葡、希顺差之和占德国顺差总额的比重从2007年的58%降至44%。因出口增长显著，德国对金砖四国的贸易逆差也比危机前下降2/3。同期，德国对美国顺差从2007年的273亿欧元增至399亿欧元，美国超过法国成为德国最大顺差来源国。

二、多种因素导致德国经常账户顺差持续扩大

导致近年来德国经常账户顺差不断扩大的原因主要有以下四个：

劳动力成本优势增强了出口竞争力。德国超强的制造业竞争力是其出口竞争力的坚实基础。德机械设备、汽车、化工、电子产品等高附加值、高技术含量的制成品，以品质、创新享誉世界。在此基础上，德国工资长期保持极低增长，进一步增强了其出口竞争力。据国际清算银行数据，1995—2005年，德国劳动力成本基本保持稳定，2013年仅比2005年增加5%。欧元区成立之初，各成员国劳动力成本接近，之后日趋分化。目前，在欧元区内部，德国劳动力成本仅高于芬兰。2008年，欧元区平均劳动力成本已比1999年增加20%，而德国则基本保持在1999年的水平。

政府出口激励措施显效。全球金融危机以来，德国政府出台一系列鼓励出口措施：先后推出两个经济振兴方案，成立融资和担保基金，加大出口信贷和出口信用担保规模；2010年，制订“2020年高科技战略”和“工业4.0战略”，持续将科技优势转化为经济优势，以保持和扩大德国制造的全球市场份额；2012年，对291亿欧元出口提供出口信贷国家担保；同年还出台“中小制造企业和服务商开拓海外市场扶持措施”，支持德国企业拓展外贸业务。欧元持续贬值有利于出口。欧元诞生前，德国经常账户占GDP比重很难达到4%，因为经常账户顺差达到一定程度，德国马克就会升值，实际工资上升，出口竞争力下降。欧元诞生后，由于过去十多年欧元实际汇率持续贬值，意味着制造业竞争力强大的德国搭上了欧元的“顺风车”，享受本币贬值对出口的促进作用，而欧元区整体经济动荡和危机引发的下行压力均由欧元承担。

全球金融危机、欧债危机抑制进口。延续数年的全球金融危机和欧债危机使德国国内和欧盟内部需求减弱，导致进口放缓。由于美国经济复苏较快、新兴市场需求相对稳定，德国出口表现好于进口，对欧盟出口下降也由对美国和新兴市场出口弥补。2013年德国进口下降1.2%，但出口仅微降0.2%，导致贸易顺差创下历史新高。

欧委会、IMF和美财政部对德巨额顺差都持批评态度，认为对其国内和欧元区经济都产生了负面影响，需采取刺激内需政策。但德国认为，其经济增长主要靠内需，投资和消费均稳定增长；同时，其出口强源于其竞争力，也支持了其他欧盟国家的经济发展。

资料来源：http：//mp. weixin. qq. com/s? _ _ biz = MzA3NzUzNTAwMg = = &mid = 207821540&idx = 1&sn = e7e2cfb5cd5cb93c2a1fd9644dda2b70&scene = 2&srcid = 0911T7e4cDPYqH552CUIDxOA&from = timeline&isappinstalled = 0#rd

2.2

国际跨境资金流动特点、经验与启示

20世纪90年代以来，国际金融市场经历了深刻的变革。深入研究跨境资金流动的新

趋势和新特点，对我国合理利用国际资金发展本国经济具有十分重要的借鉴和指导意义。本节着重分析全球跨境资金流动的新特点，以及国际跨境资金流动的经验与启示。

2.2.1 国际跨境资金流动的特点

自20世纪90年代始，世界经济格局发生了深刻变化，包括发达经济体经济复苏；石油输出国资本流入减少，资本流出增加；东欧经济转轨，资金短缺等。

2008年全球金融危机对全球经济发展产生了巨大损害，国际贸易和跨境资金流动一度急剧萎缩。随着金融危机逐步企稳，跨境资本流动也渐趋频繁，美国、新兴市场以及大宗商品市场成为资本流向的核心区域，全球跨境资金流动也出现了一些新特点。

1. 国际跨境资金流动一直保持强劲增长态势。

目前，国际跨境资金的主要来源组成包括主要国际储备货币发行国的通货膨胀、由于油价提升而形成的石油美元，以美国为首的主要发达经济体的国际收支逆差，国际金融市场及国际金融机构的金融衍生资产等等。

从全球范围来看，20世纪90年代以来，随着世界经济一体化和国际金融全球化的发展，跨境资金流动的增长速度远远快于世界贸易的增长速度。尽管1979—1982年和1990—1993年期间，国际出口贸易量都曾经下降，但同一时期跨境资金流动却未受影响，保持了持续高速增长的势头。

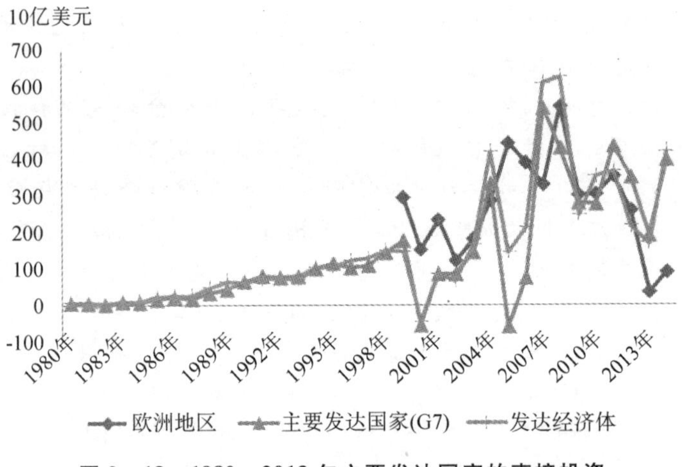

图2-18 1980—2013年主要发达国家的直接投资

资料来源：国际货币基金组织，WEO Database。

2. 国际直接投资主要发生在发达国家和地区之间

发达国家和地区既是直接投资跨境资金最大输出方，又是最大输入方，根据本文前面的分析可知，欧洲地区、G7国家和发达经济体是全球直接投资最大的顺差国家和地区（见图2-18）。进一步的分析揭示，这些国家和地区直接投资跨境资金的流向是发达国家之间。其中，发达经济体流入欧、日的跨境资金速度加快，而流入美国的速度正在降低。

3. 发展中国家通过跨境资金流动参与世界经济的程度提升，国际跨境资金流入亚洲地区的规模正逐步加大

流入发达国家的国际跨境资金正逐步减少，国际跨境资金加速流向市场容量和潜在需求相对较大的发展中国家和地区，并主要集中在经济发展速度较快、水平较高，且法律制度相对健全的国家，如新加坡、巴西、韩国和中国等。

4. 私人跨境资金流动成为国际跨境资本流动的主体，国际跨境资金流动的流动周期缩短，投机性加强，风险加大

近年来，随着经济一体化和金融全球化发展，私人资本参与跨境资本流动的规模发展迅速。据国际货币基金组织的统计数据，机构投资者，包括对冲基金、证券投资基金、保险公司等拥有的私人跨境资金流动成为跨境资本流动的主体，目前已超过全球跨境资本流动的3/4。由于私人跨境资金流动明显的逐利特征，国际跨境资金流动周期明显缩短，投机性加强，风险加大。

2.2.2　国际跨境资金流动的经验

20世纪90年代以后，金融自由化和自由竞争理论再度盛行、经济全球化和国际金融市场一体化加速发展。世界各国政府都积极推行一系列贸易和金融投资的开放措施，使得国际跨境资金，尤其是短期跨境资金，在全球范围内规模迅速扩张、流速急剧提高。根据本书前面的分析，当今私人资本成为全球跨境资金流动的主体。以直接投资（Foreign Direct Investment）、证券投资（Portfolio Investment），以及其他投资（主要是银行信贷）为主要形式的国际跨境资本流动均呈现宽幅震荡格局。

国际经济学的理论和实证研究早已证实，在经济全球化的进程中，总体上国际跨境资金流动对世界经济增长的贡献将越来越大。从长期看，随着经济全球化的深入发展，国际跨境资金流动对世界经济增长的贡献率还将进一步提高。对于发展中国家而言，采取开放政策措施以促进跨境资金向本国流动对发展中国家的经济增长无疑更为有利。国际跨境资本流动为中国提供了可借鉴的经验，具体包括：

1. 积极参与全球经济一体化进程

众所周知，当代世界经济关系是全球经济一体化，而经济一体化的最大特点表现为生产的国际化，以及组织结构的一体化。一方面，全球经济一体化在全球范围内组织跨国生产经营活动，使社会生产力的发展突破了国家地域的束缚，从而使各国的社会再生产日益交织，促进了国际分工和合作向着更广和更深的方向发展，拓展了跨境直接投资资金的流动渠道，提高了全球跨境直接投资的流动效率；另一方面，全球一体化建立了世界范围内的有效管理网络体系，使全球生产、贸易、投资和技术开发有机结合，促进了国际直接投资跨境资金在全球范围内的大规模流通。因此，中国应该积极积极参与，

推进全球经济一体化进程，充分利用国际直接投资为本国经济发展服务。

2. 在风险可控的前提下开放人民币资本账户

二战后，世界各国对国际跨境资金流动实施严厉管制。自20世纪70年代以来，世界各国均放松资本账户管制，逐步开放本国的银行信贷市场与证券市场。允许外国金融机构进入本国金融市场，允许非居民到本国金融市场筹资等。20世纪90年代以后，全球绝大多数发达国家都放开了对国际跨境资金流动的限制。

发展中国家对外国直接投资跨境资金流动经历了从怀疑、排斥和限制，转向为鼓励和扶持的转变过程。20世纪90年代初以来，新兴市场和发展中国家纷纷颁布法规宣布放松本国资本账户管制。拉美、东亚和东南亚等亚洲新兴发展中国家和地区选择进一步放松资本账户管制，继续提高对外开放的广度和深度。中国政府明确坚定不移对外开放的国家战略，并在风险可控的前提下积极推进人民币资本账户开放的进程。

3. 完善跨境资金流动的监测机制和风险管理配套措施。

鉴于目前中国国内不健全的金融体系和脆弱的金融机构，我国人民币资本账户尚未开放，实施相当程度的管制。根据“不可能三角”定理，为了维护中央银行的货币政策独立性，人民币汇率和人民币利率均未实现完全市场化。促进国际跨境资金的流动就必须开放人民币资本账户，因此，中国势必需要先完成人民币汇率和利率的市场化，才能确保其作为发展中大国货币政策的独立性。而人民币汇率和利率的市场化建设，需要辅之以完善的跨境资金流动的监测机制和风险管理配套措施，才能确保国内金融市场和金融机构的安全，确保国内经济环境的稳定。

2.2.3 国际跨境资金流动的启示

国际跨境资本流动是一种通过国际金融市场配置全球跨境资金资源的方式，必须遵循国际金融市场经济的基本规律。作为国际跨境资金主体的国际私人投资者，其更大程度上将通过国际金融市场的力量决定其投资资金的数量与地区分布，并在全球范围内寻找最有利的投资市场，以有效合理地配置其资金、技术、管理等资源。

启示1——关于国际跨境资金流动的驱动因素

资本的逐利性决定了国际跨境资本流动的根本因素是其盈利性，即国际跨境资本流动的本质是追求收益最大化。当国与国之间资本收益存在差异时，资本就会流向预期收益高的国家，以便在全球范围内实现最优配置。因此，影响资本收益的所有因素都可能会对跨境资金流动产生影响。

（1）资本收益的预期因素：预期投资收益回报率、跨境资金所在国的经济增长潜能，以及投资资金的安全因素等，是影响长期的实体型投资的主要驱动因素。

（2）国内外经济与货币政策因素：国内外的经济政策和货币政策都可能对跨境资金流动产生驱动效用。一般而言，与资本账户管制相关的国内政策是对跨境资金流动产生影响的主要因素，包括资本交易的宽松、交易规模的限制，以及跨境资金流动管理政策力度和效力等；在当今以美元为主导的国际货币体系下，美元、欧元和日元是全球主要的储备货币，美国、欧盟和日本的经济和货币政策，是对全球经济与金融产生巨大的影响的政策，从而也是影响国际跨境资金流动最为重要的国外政策。

（3）国际跨境资金的套利空间：不同国家之间的利率或不同货币之间的汇率差异，决定了国际跨境资金流动，尤其是短期国际跨境资金流动的套利空间。

启示2——关于国际跨境资金流动的风险防范

通常，跨境资本流动被划分为长期跨境资金流动和短期资金流动。长期跨境资金流动主要包括国际直接投资、国际间接投资，以及国际信贷。短期跨境资金流动则主要包括贸易资本流动、银行资本流动、保值性资本流动和投机性资本流动等项目。不同类型跨境资金流动的驱动因素、跨境流动目的，及其对一国国内经济发展，乃至全球金融经济稳定的影响也不尽相同。

尽管跨境资金流动规模的提升有利于全球资本配置效率的提高，但国际跨境资金，尤其是短期跨境资金，其明显的逐利特征导致其具有很强的投机性和流动性。一旦国际跨境资金流入国经济增长速度减缓，或预期收益下降，短期跨境资金将会因其利益需要而迅速撤离。如果受资国资本账户开放程度超越本国实际经济能承受的程度；或者国内经济对短期资金的依赖程度高，而国内储蓄率不能满足跨境资金撤离所致的资金缺口；又或者受资国国内金融体系不健全，金融机构脆弱，则势必将造成国内金融动荡或信用危机，从而损害国内经济稳定，对本国经济发展造成破坏性影响。

由于全球金融创新，大额定期存单，货币与利率互换，票据贴现与展期等各种基金运作，可以使国际跨境资金流动的期限转化既方便又频繁。大量短期国际跨境资金混杂在长期国际跨境资金或者国际贸易跨境资金当中，使国际跨境资金流动的监管难度和成本日益提高。根据本书对国际跨境资金流动的分析，我国应该采取多种措施加强跨境资金流动的风险防范，具体包括：

（1）加快推进人民币利率和汇率的市场化建设：目前人民币资本账户正加快开放，推进人民币利率和汇率的市场化建设有助于合理引导市场预期，从而促进国际跨境资金的有序流动。

（2）对人民币资本项下的国际跨境资金流入和流出实施均衡的管理措施：对国际跨境资金的大量流出和大量流入都要做好充实而完善的政策预案，加强监管政策的针对性和前瞻性。对于国际跨境资金的异常流动应该综合运用经济、行政，以及法律手段加以管理，有效压缩国际跨境资金流动的套利空间。

（3）建立高效的国际跨境资金流动监测系统，防范国际跨境资金大规模出入对国内经济可能形成的严重危害：以世界各国国际收支系统和资本账户系统为基础，加强国际跨境资金流动的监测。通过密切关注国内外经济、金融、政治和军事形势的变化，准确判断异常国际跨境资金流动的规模、来源地及目的地。形成高效国际跨境资金数据采集、分析和监控的预警系统，有效防范国际跨境资金大规模出入对国内经济可能造成的严重危害。

专栏 2-2

可兑换条件下的国际资本流动管理

2013 年底，中国政府明确提出要加快实现人民币资本项目可兑换。2015 年 3 月和 4 月，中国人民银行领导在两个不同场合代表中国政府对外宣布，年内要按照“十二五”规划的部署，争取实现有管理的人民币资本项目可兑换。相信最近国内股票市场震荡，应该令我们对于实行“有管理的”可兑换有了更为深刻的认识。

2015 年的夏季，让中国股民经历了一次从天堂到地狱的洗礼。认真汲取这次股市震荡的经验教训，对于推进中国金融改革开放事业的健康发展弥足珍贵。

第一，牢固树立风险管控意识。中央一再强调守住不发生区域性和系统性金融风险的底线。这次的股市震荡告诉我们，机会无处不在，风险也无处不在。而且，市场形势瞬息万变，越是形势好的时候越要居安思危，加强识别和防范风险。要做最坏的打算，争取最好的或者最理想的结果。

第二，不断增强危机应对能力。这次股市动荡的诱因很多，但无疑前期上涨过快导致的估值泡沫，是致使后期股市剧烈调整的一个重要原因。监管部门应在加强监测分析的基础上，根据不同的情形拟定不同的应对预案，提高危机响应和处置能力。同时，为保证预案可行、有效，实施之前，应该在情景分析的基础上进行模拟测试。

第三，大力提高金融监管水平。放松管制是大势所趋，但鉴于国内金融市场机制的不健全，市场参与者的不成熟，为减少市场失灵，监管仍不可或缺。然而，监管应主动积极适应市场的环境变化，转变监管理念和方式。另外，在支持、鼓励金融创新的同时，也要确定一些哪怕最低限度的监管底线，以减少监管真空。

第四，继续加强统计监测工作。及时、全面、准确地统计数据，是事后分析与监管的基础。越是放松管理，越要加强统计监测，不能既没有管理，又没有数据。与此同时，不确定性是市场最大的风险。对此，还应该不断提高统计数据的透明度，以降低因信息不对称造成的市场过度波动的风险。

1993 年底，十四届三中全会首次提出，要“逐步使人民币成为可兑换货币”。1994 年初，汇率并轨，取消外汇留成与上缴制度，对经常项目外汇收入实行强制结汇，我国实现了人民币经常项目有条件可兑换（即取消了贸易及与贸易有关的服务贸易从属费用如运费、保费、佣金等对外支付和转移的限制）。1996 年底，正式接受《国际货币基金组织协定》第八条款义务，取消了剩余的经常项目对外支付和转移的限制，实现了人民币经常项目完全可兑换。迄今为止，虽然人民币尚未实现资本项目完全可兑换，但已是部分可兑换了。

2013 年底，党的十八届三中全会明确提出，要“加快实现人民币资本项目可兑换”。2015 年 3 月 22 日，周小川行长在中国发展高峰论坛上表示，年内将努力实现人民币资本项目可兑换，并从三个方面阐述了相关工作安排。2015 年 4 月 18 日，在国际货币基金组/世界银行春季年会上，周小川行长又从六个方面进一步阐释了中国将使人民币更可自由使用的计划，同时强调采用“有管理的可自由兑换”，即在可兑换之后，中国将继续管理资本账户交易，包括使用宏观审慎方法限制跨境资本流动，以及维持币值稳定和金融环境安全。

从公开披露的信息看，2015 年有可能出台以下推进人民币资本项目可兑换的措施：开展合格境内个人投资者（QDII2）试点；改进“沪港通”机制，引入“深港通”机制；允许境外机构进入银行间债券市场开展回购业务；稳妥扩大境内企业境外借用人民币试点范围；改进合格境外机构投资者（QFII）、人民币合格境外机构投资者（RQFII）、合格境内机构投资者（QDII）的机制；扩大境外机构在境内发行人民币计价债券试点；上海自贸区先行开展资本项目可兑换试点；天津、福建、广东自贸区实施限额可兑换计划；开展外债宏观审慎管理试点；启动内地—香港两地基金互认计划；全球人民币清算系统（CIPs）秋季将投入使用，等等。

2015 年 6 月份，国内股票市场的剧烈震荡一度引起海内外对于中国有可能放缓对外开放步伐的担忧。然而，从 7 月份以后密集出台的加快国内银行间债券市场开放、扩大境内商品期货市场外资准入、优化人民币汇率中间价报价机制等措施看，中国仍在按照既定路线图和时间表推进改革开放的步伐。8 月 13 日，中国人民银行副行长、国家外汇管理局局长易纲在人民币汇率改革的新闻吹风会上更是明确表示，中国政府有信心、有定力推动人民币资本项目可兑换依照既定的日程表向前稳步、有序地实现，而“不是说遇到一点波动或者说遇到一点外边发生的事情就可以轻易改变”。

习近平总书记一再强调，破解发展难题，化解风险和挑战，除了深化改革开放，别无他途。他还指出，必须适应经济全球化的新趋势、准确判断国际形势新变化、深刻把握国内改革发展新要求，以更加积极有为的行动，推进更高水平的对外开放，以对外开放的主动赢得经济发展的主动，赢得国际竞争的主动。中国人民银行领导的对外表态契合了中央的立场，表明了中国在内外部存在诸多不确定、不稳定因素的情况下，按照全面深化改革的总体部署，坚定不移地扩大开放，以开放促改革、促发展的信心和决心。

如果能够完成前述改革任务，将带来四个方面的影响。一是我国在跨境证券投资、货币市场工具和个人资本转移项下的双向开放将会有大的突破。初步评估，上述改革措施完成后，我国将有 92.5% 的交易项目实现不同程度的可兑换，同时还有 10 多个子项的可兑换程度会有较大幅度的提高。二是人民币进入特别提款权的货币篮子以及纳入国际指数公司的新兴市场股票指数的几率会大大提高，这将有利于扩大海外人民币权益和债券类资产配置的需求。三是资本账户开放本身虽然对于跨境资本流动的影响是中性的，但伴随着人民币汇率形成机制的市场化，有助于完善市场化的国际收支调节机制，形成“经常项目顺差、资本项目逆差”的自主平衡格局。四是由于估值原因和息差因素，资本账户开放对于国内债券市场的机会有可能大于股票市场。

毋庸讳言，国内对于实现人民币资本项目可兑换仍然存在一定的分歧。特别是经历了 6 月份的股市震荡后，关于资本项目可兑换应该缓行的呼声进一步增强。然而，抛开理论上的争执不谈，从操作角度看，“开弓没有回头箭”。现在可能已不是谈要不要开放资本账户的问题，而是要探讨在越来越开放的市场环境下如何管理国际资本流动的问题。首先，中国已经不可能回到“先流入后流出、先长期后短期、先机构后个人”的渐进式资本项目可兑换的起点，而是必须要认真思考下一步如何推进。例如就利用外资而言，如果不尝试其他方式，就很难改变以利用高成本的外商直接投资为主的对外负债结构，也就难以改变我国长期以来对外净债权而投资收益为负的局面。其次，中国的开放程度在一些领域已经高于实际的法律许可程度，名义上的不开放只会进一步刺激市场逆向选择，导致市场扭曲。最为典型的是，国内对于居民海外投资置业有严格的政策限制，每年统计到的居民海外购房也就几十亿美元；但不争的事实是，海外多国因为中国投资移民蜂拥而至不得不采取限制措施。再次，随着开放型经济的日益发展，贸易投资便利化不断推进，实施资本管制的市场和法律环境已经发生了巨大变化，一些传统的外汇管理手段可能已不再有效，需要与时俱进、开拓创新。

综上所述，即使如期完成前述改革，也不意味着我们已经走完了资本项目可兑换的“最后一公里”或者踢完了“临门一脚”。解决可兑换之后，对于国际资本流动管什么、怎么管的问题，就成为当务之急。

第一，资本项目可兑换尽管没有如同经常项目可兑换那样的国际统一标准，但还是有些基本要求的，如负面清单管理、取消境外收入的强制调回要求、取消外汇交易的实需原则等。当然，负面清单根据具体国情，可长可短，前提是要与市场承受能力、风险控制能力、外部监管能力等相适应，守住不发生区域性、系统性金融风险的底线。另外，在具体交易的管理上，可以学习借鉴基本的国际规范，而不能过于强调中国特色。如明晟（MSCI）国际指数公司在解释2015年再次与中国A股爽约的原因时，就提到了获取投资额度的可靠性、资本流动的自由度、海外投资者权益的保护等三方面的顾虑。

第二，抓紧建立健全与国际规范接轨的跨境资金流动统计监测体系，并按照“公开是原则、不公开是例外”的标准，不断提高统计数据的透明度；同时，鉴于跨境资本流动的顺周期性和市场预期的不稳定性，应坚持对跨境资本流入流出的双向监测预警。当前，特别要注意密切跟踪、监测美国货币政策正常化和美元汇率走势对我国跨境资本流动的溢出影响。

第三，统计监测不等于管理，扩大开放应坚持资本流动管理“外松内紧”。要转变管理方式，从规则管理转向原则管理，借鉴国际上在反洗钱、反避税、反恐融资方面的成熟做法，督促金融机构按照“了解客户、了解业务、尽职审查”的展业原则办理相关外汇业务，理顺监管政策的传导机制，提高监管的有效性。

第四，尽管不能从根本上改变市场趋势，但在相关交易或市场开放之初设计内嵌式的宏观审慎措施（如托宾税安排），可发挥其内在减震器的作用。鉴于货币攻击常常是跨市场传染、境内外联动，因而需要在现行金融监管框架下，建立健全体制机制保障，加强相关部门的信息共享和政策协调，提高对危机的反应和处置能力。

第五，认真做好国外金融危机的案例分析，梳理货币攻击的各种做法和危机发展演变的机制，搞清楚每个交易项目开放的风险，开放才能够更加心中有数。为此，应在做好情景分析、压力测试的基础上，不断充实政策工具箱，完善相关应对预案，做到未雨绸缪。

第六，继续完善市场化人民币汇率形成机制。这即使不是扩大资本账户开放的前提条件，也应该是其必须的配套措施之一。现实告诉我们，跨境资本流动放开与汇率制度僵化是最危险的政策组合，最易招致货币攻击。8月11日，人民币汇率中间价报价机制的优化，意味着汇率整体市场化程度的大幅提升。汇率形成机制的改革提速与人民币可兑换和国际化进程的稳步推进，形成了逻辑上的自洽，也体现了改革的整体性和协调性。这是向正确的方向又迈进了一大步。

需要指出的是，学习国际规则、坚持为我所用，是积极参与国际事务的重要方式。上述在管理方面遵循或者借鉴的国际惯例，如果能够付诸实施，就可以说实现了人民币资本项目可兑换，而不必妄自菲薄，过分强调“有管理”的内涵。

资料来源：管涛：《中国外汇》2015年第17期。

2.3 我国跨境资金流动的现状与瓶颈

2.3.1 我国跨境资金流动的现状

本小节首先采用国家外汇管理局国际收支平衡表的相关数据，通过跨境资金流动的通用口径，也就是直接投资、证券投资和其他投资，来刻画我国跨境资金流动的现状。随后，本小节再利用银行代客涉外收付款数据（以美元计价）和2010—2014年银行结售汇数据（以美元计价），通过跨境资金流动的宽口径，即银行代客涉外收付和银行结售汇，对中国跨境流动资金的现状实施进一步的分析。

2.3.1.1 我国通用口径跨境资金流动现状

根据中国国际收支平衡表的内容，金融账户包括直接投资、证券投资和其他投资三个子项目。其中，直接投资包括我国在外直接投资和外国在华直接投资；证券投资包括股本证券和债务证券；其他投资则包括贸易信贷、银行贷款、货币和存款，以及其他资产和负债。

2014年，中国直接投资差额为2 087亿美元顺差（见表2-11）。其中，我国在外直接投资为804亿美元逆差，外国在华直接投资为2 891亿美元顺差。2014年，中国证券投资差额为824亿美元顺差。其中，股本证券和债务证券的资产差额为108亿美元逆差，股本证券和债务证券的负债差额为932亿美元顺差。2014年，中国其他投资差额为2 528亿美元逆差。其中，贸易信贷、银行贷款、货币和存款，以及其他资产的资产差额为3 030亿美元逆差；贸易信贷、银行贷款、货币和存款，以及其他负债的负债差额为502亿美元顺差。

表 2-11　　2014 年中国国际收支平衡表　　单位：亿美元

项　　目	差 额	贷 方	借 方
一、经常项目	2 197	27 992	25 795
A. 货物和服务	2 840	25 451	22 611
a. 货物	4 760	23 541	18 782
b. 服务	-1 920	1 909	3 829
1. 运输	-579	382	962
2. 旅游	-1 079	569	1 649
3. 通讯服务	-5	18	23
4. 建筑服务	105	154	49
5. 保险服务	-179	46	225
6. 金融服务	-4	45	49
7. 计算机和信息服务	99	184	85
8. 专有权利使用费和特许费	-219	7	226
9. 咨询	164	429	265
10. 广告、宣传	12	50	38
11. 电影、音像	-7	2	9
12. 其他商业服务	-217	14	231
13. 别处未提及的政府服务	-10	11	20
B. 收益	-341	2 130	2 471
1. 职工报酬	258	299	42
2. 投资收益	-599	1 831	2 429
C. 经常转移	-302	411	714
1. 各级政府	-29	16	46
2. 其他部门	-273	395	668
二、资本和金融项目	382	25 730	25 347
A. 资本项目	0	19	20
B. 金融项目	383	25 710	25 328
1. 直接投资	2 087	4 352	2 266
1.1 我国在外直接投资	-804	555	1 359
1.2 外国在华直接投资	2 891	3 797	906
2. 证券投资	824	1 664	840
2.1 资产	-108	293	401
2.1.1 股本证券	-14	170	184
2.1.2 债务证券	-94	123	217
2.1.2.1（中）长期债券	-92	123	215
2.1.2.2 货币市场工具	-2	0	2
2.2 负债	932	1 371	439
2.2.1 股本证券	519	777	258

续表

项　　目	差 额	贷 方	借 方
2.2.2 债务证券	413	594	181
2.2.2.1（中）长期债券	410	497	88
2.2.2.2 货币市场工具	4	97	94
3. 其他投资	-2 528	19 694	22 222
3.1 资产	-3 030	995	4 025
3.1.1 贸易信贷	-688	282	970
长期	-14	6	19
短期	-674	276	950
3.1.2 贷款	-738	177	915
长期	-455	0	455
短期	-282	177	459
3.1.3 货币和存款	-1 597	514	2 111
3.1.4 其他资产	-8	22	29
长期	0	0	0
短期	-8	22	29
3.2 负债	502	18 699	18 197
3.2.1 贸易信贷	-21	154	174
长期	0	3	3
短期	-20	151	171
3.2.2 贷款	-343	17 464	17 807
长期	-57	511	569
短期	-286	16 953	17 239
3.2.3 货币和存款	814	994	180
3.2.4 其他负债	52	87	35
长期	58	64	6
短期	-6	23	29
三、储备资产	-1 178	312	1 490
3.1 货币黄金	0	0	0
3.2 特别提款权	1	1	1
3.3 在基金组织的储备头寸	10	13	4
3.4 外汇	-1 188	298	1 486
3.5 其他债权	0	0	0
四、净误差与遗漏	-1 401	0	1 401

数据来源：国家外汇管理局。

1. 我国直接投资跨境资金流动

20 世纪 90 年代以来，我国直接投资差额一直保持顺差。2005 年我国外汇管理体制改革以后，直接投资顺差大幅提升，但波动也随之加大（见图 2－19）。

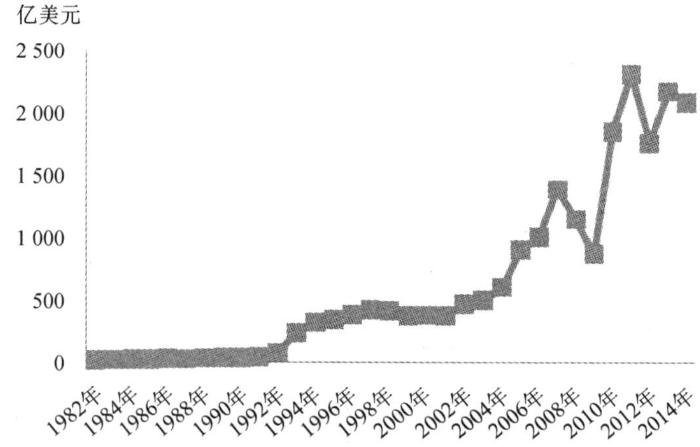

图 2－19　1998—2014 年中国直接投资差额

数据来源：国家外汇管理局。

进一步的分析显示，2010—2014 年，直接投资差额是我国金融账户差额的重要组成部分。我国直接投资差额以外国在华直接投资为主，相对于外国在华直接投资，我国在外直接投资的规模还相当有限（见图 2－20）。

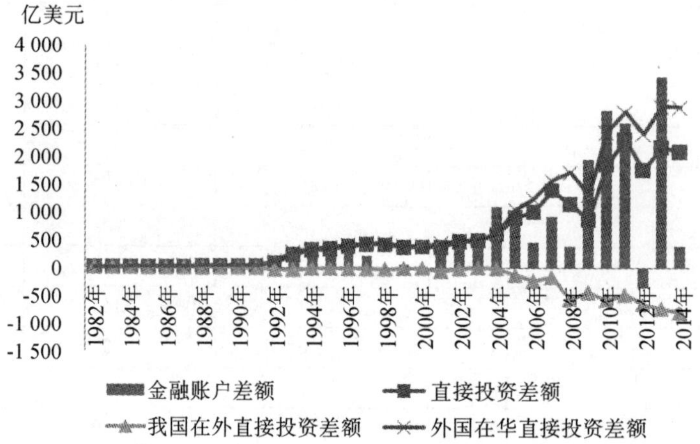

图 2－20　2010—2014 年中国直接投资差额/资本和金融账户差额

数据来源：国家外汇管理局。

2. 我国证券投资跨境资金流动

改革开放以来，由于人民币资本账户管制、金融体系脆弱、金融市场落后等历史原因，我国跨境证券投资活动几乎没有，跨境证券投资资金流动规模几乎可以忽略。2003 年以后，我国证券投资规模开始小幅扩张，且多数时间处于顺差状态，证券投资规模的波动幅度较大。2008 年全球金融危机以后，我国证券投资规模曾经剧烈下降，随后一直保持震荡上行的基本势态（见图 2－21）。

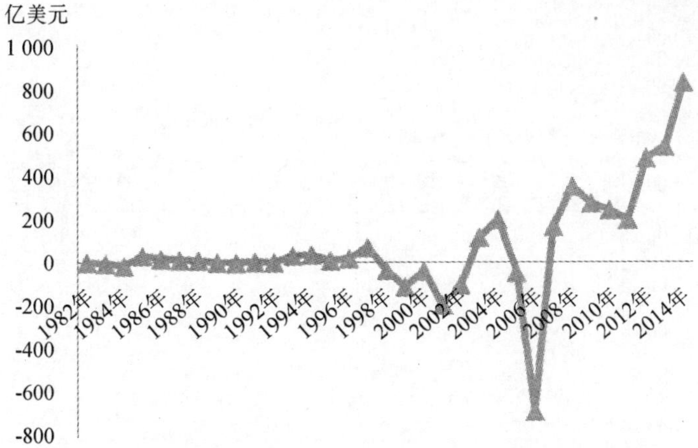

图 2－21　1998—2014 年中国证券投资差额

数据来源：国家外汇管理局。

相对于直接投资而言，我国证券投资的规模较小，占金融账户差额的比重不大（见图 2－22）。

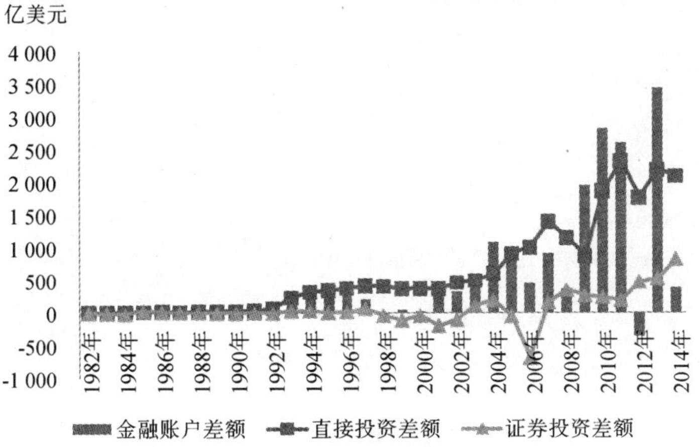

图 2－22　1998—2014 年中国国际收支经常账户差额

数据来源：国家外汇管理局。

3. 我国其他投资跨境资金流动

其他投资是指包括贸易信贷、银行贷款、货币和存款，以及其他资产和负债，其他投资的跨境资金主要是短期跨境资金，也是所有跨境资金中波动性最大，风险性最高的流动资金。

进入 21 世纪后，我国其他投资开始有所发展，其他投资跨境资金主要以资金外流为主（见图 2－23）。2008 年全球金融危机以后，其他投资跨境资金出现大幅波动，但仍然以资金外流为主。

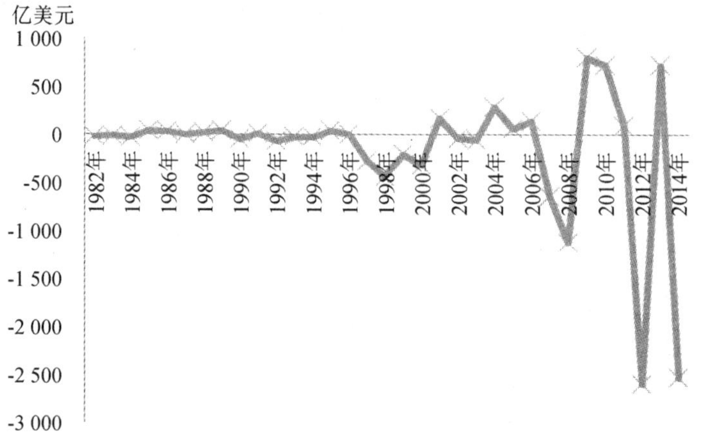

图 2－23　1998—2014 年中国其他投资差额

数据来源：国家外汇管理局。

概括而言，自 20 世纪 90 年代后，由于我国经济的持续高速发展，以及世界经济一体化和国际金融全球化的推进，我国跨境资金流动，即直接投资、证券投资和其他投资，得到了极其迅猛的发展（见图 2－24）。

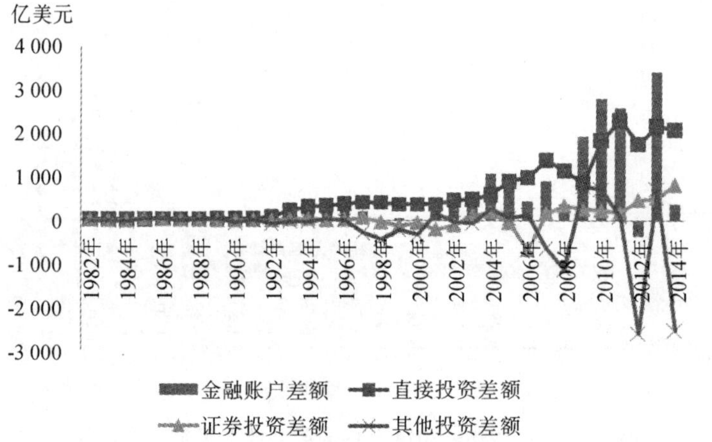

图 2－24　1998—2014 年中国其他投资差额

数据来源：国家外汇管理局。

具体来说，自 20 世纪 90 年代后，与实体经济密切相关的直接投资保持着稳定大幅上升的基本态势。例如，1982 年，我国直接投资的规模为 4 亿美元顺差；到 2014 年，我国直接投资顺差规模已经达到 2 180 亿美元（见表 2－12）。同时，我国证券投资也得到长足发展，一直保持小幅稳步上升的态势。例如，1983 年，我国证券投资是 6 亿美元的逆差；2014 年，我国证券投资达到了 824 亿美元的顺差。此外，其他投资的跨境资金流动也发展迅速，但波动极大。例如，2009 年，我国其他投资顺差规模为 803 亿美元；到 2014 年，我国其他投资逆差达到 2 528 亿美元（见表 2－12）。

表 2-12　　1998—2014 年各季度直接投资、证券投资和其他投资差额　　单位：亿美元

时间	金融账户差额	直接投资差额	证券投资差额	其他投资差额
1982 年	-17	4	0	-21
1983 年	-14	8	-6	-16
1984 年	-38	13	-16	-34
1985 年	85	13	30	41
1986 年	65	18	16	32
1987 年	27	17	11	0
1988 年	53	23	9	20
1989 年	64	26	-2	40
1990 年	-28	27	-2	-52
1991 年	46	35	2	9
1992 年	-3	72	-1	-74
1993 年	235	231	31	-27
1994 年	326	318	35	-27
1995 年	387	338	8	40
1996 年	400	381	17	2
1997 年	210	417	69	-276
1998 年	-63	411	-37	-437
1999 年	52	370	-112	-205
2000 年	20	375	-40	-315
2001 年	348	374	-194	169
2002 年	323	468	-103	-41
2003 年	549	494	114	-60
2004 年	1 082	601	197	283
2005 年	912	904	-47	56
2006 年	453	1 001	-684	136
2007 年	911	1 391	164	-644
2008 年	371	1 148	349	-1 126
2009 年	1 945	872	271	803
2010 年	2 822	1 857	240	724
2011 年	2 600	2 317	196	87
2012 年	-360	1 763	478	-2 601
2013 年	3 430	2 180	529	722
2014 年	383	2 087	824	-2 528

数据来源：国家外汇管理局。

2.3.1.2　我国宽口径跨境资金流动

除国际收支平衡表数据外，我国宽口径的跨境资金流动监测指标还包括跨境收付和结售汇数据。

1. 跨境收付跨境资金流动

银行代客跨境收付数据是测量跨境资金流动的一项重要指标。银行代客跨境收付数据是指非银行部门的跨境收付，亦即银行代客跨境收付。银行代客跨境收付主要反映包括证券、保险等非银行金融机构在内的企业和个人等，通过银行办理的外汇或人民币对外收付款。

（1）跨境收付基本概况。2010—2015 年 8 月，我国跨境收付，即银行代客跨境收入和银行代客跨境支出均保持持续稳步攀升，并处于顺差状态。由于银行代客跨境收入和银行代客跨境支出上升的步调基本一致，因此，银行代客跨境收付差额较小，且较稳定（见图 2－25）。

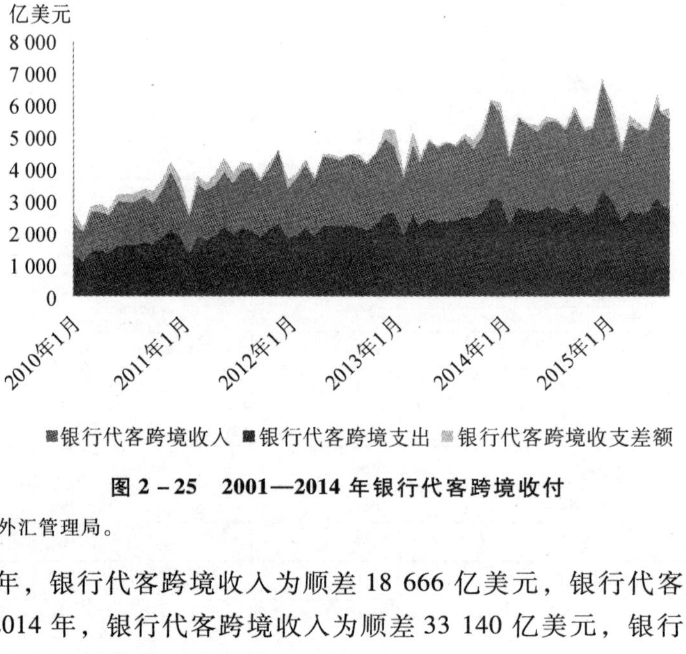

图 2－25　2001—2014 年银行代客跨境收付

数据来源：国家外汇管理局。

例如，2010 年，银行代客跨境收入为顺差 18 666 亿美元，银行代客跨境支出为顺差 15 830 亿美元；2014 年，银行代客跨境收入为顺差 33 140 亿美元，银行代客跨境支出也同步上升为顺差 32 826 亿美元（见表 2－13）。

表 2－13　2010—2015 年银行代客跨境收付　单位：亿美元

时间	银行代客跨境收入	银行代客跨境支出	银行代客跨境收支差额
2010 年	18 666	15 830	2 836
2011 年	23 225	20 690	2 535
2012 年	25 754	24 804	950
2013 年	29 588	27 721	1 867
2014 年	33 140	32 826	315

数据来源：国家外汇管理局。

（2）经常账户跨境收支差额。图 2－26 揭示，2010—2015 年 8 月，我国经常账户跨境收付差额主要由货物贸易的差额决定，货物贸易的跨境收支占经常账户跨境收支的绝大部分。

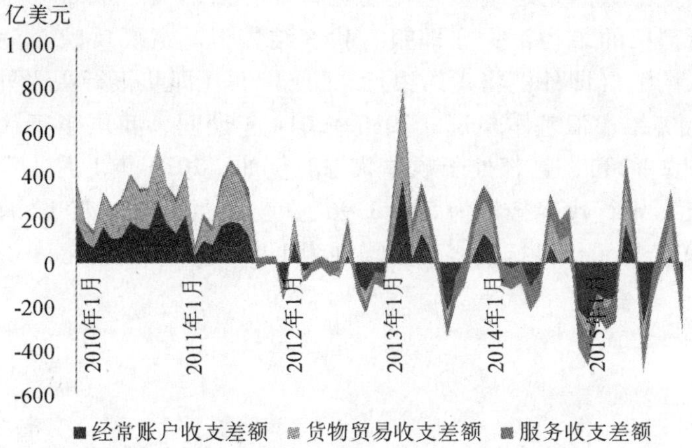

图 2-26　2010—2015 年经常账户跨境收支差额

数据来源：国家外汇管理局。

近几年来，我国货物贸易收支波动加大，但总体仍然保持顺差。我国服务贸易跨境收支则呈现逆差逐年递增的基本势态。

(3) 资本和金融账户跨境收支差额。从我国资本和金融账户跨境收付差额的情况来看，2010—2015 年 8 月，直接投资跨境支付差额是我国资本和金融账户跨境收付差额占比最大的组成部分，并且我国直接投资跨境支付差额一致保持较为稳定的顺差（见图 2-27）。我国证券投资跨境支付差额在资本和金融账户跨境收付差额中占比较小，近年波动加大。其他投资跨境收付差额则波幅巨大。

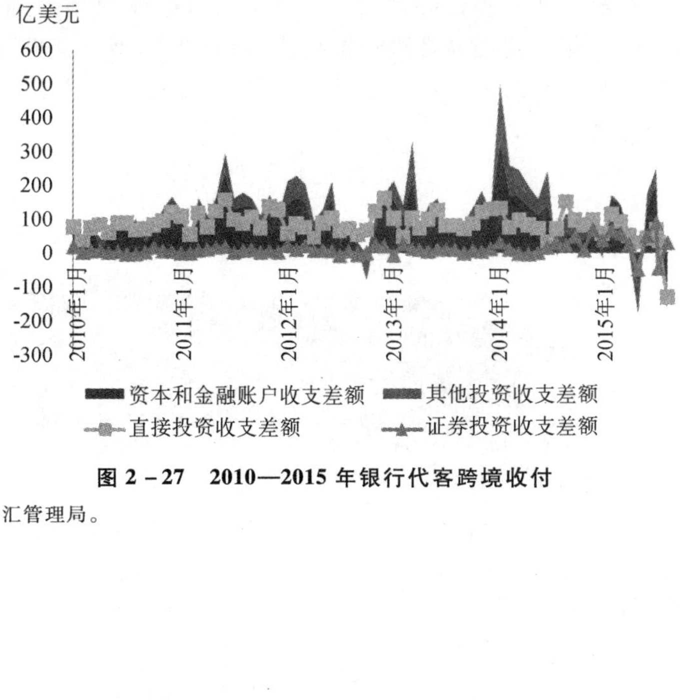

图 2-27　2010—2015 年银行代客跨境收付

数据来源：国家外汇管理局。

2. 结售汇跨境资金流动

银行代客结售汇数据是跨境资金流动宽口径测量的另一项重要指标。银行代客结售汇数据指非银行部门的结售汇，亦即银行代客结售汇。主要反映企业和个人在实现跨境资金收付前后，结汇（即外汇将卖给银行），或售汇（即从银行买入外汇）的数额。

（1）银行代客结售汇基本概况。2010—2014 年期间，我国银行代客结汇和售汇总体稳步发展（见图 2－28），且都处于顺差状态。例如，2010 年 1 月，我国银行代客结汇为 950.4285 亿美元，银行代客售汇为 582.3396 亿美元；到 2014 年 12 月，银行代客结汇上升到 1 861.6769 亿美元，银行代客售汇增加为 1 954.9975 亿美元。

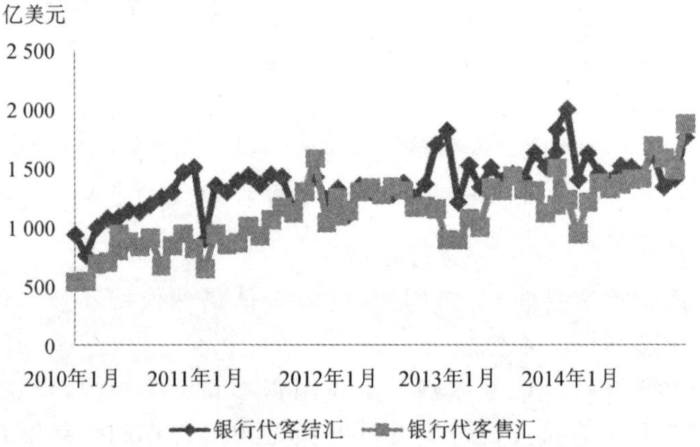

图 2－28　2010—2015 年银行代客结售汇

数据来源：国家外汇管理局。

（2）银行代客结汇跨境资金流动。从银行代客结汇的情况来看，经常账户结汇在我国银行代客结汇中占绝大部分，且波动较大；资本与金融账户结汇则占小部分，且波动比较稳定。例如，2014 年，我国经常账户银行代客结汇为 1 548.7904 亿美元，而资本和金融账户银行代客结汇仅为 210.7375 亿美元（见图 2－29）。

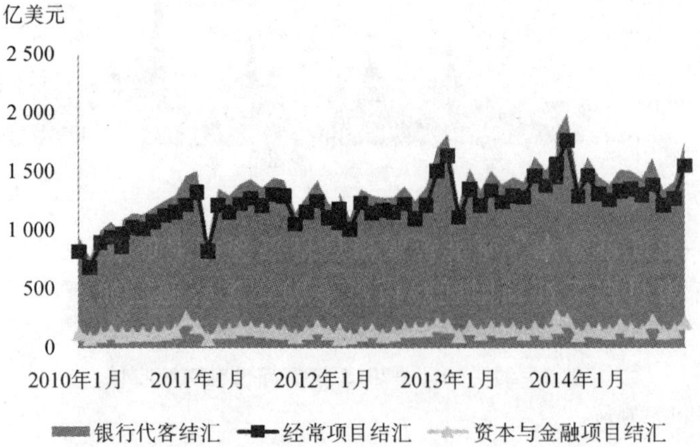

图 2－29　2010—2014 年银行代客结汇

数据来源：国家外汇管理局。

从经常账户银行代客结汇的情况看，货物贸易银行代客结汇占经常账户银行代客结汇的绝大部分，且波动比较大；而服务贸易银行代客结汇在经常账户银行代客结汇中的占比很小，并且比较稳定。例如，2014 年，我国货物贸易银行代客结汇为 1 346. 4151 亿美元，而服务贸易银行代客结汇仅为 135. 6349 亿美元（见图 2 - 30）。

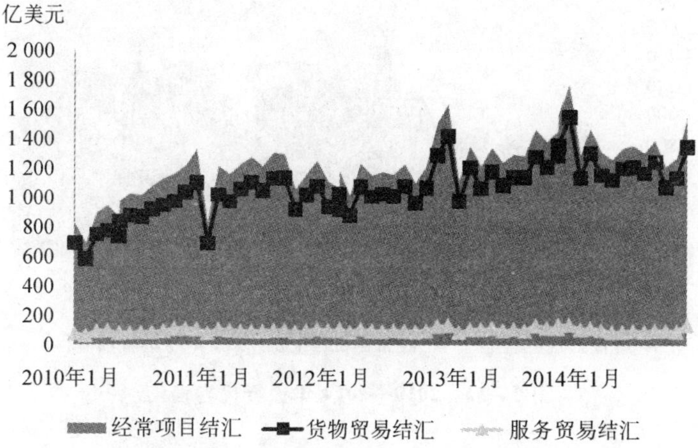

图 2 - 30　2010—2014 年经常账户结汇

数据来源：国家外汇管理局。

从资本与金融账户银行代客结汇的情况看，直接投资银行代客结汇占资本与金融账户银行代客结汇的绝大部分，而证券投资银行代客结汇在资本与金融账户银行代客结汇中的占比很小。例如，2014 年，我国直接投资银行代客结汇为 133. 3541 亿美元，而证券投资银行代客结汇仅为 38. 0045 亿美元（见图 2 - 31）。

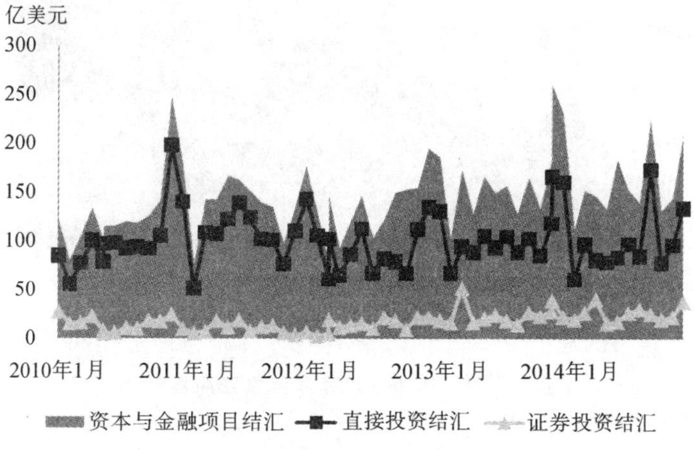

图 2 - 31　2010—2014 年资本与金融账户结汇

数据来源：国家外汇管理局。

（3）银行代客售汇跨境资金流动。从银行代客售汇的情况来看，经常账户售汇在我国银行代客售汇中占绝大部分，且波动较大；资本与金融账户售汇占小部分，且波动较小。例如，2014 年，我国经常账户银行代客售汇为 1 505.6733 亿美元，而资本和金融账户银行代客售汇仅为 368.0577 亿美元（见图 2－32）。

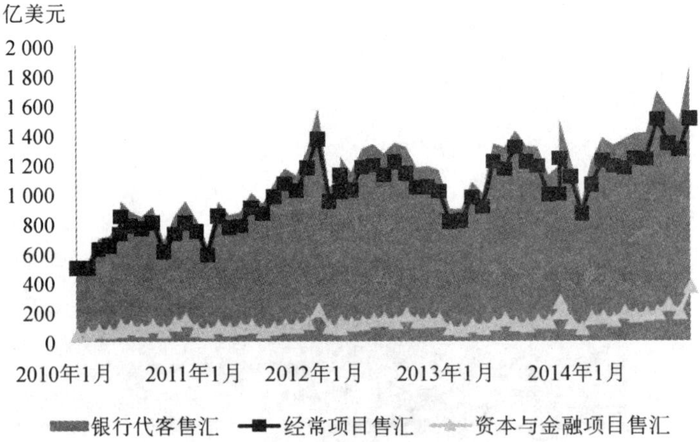

图 2－32　2010—2014 年银行代客售汇

数据来源：国家外汇管理局。

从经常账户银行代客售汇的情况看，货物贸易银行代客售汇占经常账户银行代客售汇的绝大部分，而服务贸易银行代客售汇在经常账户银行代客售汇中的占比很小。例如，2014 年，我国货物贸易银行代客售汇为 1 121.8149 亿美元，而服务贸易银行代客售汇仅为 317.9098 亿美元（见图 2－33）。

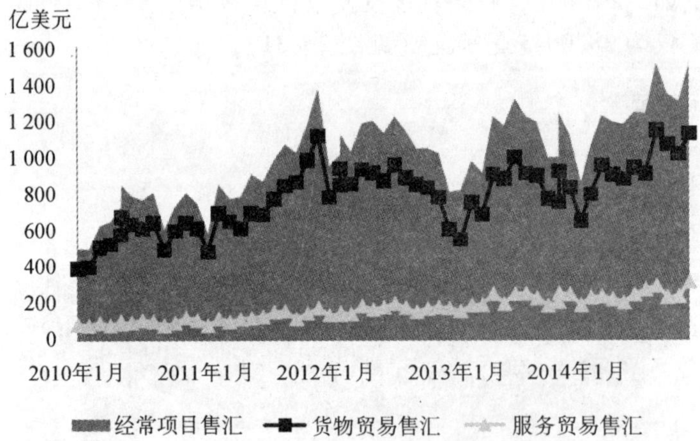

图 2－33　2010—2014 年经常账户售汇

数据来源：国家外汇管理局。

有异于资本与金融账户银行代客结汇的情况，在我国资本与金融账户银行代客售汇中，直接投资银行代客售汇与证券投资银行代客售汇占比基本趋同。例如，2014 年，我国直接投资银行代客售汇为 98.6876 亿美元，而证券投资银行代客售汇仅为 97.6363 亿美元，可见，两者旗鼓相当（见图 2－34）。

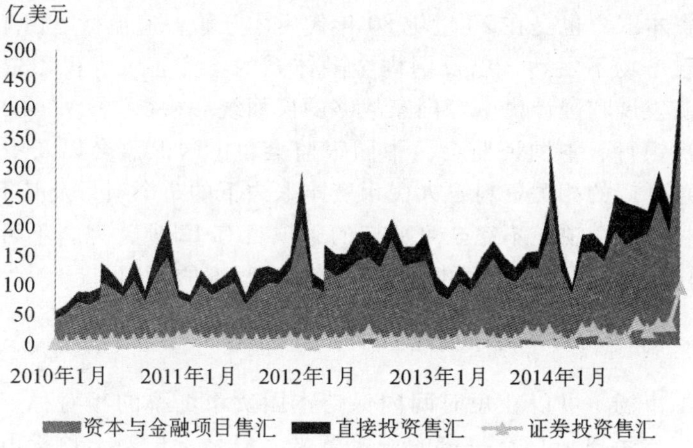

图 2-34　2010—2014 年资本与金融账户售汇

数据来源：国家外汇管理局。

2.3.2　我国跨境资金流动的瓶颈

上一节对我国跨境资金流动的实证分析，揭示出目前我国跨境资金流动的现状主要有几个特点：第一，我国跨境资金总量呈递增态势。根据国家外汇管理局国际收支平衡表的数据，自20世纪90年代以后，由于经济连续多年两位数的高速增长，我国经常账户以及资本和金融账户的跨境资金流动规模也随之逐年递增。第二，经常账户的跨境收付是我国跨境资金流动的主要构成。作为全球最大的贸易国，我国的进出口贸易资金流动已居全球首位。经常账户跨境收付在我国跨境资金流动中占举足轻重的地位。第三，跨境资金经流入以货物贸易及外商直接投资为主。国家外汇管理局银行代客结售汇的数据显示，货物贸易顺差是我国经常账户顺差的主要部分，而外商直接投资顺差是我国资本和金融账户顺差的重要组成部分。可见，我国跨境资金经流入以货物贸易及外商直接投资顺差，也就是货物贸易及外商直接投资跨境资金流入为主。第四，我国跨境资金流动的波动性加大。由于后QE时代国际金融环境动荡，加之我国国内资本账户开放加速，以及汇率市场化改革，近年来，国内与国际、经济与非经济等多因素相互叠加和共振，使跨境资金流动的波动性显著上升。

根据我国跨境资金流动现状的分析可知，我国跨境资金流动的主体是与实体经济密切相关的长期跨境资金，即货物贸易跨境资金和直接投资跨境资金。可见，促进我国跨境资金流动必须高度注意跨境资金风险的防范，因此，必须对我国目前跨境资金流动的瓶颈有足够的知晓和了解。目前我国跨境资金流动的主要瓶颈包括：

1. 人民币资本账户尚未完全开放

资本账户开放将涉及一个国家金融活动的各个方面，其实质是国内金融体系的根本性调整，资本账户开放最后会渗透至经济和社会生活的各个层面。从国际经验来看，一个国家如果完全开放其资本账户，几乎无法防止资本外逃与“热钱”流入，因此，即便发达国家，开放资本账户也是在20世纪80年代后才开始普遍流行。由于我国国内金融机构的脆弱性，金融市场不发达，以及国内金融体系的不完善。人民币资本账户开放需要从主权安全、经济发展和国计民生等国家战略的层面统一权衡。

根据中国人民银行、中国证监会、中国银监会、中国保监会以及中国国家外汇管理局等相关金融管理部门的相关资料，人民币资本账户下的7个项目及其下40个子项目中，完全可兑换的项目只有2项，不完全可兑换的子项目有12项，完全不可兑换的子项目高达26项。由此可见，目前人民币资本账户实施相当程度的管制。

2. 人民币汇率市场化改革尚未完成

政府干预外汇市场，可以在短时间内保持本国货币汇率的相对稳定，作为跨境资金异常流动冲击的应急手段，具有一定的积极意义。但是，长期干预货币汇率将使汇率背离经济基本面，导致外汇市场价格失衡和扭曲的不断积累。在灵活而有弹性的汇率制度下，汇率双向波动有利于投资者全面、审慎地管理汇率风险，并抑制套利资金流入。同时还可以降低市场风险偏好，纠正高杠杆的过度风险行为，从而降低国际跨境资金流动的风险。

然而，由于我国人民币资本账户尚未完全放开，政府对人民币汇率一直保持一定程度的干预，根据“不可能三角”定理，目的是为中央银行货币政策独立性提供保障和空间。只有人民币汇率形成机制市场化改革完成，中央银行才能完全退出常态式的外汇市场干预。

3. 国内金融体系尚不完善

健全的金融体系是跨境资金流动风险可控的重要条件。跨境资金流动风险可控要求本国金融市场的广度、深度和流动性与跨境资金流动的风险相匹配：中国金融市场规模足够大，国际跨境资金才能方便地在中国金融市场交易；人民币衍生品市场的金融工具足够多，国际投资者才能够实施套期保值，以降低资本账户开放导致的汇率风险；人民币资产市场的流动性足够强，各国中央银行以及大机构投资者才能将人民币的政府债券及公司债券作为“安全”资产。

在完善金融体系以防范和化解跨境资金流动风险时，最关键的是要建立完善的现代货币和资本市场。因为技术、资金、劳动力、土地和矿产资源等多种生产要素，资金流动具有龙头地位。资金流向哪里，其他生产要素就会随之跟向哪里。在很大程度上，没有发达的资本市场和货币市场，要想从制度上发挥市场的资源配置作用是不可能的，因为市场资源的配置从根本上是由掌握资本的各种行为主体实施的。我国目前无论是货币市场，还是资本市场，其广度、深度和流动性都远远不足以化解国际跨境资金流动的冲击。

此外，我国目前的金融体系以银行为主导，资本账户放开后大量的国际跨境资金将通过银行体系流入国内实体经济或金融市场。跨境资金的流入可以增加商业银行的可贷资金，利于我国商业银行扩大经营规模、拓展国际业务。但由于多年以来我国银行业竞争不充分、大型国有商业银行长期处于垄断地位，我国国有商业银行抗风险能力极其有限。加之我国商业银行缺乏处理国际跨境资金的相关经验。如果缺乏有效的银行监管，则有可能增加银行不良贷款率，或者提高银行投资领域不良资产率，可能给我国银行业带来严重冲击。

据此，我国要促进跨境资金流动，就需要突破目前的瓶颈。具体来说就是要加快人民币资本账户开放，推进人民币汇率市场化改革，以及完善我国国内金融体系的建设。

2.4 上海自贸试验区促进人民币跨境资金流动的金融载体建设

国际跨境资金可以对世界经济产生远超其实力的影响：首先，国际货币和资本市场上发行的证券为跨境资金提供盈利性金融产品，间接促进了商品和服务增长，提升了人们生活水平；其次，国际跨境资金在全球金融市场之间流动有助于扩散全球资本市场的“财富效应”，拉动世界经济繁荣；最后，全球一体化的国际金融市场为跨境资金提供流动渠道，提高其流动性，增强其运用效率。因此，我国未来的经济发展应该利用国际跨境资金来加强国内实体经济的资金供给，为实体经济的稳定增长奠定良好的金融基础，并逐步摆脱对美国的依赖。

国际跨境资本也是一把“双刃剑”。在人民币资本项目尚未完全开放以前，异常跨境资金的大规模出入将影响人民币汇率稳定和中央银行货币政策的独立性，并可能给国民经济带来强烈冲击，跨境资金流动的最大风险在于，在脆弱的国内金融体系下全面开放资本账户可能引发的金融危机。因此，如何在风险可控的前提下，稳步而有序地开放资本账户，成为中国金融改革最为重要而且迫切的任务。一直以来，与人民币资本项目可兑换相关的企业和金融机构的跨境融资、包括资本市场在内的金融市场与国际市场双向开放，以及个人境外投资等改革项目，始终被视为是人民币跨境资金流动“最难啃的硬骨头”。

2013 年 9 月，国务院出台《中国（上海）自由贸易试验区总体方案》，上海自贸试验区正式挂牌成立。随即，“一行三会”出台支持上海自贸试验区建设的“51 条”意见，以及上海“一行三局”出台的 10 余项“实施细则”，这标志着上海自贸试验区金融创新改革的总体政策框架基本建立，以及上海自贸试验区金融改革顺利起步。

2013 年 12 月，中国人民银行出台了《中国人民银行关于金融支持中国（上海）自由贸易试验区建设的意见》（即“央行 30 条”），明确上海自贸试验区的金融开放创新是以资本项目可兑换和金融服务业开放为目标的金融制度创新，主要包括五大创新点：分账管理的账户体系、投融资汇兑便利、人民币跨境使用、利率市场化，以及外汇管理体制改革。其中，分账管理的账户体系是金融开放创新的核心和基础，投融资汇兑便利、人民币跨境使用、利率市场化和外汇管理体制改革是金融开放创新的主要着力点。

2014 年 5 月，上海自贸试验区“自由贸易账户系统”（FT 账户）正式使用。通过自由贸易账户系统，银行、证券和保险等金融机构和企业实现了与境外金融市场的融通。自由贸易账户建立了强大的事中事后管理体系，使简政放权和风险管理有机结合。“FT 账户”正式使用，标志着贸易和投资便利化的金融改革政策全面实施，以及以自由贸易账户为核心的强大风险管理系统正式运行。

2015 年 2 月 12 日，中国人民银行上海总部发布了《中国（上海）自由贸易试验区分账核算业务境外融资与跨境资金流动宏观审慎管理实施细则》（以下简称《实施细则》）。《实施细则》是加快推进上海自贸试验区资本项目可兑换改革、探索投融资汇兑便利的重要举措。其核心是使资本项目可兑换得到全面有序实施、自贸试验区企业和金融机构境外融资全面放开、上海个人境外投资落地实施、利率市场化全面推进、上海金融市场实现与国际市场双向开放、金融业准入扩大对内对外开放、金融监管的负面清单管理全面实施、以自由贸易账户系统为标志的各类强大的事中事后风险管理和金融安全系统全面到位。

2015 年 4 月 23 日，中国人民银行行长周小川在 IMF 第 31 届国际货币与金融委员会系列会议指出，中国要继续推进个人跨境投资、证券交易所互联互通、外汇管理改革、资本市场开放、扩大人民币国际使用和风险防控等六项资本项目可兑换改革。这六项改革全面落地就意味着完全实现资本项目可兑换。

2015 年 4 月 27 日上海自贸试验区扩区，“一行三会”等国家金融管理部门和上海市政府研究推出《进一步深化中国（上海）自由贸易试验区改革开放总体方案》（以下简称《深改方案》），提出上海自贸试验区应“力争建设成为开放度最高的投资贸易便利、货币兑换自由、监管高效便捷、法制环境规范的自由贸易园区”。目前，上海自贸试验区新一轮金融制度创新方案《进一步推进自贸试验区金融开放创新试点、加快上海国际金融中心建设的方案》（以下简称“金改 49 条”）已经形成并上报国务院审议。“金改 49 条”内容涉及率先实现人民币资本项目可兑换、进一步扩大人民币跨境使用、扩大金融服务业对内对外开放、加快建设面向国际的金融市场，以及不断完善金融安全网建设等。“金改 49 条”的核心是实现资本项目可兑换质的突破。2015 年 6 月 26 日，央行副行长范一飞在“2015 年陆家嘴论坛”上表示“上海自贸区要争取率先实现人民币资本项目完全可兑换”。

可见，上海自贸试验区既是人民币资本账户开放的“桥头堡”，也是人民币跨境资金流动金融载体建设的“试验区”。目前，上海自贸试验区主要的人民币跨境资金流动金融载体包括分账核算体系、自由贸易账户系统、跨境人民币双向资金池、内保外贷、意愿结汇，以及人民币跨境支付系统等。

2.4.1 分账核算体系

分账核算体系是推进人民币跨境交易以及探索投融资汇兑便利化的基础，也是上海市金融机构为开展上海自贸试验区分账核算业务，在上海市一级机构内部建立的自由贸易专用账户核算体系，并建立相应的机制实现与金融机构其他业务分开核算。分账核算体系被誉为上海自贸试验区金融改革的核心内容。

央行上海总部在沪发布的《上海自贸区分账核算业务实施细则》(以下简称《业务实施细则》)详细规定了分账核算单元的建立、管理要求和自由贸易账户的开立、账户资金使用与管理等。根据宏观审慎管理的要求,《审慎管理细则》明确规定了分账核算单元管理的审慎合格标准、业务审慎合格评估及验收、分账核算业务风险管理、资金异常流动监测预警以及临时性管制措施。

分账核算体系的主要业务:第一,开户。其中最多的业务就是开立自由贸易账户。第二,存款。自由贸易账户的存款资金利率遵循中国人民银行的监管规则,必须在央行公布的同期基准利率基础上上浮不超过10%。自由贸易账户存款是分账核算单元的稀有资源,体现存款是商业银行的立行之本。第三,结算。基于自由贸易账户办理TT汇款、信用证等跨境或境内结算业务。由于自由贸易账户具有自由汇兑功能,虽然客户只能开立人民币自由贸易账户,但上述结算业务中对境外支付不限于人民币,可以以任何币种进行。第四,汇兑。为自由贸易账户提供汇兑服务,由于分账核算单元提供汇兑服务形成的汇兑敞口在境外市场平盘,因此兑换的汇率接近于境外市场。第五,融资。为自由贸易账户提供融资服务,中国人民银行上海总部严格规范发放融资的资金来源,分账核算单元向自由贸易账户发放的项目或流贷资金贷款的资金来源必须为自由贸易账户的存款或总行拆入的资金;向自由贸易账户发放贸易融资,如果资金流向为对外支付,在符合"币种匹配、期限匹配"的要求下可以从境外拆入资金,但总量须控制在中国人民银行要求的规模以内。

2.4.2　自由贸易账户系统(FT账户)

2014年5月22日,上海自贸试验区"含金量最高的元素"——自由贸易账户(Free Trade Accounting,FT账户)正式落地。自由贸易账户是金融机构根据客户需要,在上海自贸试验区分账核算体系开立的规则统一的本外币账户。根据央行要求,自由贸易账户的账号之前必须添加FT打头的三位英文字母作为前缀标识,并在资金的汇出、清算、兑换和汇入等各业务流程中全程体现该标识。

自由贸易账户体系是"央行30条"的核心内容,也是探索人民币跨境贸易交易和投融资汇兑便利,以及扩大金融市场开放和防范金融风险的重要制度安排。自由贸易账户体系涵盖人民银行、金融机构和开立账户的企业与个人信息管理系统。上海自贸试验区内企业和个人都可以在自由贸易账户信息管理系统开立自由贸易账户,并享受资本项目开放等改革新政策。通过自由贸易账户信息管理系统,中央银行得以对自由贸易账户内资金实现24小时逐笔跟踪,分账管理,电子围网,看住风险。既能展开金融创新业务,又有效防范了风险,还节约了成本。此外,央行还可以通过自由贸易账户信息管理系统对自由贸易账户业务推出后可能出现的跨境资金流动规模进行情景分析和预判,对跨境资金流动可能对我国利率和汇率形成机制造成的影响、对外币小额存款放开后对存贷款形势的影响进行压力测试,确保在极端情况下风险可控。

自由贸易账户体系建立了统一的,高度便利的本外币自由贸易账户体系规则、为金融支持实体经济投资贸易活动提供了便利、为上海自贸试验区提供了"电子围网式"的金融环境，并为资本项目可兑换等后续改革提供了操作载体和空间。自由贸易账户体系创新对全面推进上海自贸试验区金融改革和便利实体经济投融资活动具有重要意义。

2.4.3 跨境人民币双向资金池

跨境人民币双向资金池是上海自贸试验区首个落地的金融创新项目，也是资本项下开放的一次重要试水。其业务是通过在客户指定的母、子账户间建立资金管理规则和选择资金汇划方式，从而实现人民币资金集中管理。该业务属于企业集团内部的经营性融资活动，其实质是企业以上海自贸试验区内账户为主账户，实现境内人民币资金池与境外人民币资金池内资金的双向流通。

上海自贸试验区内企业可根据自身经营和管理需要，开展集团内跨境双向人民币资金池业务。集团指包括区内企业（含财务公司）在内的，以资本关系为主要联结纽带，由母公司、子公司、参股公司等存在投资性关联关系成员共同组成的跨国集团公司。开展集团内跨境双向人民币资金池业务，需由集团总部指定一家区内注册成立并实际经营或投资的成员企业（包括财务公司），在上海地区的一家银行开立一个人民币专用存款账户，专门用于办理集团内跨境双向人民币资金池业务，该账户不得与其他资金混用。参与资金池业务的境内外各方应签订资金池业务协议，明确各自在反洗钱、反恐融资以及反逃税中的责任和义务。资金由被归集方流向归集方为上存，由归集方流向被归集方为下划。参与上存与下划归集的人民币资金应为企业产生自生产经营活动和实业投资活动的现金流，融资活动产生的现金流暂不得参与归集。

上海自贸试验区内企业（包括财务公司）在上海地区的一家银行开立人民币主账户，集团境内外其他成员企业分别开立境内子账户和境外子账户，可以通过子账户向主账户的资金上存、主账户向子账户的资金下划，来实现境内外资金的集中管理和运用。主账户可开在自贸试验区内或区外，需开在上海地区，只能开一个，具有排他性。境外子账户和主账户之间，境内子账户和主账户之间，资金均可双向自由划转，跨境或跨区的资金净流入或净流出都不算外债，无额度限制。集团内部成员企业之间的双向资金划转属于集团内的经营性融资活动，没有经常项下对价交易关系，是一种资金调拨行为，有利于集团统一集中管理资金，互调余缺，降低对集团外部的融资依赖和财务成本。借贷企业之间可以计息，中国人民银行不限制计息方式或利率。境外成员企业产生自生产经营活动或实业投资活动的现金流，从境外子账户上存到区内企业开立的资金池主账户，再从主账户下划至境内区外企业开立的子账户不计入外债，无需外债登记，无额度限制。由此区外企业可以从境外关联公司融入资金且不算外债，无额度限制。

融资活动产生的现金流暂不得入池。主账户和子账户均不能接收从资金池外部融入的资金。集团外部融资款项应划入非入池账户。中国人民银行要求境外行负责审核境外入池资金的性质，境内行负责审核境内入池资金的性质。建议政策能优化为允许主账户在获得开户行透支额度的前提下可以日间透支或隔夜透支，便利集团对外支付。处于低成本资金市场的成员企业（自身有经营性或实业投资活动），可以作为集团融资平台，通过其非入池账户从集团外部融资满足其自身支付需求，而将其入池账户作为收款账户从集团外部接收其经营性或实业投资性现金流，再通过资金池用于集团内部融资，从而降低集团整体负债成本。

目前政策对主账户和子账户的资金使用均无任何限制。境内主账户和子账户的开户企业可以通过企业网银将资金划到境内任一账户用于境内结算，银行不监管资金境内流向和境内用途。如主账户或境内子账户涉及跨境交易的资金用途，则区内企业/区外企业应分别比照现行区内/区外企业办理跨境人民币或外币结算业务的政策审核相关凭证（如需）后办理，可用于跨境人民币或外币经常项目和资本项目的对外支付。如用于外币支付，可在购汇后对外支付。境内银行不审核或监管境外子账户的资金使用，除非境外企业当地金管政策要求当地银行审核。

目前，上海自贸试验区跨境双向人民币资金池可实现如下功能：第一，自主设定每个子账户的留存限额，超过限额的部分自动上存主账户。留存限额可以为零。第二，有实时归集、按日归集、按周归集、按月归集等多种归集时点选择。第三，自主设定对每个子账户的下划时点和下划金额；第四，有实时下划、按日下划、按周下划、按需下划、手工下划等多种下划方式。第五，灵活计息，可按每对主子账户之间的日末轧差净余额每日计算该账户对的借贷利息，逐日累加。不同的主子账户对可输入不同的利率值。利率可以输为零。第六，可委托银行按期代扣代划内部利息，也可由成员企业自行扣划利息。第七，对主账户和子账户的资金使用无任何限制，可通过网银划转。

总之，跨境人民币双向资金池开拓了集团境内外子公司人民币资金归集、互通的渠道，解决了企业的境内外资金瓶颈问题，且跨境流动回流资金不设额度限制，提高了集团境内外子公司全球资金的统筹调配和资金的有效监控，尤其受跨国企业的欢迎。外资银行由于从事现金管理的时间较长，跨境资金管理经验丰富，相比中资银行优势明显。

2.4.4　内保外贷

“内保外贷”是境内企业境外借款的方式之一。指自贸区内企业向境内银行提出跨境人民币借款申请或者需求，由境内银行向境外分行提供信用保证，然后境外分行将资金借给用款企业。即，中资银行与其境外分行联动，由中资银行的境外分行向境内企业提供资金支持的业务。

“内保外贷”的一般业务流程包括：确认境外人民币借款金额、落实授信方式、联系境外银行放款并签约、开立人民币境外借款专用账户、办理人民币境外借款资金解付入账、完成跨境人民币信息报送和国际收支申报、提示企业办理外汇局跨境人民币外债签约情况登记和提款资金流入情况登记，以及办理借入资金境内支付使用等。

上海自贸试验区内的“内保外贷”政策对自贸区内企业借入境外人民币资金按余额计算借款规模，扩大了可借用外债的总额，支持了区内企业的发展。“内保外贷”金融政策创新拓宽了企业举借境外资金的渠道，缓解了境内银行的资金压力。在目前境外资金成本较低的情况下，有效降低上海自贸试验区内企业的融资成本。

随着上海自贸试验区各项金融政策与制度创新的推出，境外银行与上海自贸区内企业的交流与沟通愈加透明，银团贷款开始对上海自贸区内企业提供跨境人民币借款服务，但风险由境外银团贷款的管理方来承担。尽管银团贷款提供融资监管是实质性变化，但仍然需要区内银行来辅助境外金融机构对企业加深了解。

2.4.5 意愿结汇

“意愿结汇”是一项上海自贸试验区内创新的自由结汇的制度。即给予上海自贸试验区内企业对自己的外汇资金结汇时间选择上的自主权，使企业的结汇行为和资金的使用行为时点得以分离。实施“意愿结汇”的上海自贸试验区内企业，只要先在银行开立一个“结汇待支付账户”，企业就可以自由选择结汇时点，将外汇资金结汇以后放在“结汇待支付账户”中，等到企业要使用这笔资金时，再向银行提交资金用途凭证，银行审核以后就直接从“结汇待支付账户”直接划款到结汇企业的交易对手的账户中。“意愿结汇”大大简化了结汇的流程和手续。企业可以自由选择结汇的时点，将外汇资金结汇以后放在“结汇待支付账户”中，等到企业要使用这笔资金时，从这个账户直接划款到结汇企业的交易对手。

“意愿结汇”的政策亮点在于，这项金融创新有助于企业根据自身意愿和汇率的走势选择结汇时间，并基于市场判断采取汇率风险规避操作，有利于强化境内外汇市场的价格发现功能，提高金融市场效率，使企业可以根据自身的意愿有效规避汇率风险或汇兑损失。作为投资便利化的重要手段之一，央行自贸区“30条意见”中，将直接投资项下外汇登记及变更登记下放银行办理，在保证交易真实性和数据采集完整的条件下，允许区内外商直接投资项下的外汇资金意愿结汇。从“按需结汇”到“意愿结汇”，真正给自贸试验区内的企业带来了实惠。

2.4.6 人民币跨境支付系统（CIPS）

2015年10月8日，中国人民银行官网发布消息，人民币跨境支付系统（一期）成功上线运行，首批直接参与机构包括19家境内中外资银行。人民币跨境支付系统为境内外金融机构人民币跨境和离岸业务提供资金清算、结算服务，是重要的金融基础设施。

人民币已经成为中国第二大跨境支付货币和全球第四大支付货币，亦迫切需要建设基础设施支撑业务发展。此前，李克强总理在2015年政府工作报告中就指出，要“加快建设人民币跨境支付系统，完善人民币全球清算服务体系”。

CIPS首批直接参与机构包括19家境内中外资银行：工商银行、农业银行、中国银行、建设银行、交通银行、招商银行、浦发银行、中国民生银行、兴业银行、平安银行、华夏银行、汇丰银行（中国）、花旗银行（中国）、渣打银行（中国）、星展银行（中国）、德意志银行（中国）、法国巴黎银行（中国）、澳大利亚和新西兰银行（中国）和东亚银行（中国）。此外，同步上线的间接参与者包括：位于亚洲、欧洲、大洋洲、非洲等地区的38家境内银行和138家境外银行。

按计划，CIPS分两期建设：一期主要采用实时全额结算方式，为跨境贸易、跨境投融资和其他跨境人民币业务提供清算、结算服务；二期将采用更为节约流动性的混合结算方式，提高人民币跨境和离岸资金的清算、结算效率。

CIPS（一期）的主要功能是便利跨境人民币业务处理，支持跨境货物贸易和服务贸易结算、跨境直接投资、跨境融资和跨境个人汇款等业务。其主要特点包括：第一，CIPS（一期）采用实时全额结算方式处理客户汇款和金融机构汇款两类业务。第二，各直接参与者一点接入，集中清算业务，缩短清算路径，提高清算效率。第三，采用国际通用ISO20022报文标准，采纳统一规范的中文四角码，支持中英文传输，在名称、地址、收费等栏位设置上更有利于人民币业务的自动处理。CIPS报文设计充分考虑了与现行SWIFTMT报文的转换要求，便于跨境业务直通处理并支持未来业务发展需求。第四，运行时间覆盖亚洲、欧洲、非洲、大洋洲等人民币业务主要时区。第五，为境内直接参与者提供专线接入方式。

专栏2-3

跨境人民币支付系统启动、颠覆传统清算模式①

金融监管政策研究会　孙海波

央行于近期发布《人民币跨境支付系统业务暂行规则》，就酝酿两年多之久的CIPS系统安排进行了详细阐述。本文最后附CIPS法规完整版原文供参考！

1. 从发文对象看

1家CIPS运营机构、19家银行获得CIPS第一批直接参与者资格：

中国银行、农业银行、工商银行、建设银行、交通银行、华夏银行、中国民生银行、招商银行、兴业银行、平安银行、浦发银行；汇丰银行（中国）、花旗银行（中国）、渣打银行（中国）、星展银行（中国）、德意志银行（中国）、法国巴黎（中国）、澳大利亚和新西兰银行（中国）、东亚银行（中国）。其中11家中资银行，8家外资在华法人银行。

其中跨境银行间支付清算（上海）有限责任公司为运营机构。

2. CNAPS局限性

当前的跨境人民币最终清算都走CNPAS，具体本文第十点有详细介绍。但CNPAS局限性在于：

第一，运行时间过短，不适合跨时区清算。早上8：30开启，下午4：30关闭，一天运行8个小时。对于有6—8个小时时差的欧洲地区，根本没有充足的时间来处理清算业务（从目前的跨境人民币存量业务来看，除亚洲香港、新加坡外，欧洲法兰克福和伦敦都是比较活跃的离岸人民币中心）。第二，与国际清算系统接口无法完全匹配。在代理行

① 孙海波：《金融监管》2015年9月22日。

和境外清算行模式下都必须通过SWIFT报文系统传递跨境清算信息。但SWFIT不支持中文报文，且一些字段与大额支付系统报文不兼容，影响了清算效率。第三，部分业务无法实现实时跨境结算。CNAPS尚未与境内外币支付系统、证券清算系统互连互通，难以实现跨境清算所需的人民币和外币同步支付结算和人民币证券券款对付结算。第四，同时随着跨境人民币业务量的增长，人民币在全球支付货币地位也随之不断提升。建立独立于第三方的报文传输体系也是金融安全一部分（尽管实际开发和后续运营中CIPS和SWFIT的合作远大于竞争，目前CIPS也最大程度上选择和SWFIT格式兼容，行号也选择一致）。

3. 什么是CIPS系统?

央行专门为跨境人民币支付业务开发的资金清算结算系统，其涵盖的业务包括人民币跨境贸易结算、跨境资本项目结算、跨境金融机构与个人汇款支付结算等。

从官方的表述中虽然没有包括纯离岸业务的清算（即发起人和收款人都在境外的离岸人民币清算业务），但实际在一期就已经包括两头在外的离岸业务清算。

4. 运行时间安排

由于CIPS实际资金注资和日终清零，日间的调增和调减都依赖于CNAPS（具体为HVPS），所以运行时间一定要在CNAPS运行时间区间范围内。CNPAS运行时间也将大幅度延长为从早上9点到晚上8点，CIPS运行市场也高度吻合，如图2－35。该时间段可以覆盖除美国以外的主要金融中心。

香港最近也宣布人民币即时支付结算系统（RMBRTGS系统）的清算服务时间延长至20.5个小时，从早8：30至第二天凌晨5点，将和美国金融市场大幅度重叠。

5. CIPS分期推进

《人民币跨境支付系统业务暂行规则》已经考虑了后续二期的需求，但实际将于10月份上线的一期CIPS并不支持部分功能，比如境外直接参与者。

还有部分CIPS支持的功能，但从业务层面能否开展仍然有待具体业务监管部门的确认，或资本项目的开放进度。因为负责CIPS需求开发的主要是央行支付结算司，但多数跨境人民币业务层面由央行货币政策二司负责制定。

6. 流动性安排

具体流动性安排尚待观察，尤其是中国银行同海外央行的货币互换能够发挥怎样的作用，中国央行对直接参与者（即前面提及的一期CIPS20家银行直接参与者）提供怎样的流动性便利尤其是日间流动性支持？尤其考虑CIPS为便利其他金融市场，运行覆盖时区较为宽泛，在5点之后虽然CNPAS仍在运行，但因为其他境内交易市场已经关闭，市场实际流动性会非常差，因为正常的境内金融市场交易已经结束，直接参与者无法通过变卖债券资产或同业拆借来获得资金，并在日间给CIPS账户增资。

央行是否会对直接参与者提供额外的短期流动性支持？或者境外人民币市场的央行

是否也会为当地金融机构提供额外流动性支持?

或CNAPS延长之后，其他金融市场的交易时间是否有部分进行相应调整，以市场方式弥补5点后的流动性担忧?

7. CIPS账户基本资金运行规则

（1）CIPS最核心的规则即日终清零，这包含两层含义，其一是直接参与者在CIPS开立账户余额日终清零，即资金从CIPS账户自动被划回其在HVPS（大额支付系统）开立的清算账户；二是指CIPS以特许参与者身份在人民银行跨级营业部开立的存款账户（HVPS清算账户）日终清零。所以笔者认为，直接参与者在CIPS开立的账户并不是真正意义上的资金账户，只是虚拟反应直接参与者在HVPS清算账户部分资金，便于日间隔离清算。从这个角度看，CIPS完全依附于HVPS存在的附属系统。

（2）直接参与者的CIPS账户资金只能和其自己的HVPS同名账户进行划转，不能跨CIPS/HVPS进行非同名资金的跨系统划转。

（3）在CIPS营业准备时间段8：30—9：00，直接参与者对其CIPS账户进行注资（从其HVPS账户划转过来），日间调增会计处理和业务流程及注资一致。

8. 清算逻辑

（1）直接参与者和间接参与者是多对多关系，即一个直接参与者可与多个间接参与者建立业务关系，一个间接参与者可与多个直接参与者建立业务关系。

（2）直接参与者不得通过CIPS和大额支付系统办理跨系统的支付业务，但同名的调增或调减可以。

（3）类似于HVPS，CIPS也是实时全额清算系统。

（4）CIPS系统清算发起方和收款人都在境外，或者其中一方在境外的人民币清算业务。对于双方都在境内的清算业务必须通过HVPS办理，而不是CIPS。因为同一笔支付业务可能涉及多个间接参与者和两个直接参与者及中介机构，如图2－35，所以系统需要通过报文识别最终的收款行（beneficiary bank）和发起人所在地，以便直参行选择CIPS还是HVPS进行清算（最终收款行未必是间参行，从而未必有CIPS行号）。

9. 从CIPS系统目前定义看

将自贸区定义为离岸，即如果通过自贸区的FTU账户和海外发生人民币资金往来，此类清算也需要通过CIPS办理，并被定义为离岸人民币业务。

10. 当前跨境人民币清算模式介绍

图2－35涉及人民币跨境清算的三种模式，每种模式的实现都涉及清算系统。

在代理行模式下，境内外银行通过环球报文交换系统SWIFT传递跨境支付信息，然后通过CNAPS进行清算（国内的代理行都直接接入了CNAPS系统）。境外参加行通过境内银行代理进行跨境人民币清算服务，但不能从事付款人和收款人都在海外的纯离岸人民币清算服务，只能从事跨境人民币清算。

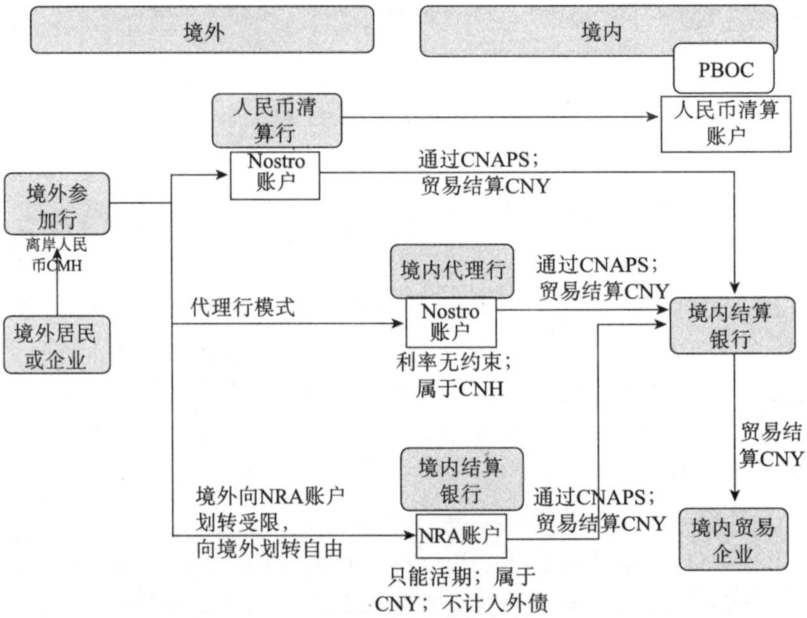

图 2－35　当前跨境人民币清算模式介绍

境外人民币清算行模式下，境外银行通过 SWIFT 传递跨境支付信息，境外人民币清算行通过中资银行海外子行最终连接到境内大额支付系统 HVPS 完成最终清算。海外清算行是指中国央行和当地监管机构联合给每个地区/国家授予一家中资国有大行在海外的子行担任，香港为“中银香港”，新加坡为“工行新加坡”。境外人民币清算银行资产端除配置海外人民币投资品外，多余的人民币资金头寸存放在境内中国人民银行清算账户，以及部分参与中国银行间市场拆借和债券市场；境外人民币清算行可以通过其清算网络代理清算任何海外人民币资金，即理论上付款行和收款行可以位于全球任何角落。

非居民账户模式（NRA）则是境内银行直接通过 CNAPS 进行清算。

附件：人民币跨境支付系统业务暂行规则（银办发［2015］210 号）

法规原文

第一章　总　　则

第一条　为规范人民币跨境支付系统（以下简称 CIPS）业务行为，防范支付风险，明确参与者管理要求，保障 CIPS 运营机构和参与者合法权益，中国人民银行依据《中华人民共和国中国人民银行法》及有关法律法规，制定本规则。

第二条　本规则适用于 CIPS 运营机构（以下简称运营机构）、CIPS 直接参与者和间接参与者。

第三条　运营机构是经中国人民银行批准、在中华人民共和国境内依法设立的清算机构。运营机构接受中国人民银行的监督管理。

第四条　CIPS 为其参与者的跨境人民币支付业务等提供资金清算结算服务。跨境人民币支付业务包括人民币跨境贸易结算、跨境资本项目结算、跨境金融机构与个人汇款支付结算等。

第五条 CIPS按照北京时间运行，以中华人民共和国的法定工作日为系统工作日，年终结算日是中华人民共和国每年最后一个法定工作日。

第二章 参与者管理

第六条 运营机构应当对CIPS参与者实施分级管理。参与者包括直接参与者和间接参与者。

直接参与者是指在CIPS开立账户，具有CIPS行号，直接通过CIPS办理人民币跨境支付结算业务的机构。

间接参与者是指未在CIPS开立账户，但具有CIPS行号，委托直接参与者通过CIPS办理人民币跨境支付结算业务的机构。

运营机构应当参照环球同业银行金融电讯协会银行识别代码（SWIFTBIC）编制规则，确定参与者CIPS行号。参与者已有SWIFTBIC的，应当申请使用该代码作为其CIPS行号。没有SWIFTBIC的，应当向运营机构申请。

第七条 申请成为境内直接参与者的机构应当具备下列条件：

（一）为中华人民共和国境内依法设立的银行业金融机构；

（二）具有法人资格或法人指定的机构；

（三）具有办理国内外结算业务的资格；

（四）具有大额支付系统的直接参与者资格；

（五）支持业务集中处理和直通处理；

（五）满足信息安全性和系统可靠性要求；

（六）具有切实可行的防范和化解流动性风险的方案；

（七）具有健全的业务及系统管理制度。

金融市场基础设施运营机构申请成为系统直接参与者的应当参照银行业金融机构办理。

第八条 申请成为间接参与者的机构应当具备下列条件：

（一）在中华人民共和国境内外依法设立的银行业金融机构；

（二）具有法人资格或法人指定的机构；

（三）支持该机构在其境内的业务集中处理；

（四）符合该机构所在地人民币业务的相关要求；

（五）具有健全的业务和系统管理制度。

第九条 同一司法管辖区域内，同属一个法人的机构只能指定一家机构申请直接参与者资格。

第十条 一个直接参与者可与多个间接参与者建立业务关系，一个间接参与者可与多个直接参与者建立业务关系。

第十一条 直接参与者和间接参与者拟加入、退出系统或变更参与者信息的，应当向运营机构提交申请。

间接参与者应当委托直接参与者提交申请材料。

第十二条　运营机构应当审核直接参与者申请机构的申请资料。通过审核的，运营机构代为向中国人民银行申请大额支付系统的间接参与者资格。

第三章　账户管理

第十三条　运营机构应当在 CIPS 中为直接参与者开立零余额账户。该账户不计息、不得透支，日终余额为零。

第十四条　运营机构应当统一管理参与者的账户。一个直接参与者在 CIPS 只能开立一个零余额账户。间接参与者在 CIPS 不开立账户。

第十五条　中国人民银行为 CIPS 在大额支付系统开立清算账户，反映所有 CIPS 直接参与者的共同权益。账户内资金属于所有 CIPS 直接参与者，依据直接参与者在 CIPS 中的账户余额享有权益。该账户不得透支，日终余额为零。

该账户内资金不属于运营机构自有财产，运营机构不得自由支配。除通过 CIPS 发起指令外，CIPS 直接参与者不得以其他任何形式单独支配该账户资金。

第十六条　直接参与者应当通过注资、调增和调减等方式，对其 CIPS 账户进行流动性管理，确保账户余额充足。

注资是指直接参与者在营业准备阶段的规定时间内，通过大额支付系统向其 CIPS 账户注入运营机构要求的最低限额。

调增是指直接参与者在日间处理阶段，通过大额支付系统向其 CIPS 账户增加流动性。

调减是指直接参与者注资成功后，在日间处理阶段通过 CIPS 向其在大额支付系统账户发起资金转账，以减少其 CIPS 账户余额。

第十七条　直接参与者应当在每个系统工作日的规定时间内注资。

直接参与者进入日间处理阶段后未能达到注资最低限额的，不得办理支付业务。

第十八条　进入日间处理阶段后，从业务截止前 30 分钟起，直接参与者不得从大额支付系统向 CIPS 账户注入流动性。

第十九条　直接参与者通过大额支付系统向其他直接参与者进行注资或调增的，应当予以退回。

第二十条　直接参与者调减其 CIPS 账户余额的，调减后的账户余额不得低于注资最低限额。

直接参与者通过 CIPS 向其他参与者进行调减的，应当予以拒绝。

第二十一条　直接参与者之间拆借资金应当根据银行间同业拆借有关规定办理。直接参与者拆出后的账户余额不得低于注资最低限额。

第四章　业务处理

第二十二条　直接参与者应当根据其客户指令或间接参与者的委托，通过 CIPS 办理客户汇款或金融机构汇款等业务。直接参与者不得通过 CIPS 和大额支付系统办理两个系统之间的支付业务。

客户汇款是指汇款人和收款人中至少一方不是金融机构的汇款。

金融机构汇款是指付款人和收款人均为银行或非银行金融机构的汇款。

第二十三条　运营机构应当根据直接参与者的报文权限申请，确定直接参与者可以使用的报文类型。

第二十四条　直接参与者应当在日间处理阶段确保本机构系统处于登入状态。

第二十五条　发起直接参与者或间接参与者办理跨境支付业务的，应当根据有关规定填写业务种类。

第二十六条　直接参与者应当向系统提交期望结算日期为当前工作日的支付业务。对期望结算日期不为当前工作日的支付业务，应当予以拒绝。

第二十七条　直接参与者应当在日间处理阶段及时向CIPS提交支付业务，不得拖延。

第二十八条　直接参与者应当通过CIPS发起查询业务，直接参与者收到查询请求后，应当及时查复。

第五章　结算机制

第二十九条　CIPS按照实时全额结算方式处理支付业务。直接参与者账户余额足以支付的，CIPS予以实时处理；不足支付的，按照支付业务接收的先后顺序进行排队处理。

第三十条　CIPS可以根据直接参与者发起的指令，撤销处于排队状态的支付业务。

CIPS应当在日终处理阶段对仍处于排队状态的支付业务作退回处理。

第三十一条　发起直接参与者应当以收到CIPS返回的支付处理确认报文，作为记账依据。接收直接参与者应当以收到CIPS转发的支付报文，作为记账依据。

第三十二条　CIPS在成功借记发起直接参与者账户并贷记接收直接参与者账户后，该支付业务不得撤销。

第三十三条　CIPS在日终处理阶段应当自动将直接参与者的账户余额转至其大额支付系统账户。全部转账完成后，所有直接参与者的CIPS账户余额和CIPS在大额支付系统的账户余额均应当为零。

第三十四条　CIPS与大额支付系统对账相符后，应当向直接参与者发送支付业务汇总核对信息和资金调整核对信息。

直接参与者应当根据CIPS发送的对账数据进行账务核对。

第六章　应急处置

第三十五条　运营机构和直接参与者应当建立健全系统故障处理和突发事件应急处置机制，确保系统不间断、安全、稳定运行，保障业务处理的连续性、数据的完整性、资金和信息的安全性。

第三十六条　运营机构和直接参与者应当做好系统运行异常信息和突发事件信息的收集、分析和报告，建立健全系统运行异常和突发事件预警机制。

第三十七条　运营机构和直接参与者应当建立与CIPS相关的备份系统，定期开展生产系统与备份系统的切换演练，确保备份系统在突发事件发生后能够快速、高效地投入使用。

第三十八条　CIPS发生故障时，运营机构应当及时通知各直接参与者和相关各方。

直接参与者内部系统发生故障时，应当及时通知运营机构。运营机构与各直接参与者应当相互配合排除故障，尽快恢复业务处理。

第三十九条　CIPS发生重大故障导致业务处理中断时，运营机构应当指定一家直接参与者承接、协助日终处理。

第七章　附　　则

第四十条　运营机构应当根据本规则制定操作指引，明确直接参与者和间接参与者通过CIPS处理跨境人民币业务的具体要求和流程。

运营机构应当与直接参与者签订协议，约定相关权利和义务。

操作指引和协议文本应当及时报送中国人民银行。

第四十一条　运营机构负责制定和发布CIPS报文标准。

直接参与者应当按照运营机构发布的最新报文标准及时对其相关业务系统进行改造。

第四十二条　直接参与者应当按运营机构制定的收费项目和标准按时足额缴纳费用。

第四十三条　本规则由中国人民银行负责解释。

第四十四条　本规则自发布之日起施行。

第3章

跨境贸易结算与上海自贸试验区金融创新

进入21世纪以来，我国经济实力逐年增强，对外贸易的快速发展促使我国与世界其他各国的经济、金融日益紧密结合。特别在2008年全球金融危机爆发后，美元、欧元、日元等国际主要货币出现汇率的剧烈波动，也体现出现行货币体系的积弊，增加了国家和企业所面临的外贸风险。因此，在跨境贸易结算中，人民币被越来越多的应用，2009年7月中国人民银行适时启动人民币跨境贸易结算试点，标志着人民币在国际贸易结算中的地位已经由计价货币提升至结算货币。这对于推动我国与周边国家的贸易往来，规避汇率风险，促进中国对外贸易稳定增长起到了重要的作用，而随后境内外试点区域的不断扩大，以及在2012年2月取消出口试点企业的要求，更是对人民币跨境贸易结算业务的全面松绑。在国家政策的大力扶持、银行和企业的各方积极配合之下，人民币跨境贸易结算发展迅猛，2014年人民币跨境贸易结算量达到6.55万亿元。

本章概述了我国2009年设立人民币贸易结算试点至今的发展过程，并对发展推广过程中所面临的发展瓶颈进行了剖析，特别将上海自贸区的跨境贸易发展模式和对策作为重要的部分进行了阐述。

3.1

跨境贸易结算的发展现状

人民币跨境贸易结算，是指经过国家允许的、有条件的企业在自愿的基础上以人民币进行跨境贸易（包括货物贸易、服务贸易及其他经营项目）的结算，商业银行在人民银行规定的政策范围内，可直接为企业提供跨境人民币相关结算服务，[①] 即在跨境贸易结算的过程中使用的是人民币，进口方以人民币作为计价手段，出口方接收的和出口方付

① 该定义引自中国人民银行。

出的都是人民币，人民币流通于本国和非本国居民之间。①

3.1.1 人民币跨境贸易结算的发展历程

跨境贸易人民币结算起源于边境贸易。边境贸易是一种特殊的对外贸易形式，它不是国家与国家之间的贸易往来，而是相邻两国边境地区之间、地方之间、居民之间的经济贸易往来。早在20世纪90年代，人民币便开始被用于边境贸易结算。从1992年初始，国务院陆续批准13个边境开放城市，它们是：黑龙江的黑河、绥芬河；吉林的珲春；内蒙古的满洲里、二连浩特；新疆的伊宁、博乐、塔城；云南的畹町、瑞丽、河口；广西的东兴、凭祥。我国还不断推出鼓励边境贸易的优惠政策，与多个接壤国家签订了边境贸易利用双边货币结算的协议。迄今为止，我国已与越南、蒙古、老挝、尼泊尔、俄罗斯、吉尔吉斯、朝鲜和哈萨克斯坦8个国家的中央银行签署了有关边境贸易本币结算的协定。1997年，国家外汇管理局颁布了《边境贸易外汇管理暂行办法》，规定边境贸易可以以人民币支付结算。此时的人民币跨境结算范围只限制在特定地区的边贸企业，规模较小，但却是人民币跨境贸易的萌芽阶段。边境贸易的迅速发展为人民币在边境贸易结算中使用和流通提供了实物载体。人民币因其币值稳定、汇率风险小而在贸易结算、投资中被广泛使用。人民币结算在中蒙、中越边境贸易中的比重不断扩大。

随着中国经济持续健康发展和对外开放程度不断提高，中国与周边国家和地区的贸易量不断增长，将人民币结算从边境贸易扩展到一般国际贸易的需求不断增加。同时，随着内地与港澳经贸关系的日益紧密，近些年内地和港澳之间以人民币进行贸易结算的需求也日益强烈。②

随着2008年席卷全球的金融危机爆发，国际主要结算货币如美元、欧元等经历了大幅波动，以美元为中心的现行国际货币体系暴露出了其内在缺陷，储备货币多元化已经成为国际社会共识。而中国成为世界主要的进出口贸易大国之一，用人民币结算已成为保护国家和企业利益的当务之急，因此，人民币用于国际贸易结算的需求从边境扩展到通常的国际贸易。

2008年12月24日，国务院决定对广东和长江三角洲地区与港澳地区、广西和云南与东盟的货物贸易进行人民币结算试点。

2009年4月8日，国务院决定开展人民币结算试点业务，境内在上海、广州、深圳、珠海和东莞五个城市开展；境外在香港特区、澳门特区及东盟国家开展。

2009年1月20日，中国人民银行与香港金管局签署为期3年总规模2000亿元人民币（约2270亿港币）的货币互换协议，以推动两地人民币贸易结算业务的发展。

2009年4月9日，国务院决定在上海、广州、深圳、珠海、东莞5城市开展人民币跨境贸易结算试点，标志着人民币结算由此前仅限于边贸领域开始向一般国际贸易拓展。而上海多功能金融中心的形成，特别是金融市场体系的完善将为推进人民币国际结算试

① 周婷："人民币跨境贸易结算的现状及发展前景"，《经济管理者》2014年第13期。

② 崔莹："跨境贸易人民币结算的演化历程、发展条件及影响研究"，南京航天航空大学本科毕业论文，2011年。

点、逐步走向国际化提供基础支持，有助于提升人民币在国际货币体系中的地位，成为未来国际货币多元化中的“一极”。

2009年6月29日，中国人民银行行长周小川与香港金管局总裁任志刚在香港机场签订补充合作备忘录，标志着内地、香港人民币贸易结算准备就绪。

2009年7月2日、3日，中国人民银行、银监会、国家税务总局、海关总署、财政部、商务部六部委共同制定并由中国人民银行分别公布了《人民币跨境贸易结算试点管理办法》及其实施细则香港与内地试点城市之间正式开通货物贸易项下的人民币结算通道，标志着人民币跨境贸易结算进入实质运作。

2010年6月22日，《关于扩大人民币跨境贸易结算试点有关问题的通知》发布，试点范围扩大至境内北京、天津、内蒙古、辽宁、上海、江苏、浙江、福建、山东、湖北、广东、广西、海南、重庆、四川、云南、吉林、黑龙江、西藏、新疆等20个省、市区，境外已经不再受限制，不断地扩展人民币结算业务。

2010年8月16日，央行宣布允许境外央行或货币当局、港澳地区人民币清算行、境外跨境贸易人民币结算参加行以人民币投资境内银行间债券市场。

2010年9月2日，央行发布《境外机构人民币银行结算账户管理办法》，明确该账户用于依法开展的各项跨境人民币业务，并于10月1日起实施。

2010年10月，境外直接投资（ODI）人民币结算试点在新疆启动。

2011年1月13日，中国人民银行颁布《境外直接投资人民币结算试点管理办法》，明确规定：凡获准开展境外直接投资的境内企业均可以人民币进行境外直接投资，银行可依据境外直接投资主管部门的核准证书或文件直接为企业办理相关境外直接投资人民币结算业务。

2011年8月23日，中国人民银行、财政部、商务部、海关总署、税务总局和银监会联合发布《关于扩大人民币跨境贸易结算地区的通知》，明确河北、山西、安徽、江西、河南、湖南、贵州、陕西、甘肃、青海和宁夏等省、区的企业可以开展人民币跨境贸易结算；吉林、黑龙江、西藏、新疆等省、区的企业开展出口货物贸易人民币结算的境外地域范围，从毗邻国家扩展到境外所有国家和地区。至此，人民币跨境贸易结算境内地域范围扩大至全国。

2011年10月13日，《外商直接投资人民币结算业务管理办法》颁布，拓宽了海外人民币资金的回流渠道，增强了海外客户持有人民币的信心。

2011年12月16日，证监会、中国人民银行和国家外汇管理局联合发布了《基金管理公司、证券公司人民币合格境外机构投资者境内证券投资试点办法》，RQFII试点业务正式启动，有利于促进香港离岸人民币市场的发展和跨境人民币业务的开展，拓宽境外人民币持有人的投资渠道，增强海外持有人民币的信心。

2012年2月，中国人民银行、商务部、财政部、海关总署、税务总局和银监会等六部委，共同发布《关于出口货物贸易人民币结算企业管理有关问题的通知》，取消了对人民币跨境贸易出口的试点企业要求，所有具有进出口经营权的企业都有资格开展出口货物贸易人民币结算业务。至此，经过两年多的试点后，人民币跨境贸易结算业务全面放开。①

---

①　鲁刚：“当前人民币跨境贸易结算的现状与问题探讨”，浙江大学硕士学位论文，2013年。

3.1.2 跨境贸易结算的发展现状

1. 人民币跨境结算的规模

2009 年 7 月跨境贸易人民币结算试点开始之初，结算量还处在一个较低水平，但自从 2010 年 6 月把人民币跨境贸易境内试点区域从 5 个城市扩大到全国 20 个省市后，据中国人民银行统计数据显示，跨境贸易人民币结算业务增长迅猛，2009 年人民币跨境贸易结算累计达到 36. 87 亿元，而到 2010 年人民币跨境贸易结算总金额为 5 063. 4 亿元，同比增长 140 倍。2011 年，人民币跨境贸易结算金额为 2. 08 万亿元，同比增长 3. 1 倍。2012 年 2 月，为了推动人民币跨境贸易结算，更进一步取消了出口试点企业的规定，所有具有进出口资质的企业都可以参与进出口货物贸易人民币结算业务。2012 年人民币跨境贸易结算业务累计为人民币 2. 94 万亿元，较 2011 年增长 41. 2%。2013 年和 2014 年的人民币跨境贸易结算总额分别为 4. 63 万亿元和 6. 55 万亿元，而 2015 年上半年更是达到 3. 37 万亿元。

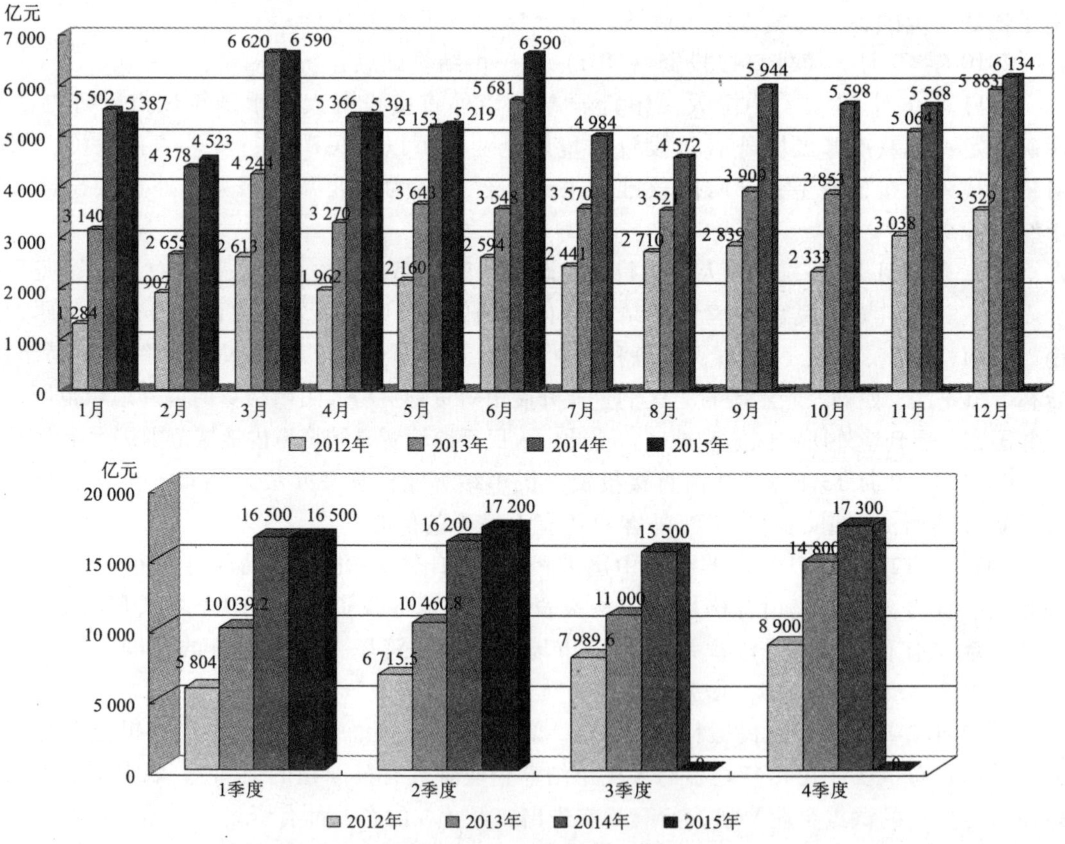

图 3-1 人民币跨境贸易结算月度及季度总额

数据来源：Wind 资讯。

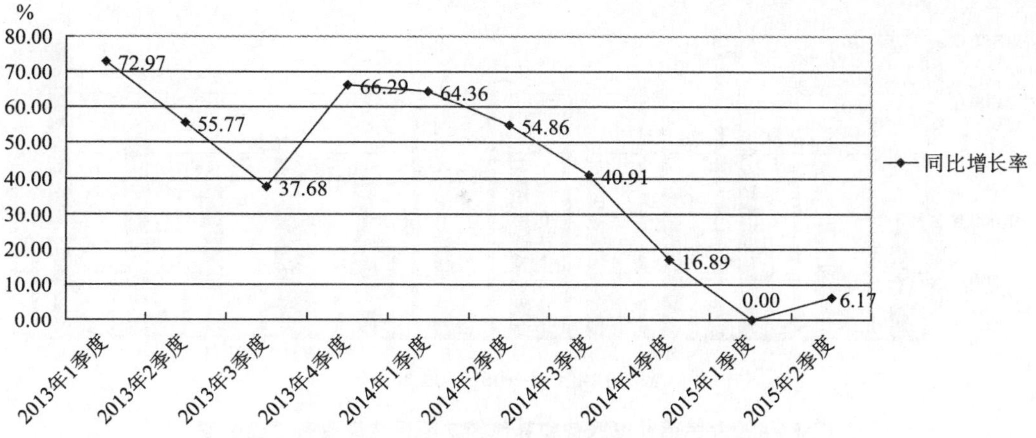

图3－2 人民币跨境贸易结算业务季度同比增速

数据来源：Wind资讯。

从图3－1和图3－2中可以看出，无论从月度还是季度数据来看，人民币跨境贸易结算总额都呈现出逐年增多的态势，这表明国家的政策措施十分有利地推动了跨境贸易人民币结算的发展。图3－3至图3－10分别展示了2012年至2015年的月度跨境贸易数据及同比增速。

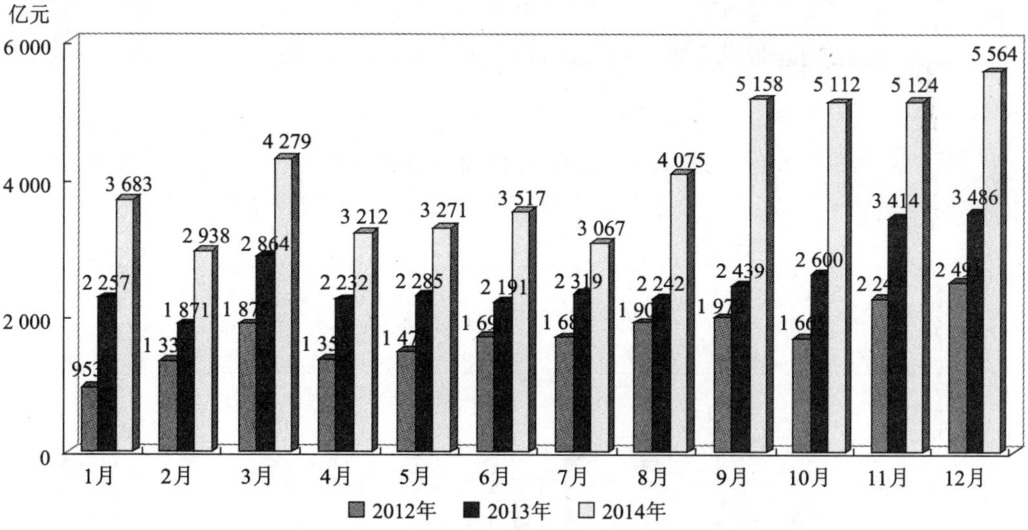

图3－3 人民币跨境货物贸易结算业务发生金额

数据来源：Wind资讯。

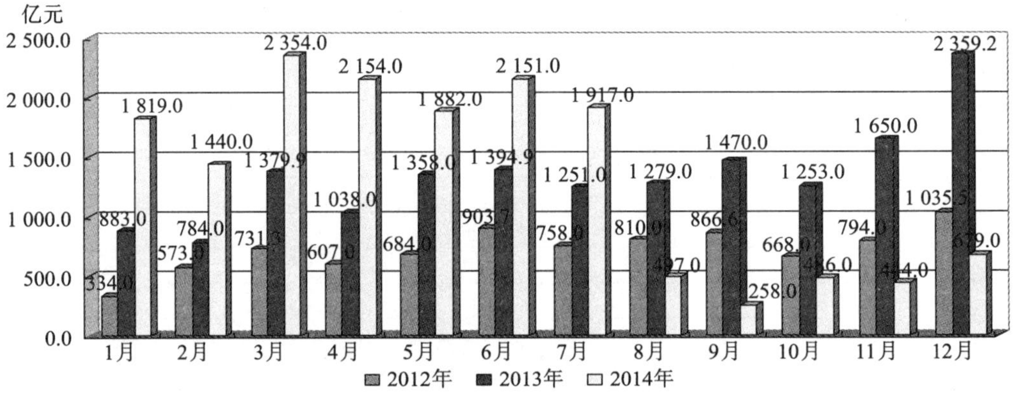

图 3－4　人民币跨境服务和其他经常项目结算业务发生金额

数据来源：Wind 资讯。

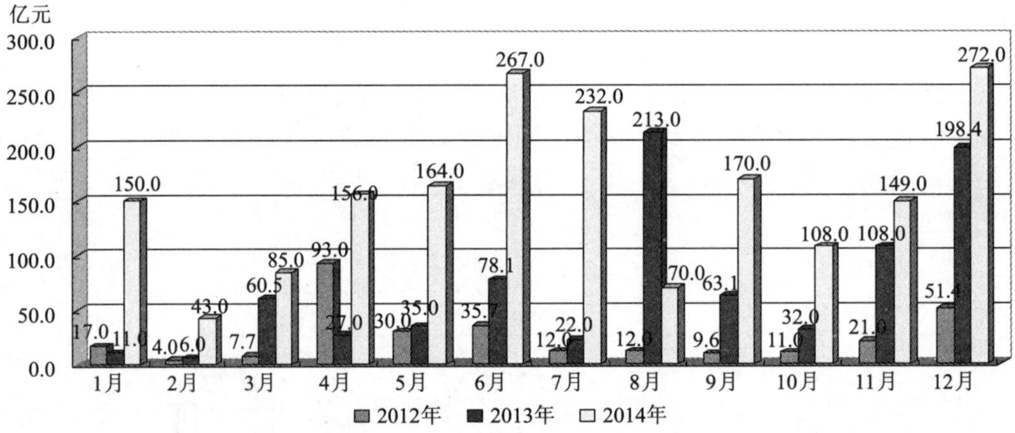

图 3－5　人民币对外直接投资金额

数据来源：Wind 资讯。

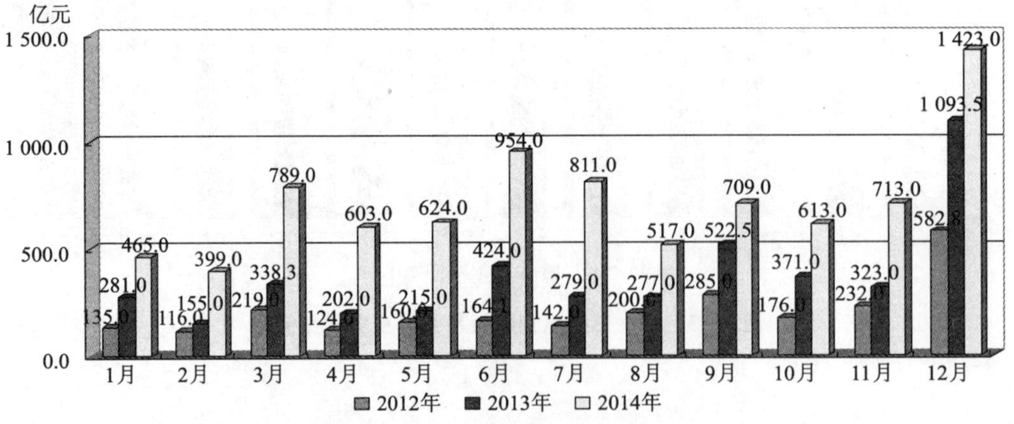

图 3－6　人民币外商直接投资金额

数据来源：Wind 资讯。

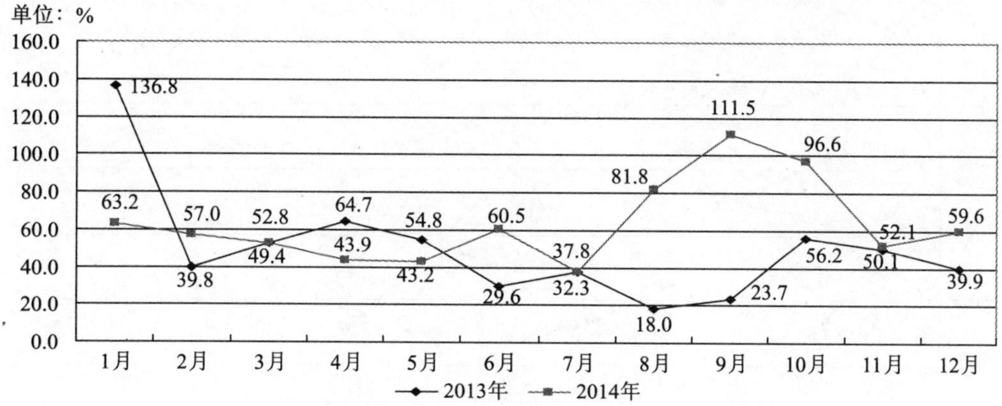

图3－7　人民币跨境货物贸易人民币结算业务月度同比增速

数据来源：根据Wind咨询数据计算所得。

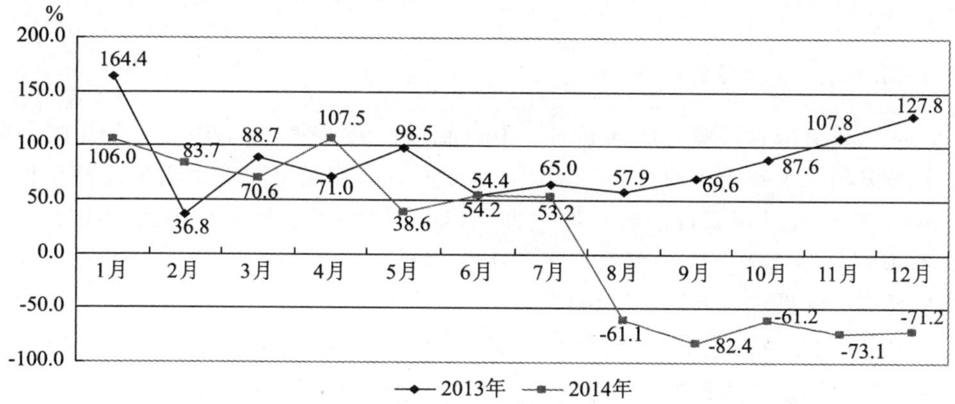

图3－8　人民币跨境服务和其他经常项目结算月度同比增速

数据来源：根据Wind咨询数据计算所得。

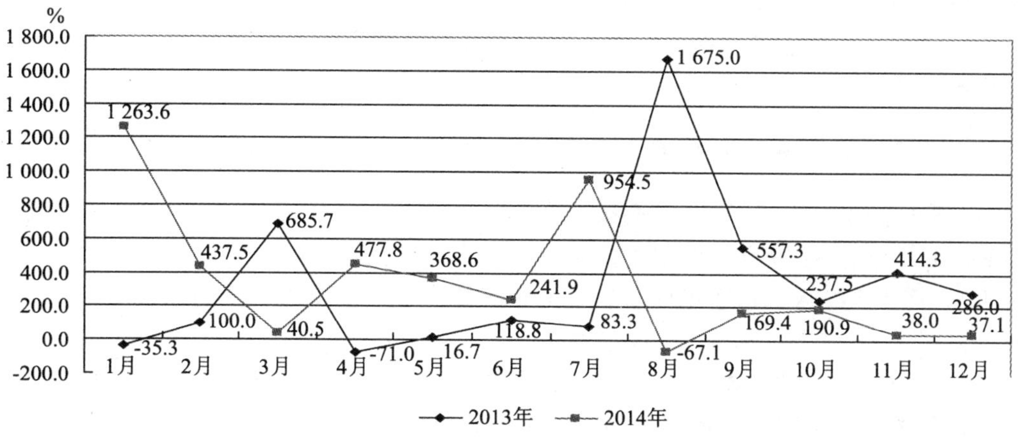

图3－9　人民币对外直接投资月度同比增速

数据来源：根据Wind咨询数据计算所得。

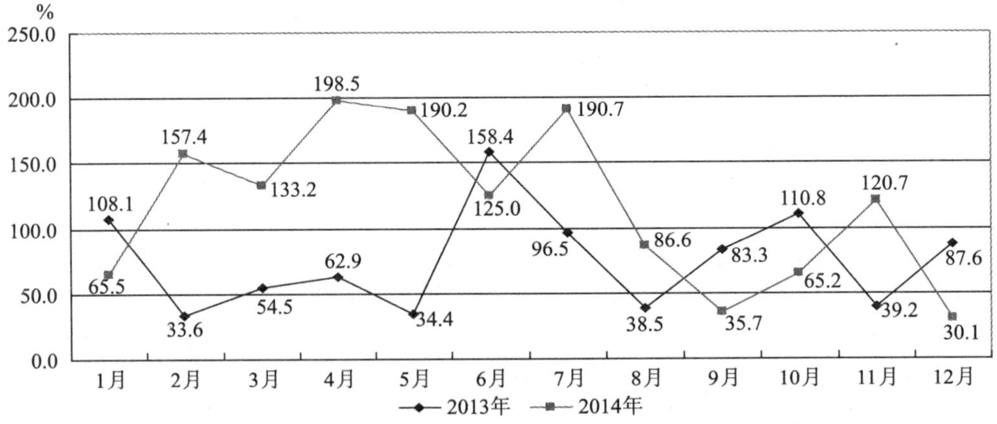

图 3-10 人民币外商直接投资月度同比增速

数据来源：根据 Wind 咨询数据计算所得。

2. 人民币跨境贸易结算的范围①

(1) 从地域上来看，境内试点范围“由点到面”逐步展开。2009 年 7 月试点刚开始时仅有上海市和广东省 4 市的“点”，2010 年 6 月，六部委又发布了新的文件，扩大国内试点范围至 20 个省（市、自治区）的“面”，同时取消了境外地域限制，2011 年的 8 月 24 日，跨境贸易结算境内地域范围扩大至中国大陆全境，境外地区从起先的香港、澳门特区和东盟扩展到世界所有国家、地区。

(2) 从出口试点企业数量来看，从初期的 365 家增加到 2011 年末的 67 724 家。2010 年 6 月试点扩大后，所有扩大试点地区具有进出口经营资格的企业，都可以进行进口货物贸易、服务贸易和其他经常项目的人民币结算；但对出口货物贸易的人民币结算仍然实行试点企业管理制度。2012 年 2 月更是取消了出口试点企业的要求，人民币跨境贸易结算企业类型涵盖中央企业、民营企业及外商投资企业等各类进出口企业。这种“宽流出、严流入”的非对称的管理制度，随着人民币跨境流动渠道逐渐建立以及金融监管体系的逐渐完善，将逐步趋于平衡。

3. 人民币跨境贸易结算的结构

自 2009 年四季度人民币净流量从净流入转为净流出 3 亿美元以来，人民币的净流出趋势越来越明显。至 2010 年四季度，人民币净流出量达到 280 亿美元，较 2009 年四季度增长近 93 倍，全年人民币净流出 400 亿美元，替代了外汇支出，成为影响外汇供求关系的新因素。②

在人民币跨境贸易结算中，货物贸易结算所占份额较大，服务贸易及其他经常项目结算所占份额较小。2014 年跨境贸易人民币结算业务累计实现 6.55 万亿元，直接投资人

① 吴绍栋：“跨境人民币结算问题研究”，东北财经大学硕士学位论文，2011 年。

② 国家外汇管理局《2010 年中国国际收支报告》。

民币结算业务（包括对外直接投资和外商直接投资分别累计发生1 866亿元、8 620亿元）累计发生1.05万亿元，货物贸易累计为5.9万亿元，服务贸易及其他经常项目累计为6 565亿元，从以上数据中看来，货物贸易结算占比达77.58%，服务贸易及其他经常项目结算占比为8.63%，直接人民币投资结算占比为13.81%。货物贸易结算与服务贸易及其他经常项目结算所呈现的不对称性，表明我国国际收支经常项目中服务贸易及其他经常项目的规模还有待进一步增加（见图3－11）。

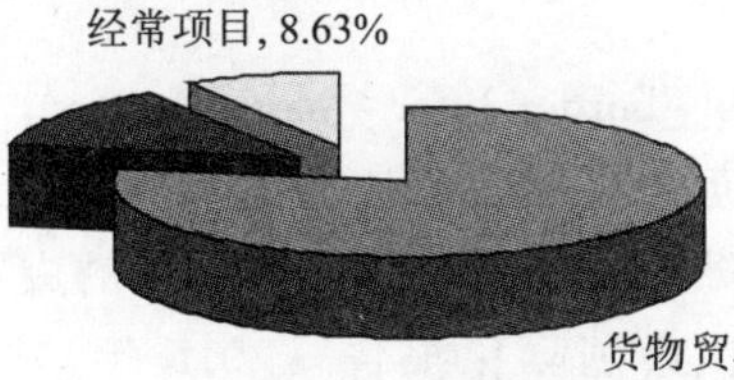

图3－11　2014年中国人民币跨境结算按贸易方式的构成图

数据来源：Wind资讯。

亚洲尤其是香港特区是与我国人民币跨境流动最为集中的地区，2010年，亚洲所有国家或地区与我国内地间的人民币跨境结算量达534亿美元，占人民币跨境结算总规模的91%。其中，香港特区与我国内地的人民币跨境结算为396亿美元，较2009年增长近50倍，占比67%，在所有国家或地区中排名居首。

4. 人民币跨境结算支付安排①

目前，在使用的人民币跨境收付信息管理系统（简称RCPMIS）是由中国人民银行总行设计开发的，专门用于支持中国人民银行对跨境人民币业务的管理，全面收集跨境人民币业务信息，境内所有开展人民币跨境业务的银行都被要求与RCPMIS对接。跨境人民币结算的流程对于进出口企业而言变化不大，主要是把结算币种从外币变为人民币，但清算方式却和传统的美元清算有所区别。目前境内外银行参与人民币跨境贸易结算主要以代理行和清算行两种操作模式开展跨境支付清算业务。

代理行模式是指人民币跨境贸易参与银行制定某家中国境内银行作为其代理行，参与行在该代理行开设人民币账户，通过代理行完成人民币支付清算。

而清算行模式下，中银香港和中银澳门是中国人民银行制定的境外清算行，人民币跨境贸易参与行在中银香港和中银澳门开立账户，通过其进行人民币支付清算。

在以上两种模式下，清算行和代理行可以直接连入大额支付系统（HVPS），人民币跨境贸易结算参与行通过清算行和代理行完成支付清算。

5. 人民币跨境支付系统

随着人民币跨境贸易结算业务的不断增加，对于支付结算等金融基础设施的要求也

① 鲁刚："当前人民币跨境贸易结算的现状与问题探讨"，浙江大学硕士学位论文，2013年。

越来越高。尤其对于金融业而言，其改革若没有相关基础设施的跟进显然无法实现。而人民币跨境支付系统的建设目标就是要在各个方面保证人民币跨境使用的安全、稳定与高效，包括人民币跨境贸易投资的清算、境内人民币与其他币种的同步收付业务。

在2014年9月于上海举办的“危机后场外市场改革深化与机制创新”国际研讨会暨2014年度CCP12全体特别大会上，中国人民银行副行长刘士余表示，中国人民币跨境支付清算系统（CIPS）的建设已取得显著进展，并会于2015年9月或10月落户上海。

据SWIFT最新数据显示，人民币在全球主要支付货币中排名仍处于第7位，占有全球付款率的1.64%。

CIPS的全称，即Cross-border Inter-bank Payment System，主要功能是处理人民币跨境支付业务，进行跨境美元交易清算。而其最大的好处主要体现在提高跨境资金支付的流动性和安全性上，大幅降低大额人民币跨境支付的成本。①

央行日前公布的《人民币国际化报告（2015年）》指出，在境内中外资银行的密切配合下，计划于2015年年底前在上海上线运行人民币跨境支付系统（CIPS）（一期）。CIPS（一期）建设采用国际通行的ISO20022报文标准，并计划将运行时间设定为每日9：00—20：00，部分满足亚洲、大洋洲和欧洲等时区人民币业务发展的需要。CIPS将成为我国重要的金融基础设施，遵循《金融基础设施原则》等国际标准，对促进人民币国际化进程将起到重要支撑作用。

专栏3-1

人民币跨境支付系统

随着跨境人民币业务范围不断扩大，业务规模不断增长，金融机构和企业对人民币支付基础设施的要求日益提高。为适应形势发展的需要，经过充分的论证和研究，在借鉴国际经验的基础上，中国人民银行于2012年开始推动建设人民币跨境支付系统（CIPS），进一步提高人民币清算、结算效率，便利人民币在全球范围内使用，确保人民币支付业务安全、高效。

CIPS建设将分阶段进行。CIPS（一期）采用实时全额结算方式，主要服务于跨境贸易结算、跨境直接投资和其他跨境人民币结算业务。CIPS（二期）将研究采用更加节约流动性的混合结算方式，全面支持人民币跨境和离岸资金结算。

在境内中外资银行的密切配合下，中国人民银行计划于2015年年底前在上海上线运行CIPS（一期）。CIPS（一期）建设采用国际通行的ISO20022报文标准，并计划将运行时间设定为9：00-20：00，部分满足亚洲、大洋洲和欧洲等时区人民币业务发展的需要。CIPS将成为我国重要的金融基础设施，遵循《金融基础设施原则》等国际标准，对促进人民币国际化进程将起到重要支撑作用。（来自：http：//forex. hexun. com/2015-06-16/176779433. html.）

---

① http：//www. yicai. com/news/2015/03/4584235. html.

3.2 跨境贸易结算发展的制度瓶颈

2008年末，我国正式决定在部分地区开展人民币跨境贸易结算试点，这一举措对于人民币区域化，乃至国际化具有重大的意义。据国家外汇管理局《2014年中国国际收支报告》，2014年人民币跨境结算金额为6.55万亿元。而据中国人民银行《2014年第四季度中国货币政策执行报告》，“2014年银行累计办理跨境贸易人民币结算业务1.05万亿元”。另据中国人民银行《2015年上半年金融统计数据报告》，2015年上半年，人民币跨境贸易结算金额为3.37万亿元。

此外，跨境贸易人民币结算对于企业规避汇率风险，稳定外贸发展，减小外汇储备的管理压力，推动建设上海国际金融中心和香港离岸中心也有很大的积极作用。但是，由于我国产业结构存在不合理的地方，人民币流出机制欠缺，以及目前的金融体系不够发达，金融市场不够健全，利率和汇率市场进程尚未完成等原因，我国的跨境贸易结算遭遇到了一系列的瓶颈。

下面将首先对我国的跨境贸易结算的政策法规进行梳理，而后对其推进中存在重点问题予以逐一的剖析。

3.2.1 跨境贸易结算的政策法规

我国于2009年7月正式启动人民币跨境贸易结算试点，至2010年，中国人民银行、国家外汇管理局、海关总署、国家税务总局等中央机构以及各地方政府相关部门先后出台了一系列的配套政策，对跨境贸易人民币结算各个环节所涉及的问题进行了规定和解释。随着各项制度安排和操作规程的逐步明确，跨境贸易人民币结算量比2009年有明显提升，除了试点银行、企业数量以及境外涉及区域不断扩大外，业务种类也有以贸易结算为主扩大到其他经常项目和部分资本类业务。① 表3-1总结了跨境贸易结算的相关政策规定。

表3-1 跨境贸易结算政策法规

政策法规	发布机构	批文号
跨境贸易人民币结算试点管理办法	联合发文	中国人民银行、财政部、商务部、海关总署、国家税务总局、中国银行业监督管理委员会公告［2009］第10号

① 冷静：“跨境贸易人民币结算业务的办理流程及相关政策规定”，《对外经贸实务》2012年第4期。

续表

政策法规	发布机构	批文号
跨境贸易人民币结算试点管理办法实施细则	中国人民银行	银发［2009］212号
关于跨境贸易人民币结算中国国际收支统计申报有关事宜的通知	国家外汇管理局	汇综发［2009］90号
关于跨境贸易人民币结算出口货物退（免）税有关事项的通知	国家税务总局	国税函［2009］470号
海关总署监管司关于跨境贸易人民币结算试点有关问题的通知	海关总署监管司	监管函［2009］255号
国家税务总局关于跨境贸易人民币结算试点企业评审及出口货物退（免）税有关事项的通知	国家税务总局	国税函［2010］303号
人民币跨境收付信息管理系统管理暂行办法	中国人民银行	银发［2010］79号
关于扩大跨境贸易人民币结算试点有关问题的通知	中国人民银行	银发［2010］186号
中国人民银行关于印发《境外机构人民币银行结算账户管理办法》的通知	中国人民银行	银发［2010］249号
中国人民银行公告［2011］第25号	中国人民银行	
跨境贸易人民币结算试点出口企业名单	联合发文	
境外直接投资人民币结算试点管理办法	中国人民银行	中国人民银行公告［2011］第1号
关于服务外包企业人民币跨境贸易结算有关问题的通知	商务部	商办财函［2010］1439号
关于支持中国（上海）自由贸易试验区扩大人民币跨境使用的通知	中国人民银行上海总部	银总部发［2014］22号

资料来源：作者汇总自各大新闻媒体。

3.2.2 人民币跨境贸易结算面临的发展瓶颈

据我国海关公布的数据，2014年我国的进出口总值达到26.43万亿元，已经超越美国，跃居世界第1位，然而我国目前还只是贸易大国，而非贸易强国。虽然人民币跨境贸易结算额从2009年试点初期到2012年有了质的飞跃，但人民币跨境贸易结算在整个我国家外贸额所占的比重仍然较低。

1. 人民币跨境贸易结算收付比不平衡

尽管人民币跨境贸易结算自2009年7月破冰以来发展迅猛，人民币在全球货币体系中的排名不断攀升，但和主要国际结算货币相比，仍远不在一个量级上。据环球金融电讯协会（SWIFT）统计，截至2015年6月，人民币市场份额为2.09%，其在全球支付体系中排名已由2013年3月的第13位跃升至第5位，已成为全球第5大最常用货币，排在之前的货币分别为日元、英镑、欧元和美元，但市场份额与我国的经济地位仍然极不相称。

自2009年人民币跨境贸易业务开展以来，我国的人民币结算收付比一直都呈现出“收”小于“支”的情况，见表3-2。从人民币跨境贸易结算的收付比的演变趋势上看，由2010年全年收付比1∶5.5降至2014年的1∶1.4，这种变化的主要原因包括：人民币升值预期，跨境套利套汇，境外人民币存量不足等，但从长远的发展来看，要及时改善人民币跨境贸易结算的收付不平衡状况，否则将会带来一系列的负面影响。

表3-2　2009—2015年上半年人民币跨境贸易结算金额统计

年份	人民币跨境贸易结算总额	收付比
2009年	35.8亿元	—
2010年	5 063.4亿元	1∶5.5
2011年	2.08万亿元	1∶1.7
2012年	2.94万亿元	1∶1.3
2013年	4.63万亿元	1∶1.5
2014年	6.55万亿元	1∶1.4
2015年上半年	3.37万亿元	—

资料来源：整理自2009—2015年中国人民银行发布的《中国货币政策执行报告》。

2. 人民币跨境贸易地区分布极不均匀

除了有限的双边货币互换安排之外，由于金融兑换渠道还未打通，人民币跨境贸易在境外地区的分布极不均衡，主要集中在港澳台和东盟地区。截至2013年4月，香港特区的人民币资金达到6 770亿元，占据了海外人民币资金的绝大部分份额，而台湾地区为185亿元。据环球金融电讯协会（SWIFT）统计，中国大陆与香港特区之间的人民币贸易结算额占大陆人民币跨境贸易额的85%以上，第三国与第三国之间的以人民币计价的国际贸易微乎其微，这也从一个侧面反映了人民币在国际贸易中还未被广泛接受。

根据西联公司对1000多家参与人民币跨境贸易的中国企业的调查结果发现，相比于新兴市场，中国和欧美等发达国家贸易商使用人民币进行结算额度还较小，发达国家贸易商对人民币的接受程度还不高，如只有58%的受访美国企业、77%的受访欧洲企业表示会考虑使用人民币结算，而在经济实力较弱而且人民币用于结算已有一定历史的东南亚地区这一比例较高，受访企业中有87%表示愿意使用人民币结算。

3. 人民币流出机制或渠道不健全

要扩大跨境贸易人民币结算范围，必须有人民的流出机制或渠道，保证境外非居民有途径获得人民币。根据美元国际化的经验，保证对外贸易顺差是输出美元的一个主要途径。但是，我国对外贸易多年保持“双顺差”，并且没有明显下降的趋势，如表3-3所示。所以，我国尚无法通过外贸逆差来给境外个人或企业提供人民币。不过，我国可以尝试拓宽人民币流出的贸易逆差渠道，在进口贸易特别是初级产品进口贸易中大力推广计价结算。从我国大陆2007年和2008年前10位贸易逆差来源地可以看出，目前我国货物贸易主要逆差来源地多属于接受人民币程度较高的国家和地区，如台湾地区、韩国和东盟，这有助于我国通过贸易逆差向境外投放人民币。

表3-3　　2008—2009年国际收支顺差结构　　单位：亿美元

项目＼年份	2008	2009	2010	2011	2012	2013	2014
国际收支总差额	4 607	4 417	5 247	4 016	1 836	4 943	2 579
经常项目差额	4 206	2 433	2 378	1 361	2 154	1 482	2 197
资本和金融项目差额	401	1 985	2 869	2 655	-318	3 461	382

数据来源：国家外汇管理局：《2014年中国国际收支报告》。

4. 中国企业结算货币选择缺乏主导权[①]

在国际贸易中，结算货币的选择与贸易双方的汇兑成本、汇率风险等利益问题密切相关。尽管我国目前已经成为世界第一大贸易国，但在当前的国际分工格局中，大多数外贸企业在生产分工和收益分配上仍然处于弱势地位，在结算货币上缺乏主导权。

在出口方面，我国企业大多数从事的是加工贸易，生产的多为初级产品，高附加值的产品较少，从而出口产品的可替代性不强，缺乏与外商谈判的资本，在选择结算货币时相对被动。在进口方面，我国企业主要进口外商垄断的资源类产品和高新技术产品，谈判主动权主要在外商，而外商习惯用本国货币或者传统的强势货币进行贸易结算。

另外，人民币相比于美元、欧元，基准利率较高，这导致境外人民币融资成本与美元相比较高。目前美元、欧元的融资利率通常都在2%以内，而海外市场人民币的融资利率在3%以上，而由于双边税收协议的不完善，人民币境外贷款产生的利息收入在部分国家会被再次征税，高昂的融资和税收成本必然对境外的人民币投融资业务造成一定的负面影响。[②]

因此，我国企业在跨境贸易结算货币的选择上缺乏主导权，这直接对人民币跨境贸易结算的推进产生了负面的影响。

5. 缺乏统一的综合性人民币支付系统[③]

与迅猛发展的跨境人民币贸易结算量相比，人民币支付体系的发展相对滞后。当前人民币支付体系尚局限于和以美元、欧元、日元、港币、英镑为代表的可自由兑换国际货币之间的国际结算和境内的资金清算，还不具备人民币与东盟各国货币的直接结算功能。与此同时，与成熟的美元、欧元国际清算渠道相比，人民币支付系统的网络规模不

① http：//www.sinotf.com/GB/International_ Settlement/Cross - border_ RMB_ Settlement/2015 - 03 - 09/zOMDAwMDE4NzUzOQ.html.

② 鲁刚：“当前人民币跨境贸易结算的现状与问题探讨”，浙江大学硕士学位论文，2013年。

③ http：//www.sinotf.com/GB/International_ Settlement/Cross - border_ RMB_ Settlement/2015 - 03 - 09/zOMDAwMDE4NzUzOQ.html.

大，规模效应不明显，清算制度也有待健全。清算体系、清算平台也未得到统一，由此造成了人民币资金跨境清算时间长、手续费较高、效率低下。现有的人民币清算制度在清算账户设立、准入标准、清算时间和规则等方面尚不能满足目前跨境贸易人民币结算需求。便捷的国际支付系统，能够有效地降低交易成本，也有利于一国货币成为国际货币。美元之所以在全球支付货币中居于首位，一定程度上得益于美国拥有世界上最发达的支付清算体系。美国的 CHIPS（清算所同业支付系统）是世界上一流的支付清算系统，全球 95% 以上的跨国美元清算都通过 CHIPS 进行。

从国内有关系统来看，2011 年中国人民银行科技司着手对 RCPMIS 系统进行了升级，修订了业务标准，完成了部分模块的开发测试。但人民币境外清算体系还不够成熟，很大程度上还是依托于境内的主要用于国内清算的 HVPS 系统，现在我国的人民币清算渠道也仅支持跨境进出口贸易和非贸易中的基本收付业务，借贷、融资等相关业务尚不能得到系统支持。因此，综合完整的人民币国际清算系统从严格意义上来说并未形成。

从境外人民币结算来看，目前全球范围除了港澳台、新加坡等地区外，即便境外的客户愿意接受人民币作为结算货币，对方的当地银行大多还不知道如何操作人民币业务。而中国商业银行在海外的分支机构布局还不够广泛，这也制约了人民币使用的规模和地域。比如在东南亚，新加坡是名副其实的人民币区域清算中心，人民币资金头寸相对充裕，资金清算比较便捷，但在越南、缅甸、老挝等中国的传统边贸伙伴，金融体系尚不发达，银行网点少，银行产品和结算方式比较匮乏，直接影响了人民币清算的效率，增加了当地客户使用人民币的成本。而在美国，当地监管机构尚未允许金融机构为客户开立人民币账户，美国出口商只能在香港或者新加坡开立人民币离岸账户接收人民币款项，转换为美元后再汇回美国，这直接导致了人民币跨境贸易结算在美国的推进不畅。

我国现有的跨境支付系统同美国高效的国际清算体系相比还存在较大的差距。目前，跨境人民币清算模式主要有三种：代理行模式、清算行模式和 NRA 模式。但这三种清算模式都有一定的局限性。不论是代理行模式还是清算行模式，都要涉及三方银行：境外参加银行、境内结算银行以及代理银行或清算银行，都要依赖国际上 SWIFT 系统和国内的 HVPS（大额实时支付系统）。由于国际通用的 SWIFT 报文与国内银行间采用的 HVPS 的报文无法兼容，必须要进行转换，这就影响了清算信息在境内外银行间的快速传递，造成支付效率低下。

6. 境外人民币乏投资与避险通道①

美元之所以被广泛持有的原因在于：美元背后有一个广阔的市场，投资者可以进行投资，获取收益。一国货币想成为国际货币，必然得有顺畅的流通渠道作为保障。经常项目下我国已于 1996 年 12 月实现了可自由兑换，但资本项目下仍存在管制，限制了人民币的跨境流通，导致长期以来境外的人民币市场规模都偏小，与之相对应，境外人民币的投资、避险工具较少，难以满足境外人民币持有者对手中人民币保值、增值及避险的需求，不利于人民币跨境贸易结算的良性发展。

---

① 冷静："跨境贸易人民币结算业务的办理流程及相关政策规定"，《对外经贸实务》2012 年第 4 期。

从主要国际货币国际化的历史来看，其成为国际货币的背后都离不开离岸市场的发展。如以伦敦为主体的欧洲美元市场，以伦敦、新加坡为代表的欧洲日元市场，以及在欧元国际化过程中起到重要作用的香港、新加坡、伦敦、东京和纽约欧元离岸市场。2010年美元的交易量80%发生在美国境外，日元72%的交易量发生在日本境外的市场，77%的欧元交易量发生在美国、英国和日本，而人民币80%的交易量都发生在中国国内，离岸市场的发达程度一定程度上反映了货币国际化的程度。

我国人民币离岸金融业务开始于20世纪80年代末，90年代进入了停滞期。2002年开始逐渐恢复，但因为没有足够的金融政策支持，又受限于资本项目未放开，发展规模受限，因此，虽有发展，速度却较缓慢。而香港特区以外的其他金融中心，如新加坡、伦敦、台湾地区的人民币离岸市场更是处于起步阶段。受境外人民币投资渠道的限制，境外人民币的投资增值受到很大限制。现在，境外人民币的投资去向主要是银行存款、人民币基金和债券市场，境外企业只能通过开展人民币业务的金融机构才能进行人民币资金的汇兑，与人民币有关的金融市场和金融工具尚不完备，人民币在境外缺乏风险规避和保值增值的渠道，这些都直接影响了境外企业、个人持有人民币的动力。有限的投资渠道，较高的持有成本，必然降低主体持有人民币资金的意愿，很大程度上限制了人民币在跨境贸易中的使用。

人民币回流渠道方面，由于我国资本项目仍然处于管控下，境外的人民币除了正常的贸易渠道外，资本项下的流入只能遵循相关政策操作，规模和方式受到很大限制，这种状况对人民币作为国际货币的计价结算功能有较大影响。目前境外人民币可以通过RQFII、RMB FDI以及人民币贷款（限前海试点）的方式回流境内，规模和渠道方式都比较有限，境外人民币持有者要想将资金调回境内进行保值、增值或避险等需求较难实现，这些都制约着人民币跨境贸易结算的发展。

随着人民币国际化步伐的加快，跨境贸易人民币结算和以人民币为币种的对外投资使境外市场上积累了大量的人民币资金，香港人民币存款余额于2013年1月达到了6 240亿元，这么巨额的海外人民币要增值、保值，就要求存在一个足够规模的人民币资产储备池，以及配套的金融市场、投资、避险产品和回流渠道，人民币跨境贸易结算才会形成良性循环，实现稳定发展。

7. 国内金融市场汇率形成机制有待完善①

金融市场的对外开放通常分为三个阶段：首先是对外开放金融行业；其次境内金融市场的对外开放；最后是完成利率、汇率形成机制的市场化。作为加入WTO之初的承诺，目前中国已经基本完成第一阶段，即金融行业的对外开放。中国境内金融市场的对外开放正逐步起步。目前主要是债券市场的试点开放，但这样的开放程度还远远满足不了人民币国际化的要求。人民币如果被广泛用于国际结算，首先要保证人民币的汇率相对稳定：这样才能减少持有人民币所面临的汇率风险。自2005年启动汇率改革后，我国的汇率制度和以往相比灵活性、市场性都有所增强，利率决定机制也部分市场化，但是

① 冷静："跨境贸易人民币结算业务的办理流程及相关政策规定"，《对外经贸实务》2012年第4期。

国内金融市场开放程度还不是很高，人民币汇率、利率的形成机制存在进一步完善的空间。开放程度不高的金融市场，影响了境外机构和个人使用和持有人民币的意愿，导致人民币接受度的下降，也导致了人民币跨境贸易结算中收付结构不平衡的“跛足”现象、制约了人民币跨境贸易结算的健康、平衡发展。

自人民币跨境贸易结算试点以来，尤其在2011年以前，用人民币作为币种的进口结算金额远高于人民币为币种的出口结算金额。另外在国际投资中也存在类似的人民币使用不平衡现象，即用人民币结算的外商直接投资远高于人民币对外直接投资，这种人民币跨境收付比例的持续不平衡，我们可以称之为贸易中的“跛足”现象。

我国整体的外贸结构中，绝大多数年份都是出口金额大于进口金额，保持顺差，这也是外汇储备逐年走高的重要原因。但以人民币为结算币种的跨境贸易结算却呈现出自己的特点，即试点以来一直是进口金额大于出口金额。

国内人民币汇率形成机制的不完善是造成人民币跨境结算“跛足”的主要原因。由于境内人民币、汇率市场化的程度明显不高，在对人民币汇率走势有较明确的预期时，境外市场会先行体现出预期的效果，导致境内外人民币汇率市场存在价差，企业可通过在中国大陆与香港特区两地现汇市场进行套利交易，赚取境内外的汇率差价。2010年市场上普遍认为人民币对于美元会有一定升值，境外市场先行反映出这种预期，香港特区的美元对人民币汇率低于中国大陆美元对人民币汇率，即等值金额的人民币在香港特区可以兑换更多的美元。有进口业务的内地企业通过其在香港特区的实体或关联企业进行套利，具体做法是内地企业将对应进口金额的人民币支付给其香港公司，香港公司用收到的人民币购买美元，有进口美元支付的企业在香港用人民币购买美元支付给真正的卖方，这样就派生出大量跨境贸易人民币进口结算业务，导致收付比不平衡。从2011年下半年开始，由于人民币短期走出自2010年重启汇改以来的单方向升值通道，跃值预期增强，反映为：香港市场的美元对人民币汇率高于中国大陆美元对人民币汇率，即等值金额的人民币在中国大陆可以兑换更多的美元。由于两地汇率倒挂，企业通过香港作平合用人民币结算进行套利的意愿下降，有进口需求的企业更倾向在境内用人民币兑换美元直接支付进口货款给供货商，导致人民币进口结算规模同比下降，跨境贸易人民币结算的进出口结构更趋于平衡，“跛足”现象得以部分缓解。从根本上看，如果汇率形成机制的问题不解决，一旦人民币重新步入单边升值通道，“跛足”问题还会再度出现。人民币跨境贸易结算的初期阶段，流出境外金额多于流入境内金额，人民币先进后出，这其实是一个国家货币国际化的必经之路，即以贸易逆差的形式向境外输出流动性。但中期来看，由于汇率制度的不完善，导致人民币跨境贸易结算上的进出口结构不平衡，进口支付的人民币金额远远大于出口收到的人民币，这样的结构性失衡使进口购汇的外汇需求减少，进而加剧我国外汇储备的累积。截至2012年9月底，我国外汇储备达到32 000亿美元，其中约70%为美元储备，在未来的人民币升值过程中，由于巨额外汇储备，我国将蒙受跃值损失。

3.3

基于上海自贸区金融创新的跨境贸易结算发展

2013年8月，国务院正式批准设立中国（上海）自由贸易试验区（China（Shanghai）Pilot Free Trade Zone），简称上海自贸区（FTZ），依靠上海地处长江三角洲的独特地理位置，以及作为我国金融中心、国际贸易中心的地位，在自贸区内实行了包括金融服务等的多个领域的开放。

自贸区在金融服务领域的改革措施尤其令人期待。继2013年自贸区挂牌之初，国务院出台金融领域的多项放开措施，2013年底，央行为了支持自贸区的金融改革，推出了金融改革的"30条意见"（以下简称《意见》），综合各项规定不难看出，央行从制度规则、运作模式的角度对于以下几个方面提出了具体的实施措施：一是扩大人民币的跨境使用；二是便利企业和金融机构的投融资汇兑；三是尝试推动人民币汇率市场化；四是外汇管理。这些措施的推出对金融市场的建设起到促进作用。①

自贸区设立之前，我国对于资本项下的人民币跨境输出渠道，由于在金融监管上有诸多限制，取得成效并不太大。自贸区设立之前几年，银行也为一些境外项目做过人民币贷款，但是由于我国利率仍没有实现市场化，相对较高的贷款利率使得这块项目的业务量很小。据央行2014年1月公布的数据，2013年全年跨境人民币结算业务累计为4.63万亿元，而直接投资人民币结算业务仅为5 337亿元，可见境外直接投资人民币结算业务量还是偏低。而人民币的国际化进程中需要使规模的人民币能够留在海外，这就要求国家放宽甚至放开资本项目管制，让企业与金融机构能够走出去，参与海外直接投资。

2014年2月，中国人民银行上海总部发布了两份金融细则，分别是《关于上海市支付机构开展跨境人民币支付业务的实施意见》和《关于支持中国（上海）自由贸易试验区扩大人民币跨境使用的通知》。此次细则落地意味着人民币境外借款在自贸区全面开闸。截至2014年4月，上海自贸试验区跨境人民币结算额逾460亿元。②

目前国内各地区经常项目人民币跨境结算金额较快增长。2014年，经常项目人民币跨境结算地区前3名是广东省、上海市和浙江省，占比分别为26.7%、15.5%和11.4%；全国共有9个地区经常项目人民币跨境结算金额超过1 000亿元；8个边境省（自治区）的结算金额合计约4 006.6亿元，占比为6.1%。③

---

① 申一村："上海自贸区金融试点改革与人民币国际化进程研究"，河北大学硕士论文，2014年。

② http：//forex.cngold.org/c/2014-05-19/c2554564.html.

③ 中国人民银行：《人民币国际化报告（2015年）》，2015年6月。

因此，上海自贸区的金融创新发展态势正朝着越来越好的方向，接下来我们将对上海自贸区的金融创新的开放顺序，进行介绍。

首先在我国这个相对稳定的宏观经济环境背景下，政府需对利率的管制程度进行放松，进而需减少信贷定量的配置，即利率市场化。其次，在推进汇率制度改革与放开汇率管制的过程中，需要消除双重汇率以及外汇市场的分割，同时还需逐步开放国内外汇市场，使得国企与金融机构可自由进行外汇交易。最后，为实现使人民币资本项目的完全可兑换，开放国内的资本市场以实现跨境贸易结算，就需要开放资本账户，允许国外金融机构自由进出本国的金融市场，自由经营本外币业务。其发展推进方案如图3－13所示。

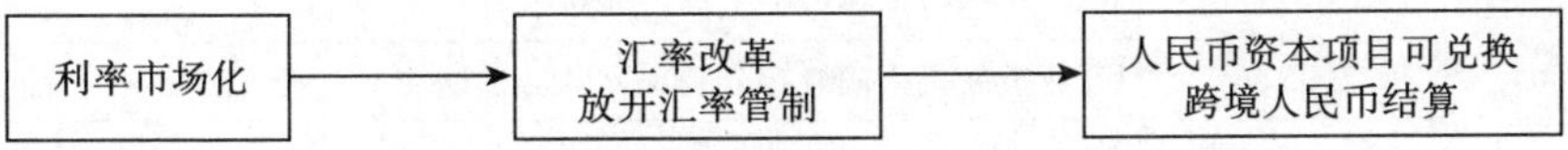

图3－12　上海自贸区跨境贸易结算的发展推进图[①]

依据上述上海自贸区跨境贸易结算的发展推进方案，以下部分将对发展模式逐一介绍：

1. 利率市场化[②]

在1995年，《中国人民银行关于“九五”时期深化利率改革的方案》中初步提出利率市场化改革的基本思路。而真正迈开利率市场化步伐的事件，则是在1996年同业拆借市场的利率放开。我国的利率体系，按照利率形成和传导方式的不同，可以分为中央银行利率、金融市场利率、金融机构存款和贷款利率等等。我国的利率市场改革从1996年起，经历了近20年的时间，取得了一些重要的进展，具体政策措施如表3－4所示[③]。

表3－4　　　　中国利率市场化改革进程

领域	时间	主要政策措施
银行间同业拆借利率市场化	1996年	开放银行间同业拆借市场利率上限，由拆借双方自主定价
债券市场利率市场化	1997年	银行间债券市场正式启动，同时开放债券市场债券回购和现券交易率
	1998年	国家开发银行和中国进出口银行以利率招标的方式发行了政策性金融债券，金融债券利率实现市场化
	1999年	国债发行开始采用市场招标形式：央行批准中资商业银行法人与中资保险公司法人试办自定利率的大额定期存款；连续三次扩大金融机构贷款利率浮动区间，银行间债券市场全面实现利率市场化

①② http://forex.cngold.org/c/2014－05－19/c2554564.html.

③ 宋旭晨：《上海自贸区金融自由化模式研究》，大连海事大学硕士学位论文，2014年。

续表

领域	时间	主要政策措施
存贷款利率部分市场化	2000 年	实行外汇利率管理体制改革，开放外币贷款利率
	2002 年	扩大农村信用社利率改革试点范围，进一步扩大农村信用社利率浮动幅度；统一中外资金融机构外币利率管理政策
	2003 年	允许商业银行、农信社开办邮政储蓄协议贷款，放开英镑、瑞士法郎和加拿大元的外币小额存款利率管理，对美元、日元、港币、欧元小额存款利率实行上限管理
	2004 年	完全放开金融机构人民币贷款利率上限（除城乡信用社）；开放小额外币存款 2 年期的存款利率下限，保留上限
	2005 年	开放金融机构同业存款利率；债券远期交易正式登陆全国银行间债券市场
	2006 年	计划建立报价式的我国货币市场基准利率 Shibor；明确开展人民币利率互换交易试点的有关事项；正式开始人民币利率互换交易。个人住房贷款利率可下浮至基准利率的 0.85 倍
	2007 年	我国货币市场基准利率 Shibor 正式投入运行
	2012 年	存款利率上限浮动区间扩大至 1.1 倍，贷款下限扩大至 0.7 倍。
	2013 年	央行发布《关于金融支持中国（上海）自由贸易试验区建设的意见》提出："在条件成熟时，开放区内一般小额外币存款利率上限"
	2014 年	中国人民银行上海总部推出上海自贸区的小额外币存款利率市场化的细则

资料来源：整理自各大新闻媒体。

目前，全球各国都认为利率市场化完成的标准是存款利率上限的放开。2014 年 2 月 26 日，中国人民银行上海总部召开上海自贸试验区外币利率市场化政策发布会，宣布 3 月 1 日起放开上海自贸试验区小额外币存款利率上限。这标志着，上海自贸区将在全国率先实现外币存款利率的完全市场化，"先行先试"后全国范围也有望复制推广这项业务。

2. 汇率改革①

我国的汇率制度改革可以分为以下几个阶段：

第一阶段（1981—1984 年）：贸易内部结算价与官方牌价同存；

第二阶段（1985—1993 年）：官方牌价与外汇调剂价同存；

第三阶段（1994—2005 年）：实行有管理的浮动汇率制；

第四阶段（2005 年 7 月 21 日—）：我国开始实行以市场供求为基础、参考一篮子货币进行调节、有管理的浮动汇率制度。主要考虑以下三方面的内容：一是汇率浮动参考市场供求情况，发挥汇率的价格信号作用；二是根据经常项目，主要是贸易平衡状态动态调节汇率浮动幅度，发挥"有管理"的优势；三是参考一篮子货币，即从一篮子货币的角度看汇率，不片面地关注人民币与某个单一货币的双边汇率。中国人民银行选取的

① http://forex.cngold.org/c/2014-05-19/c2554564.html.

货币篮子主要包括与我国经贸和资本往来密切的国家和地区，如美国、东盟、日本和香港特区。同时，盯住一篮子货币浮动更符合当前我国企业居民的经济利益。

在上海自贸区，人民币汇率的改革方向是要实现人民币汇率的市场化，取消强制性的结售汇制，关键是要建立银行间的外汇交易市场，由市场决定人民币的汇率。为此，在自贸区内，银行间交易市场要运用先进的通信和交易技术，采取会员制，实行联网交易和价格优先、时间优先的原则，由计算机撮合成交，由资金清算中心结算。同时，逐步过渡到意愿结汇，分散外汇风向，以改善外汇市场的供求。另外，开办远期外汇交易，满足企业规避汇率风险的需求，推动人民币即期汇率的形成及其真实性和有效性。上海自贸区在深化金融改革中主要需对人民币的汇率机制进行探索和完善，保持人民币汇率稳定在合理、均衡的水平上。

3. 外汇管制放开①

从国际主要贸易自由港的实践来看，上海自贸区的金融创新要建立在放开行业与经营方式限制的前提下，并把外汇自由兑换和资本跨境自由流动作为基础。

然而，在《保税区外汇管理办法》及各个保税区内实施的规范条例中，都严格规定了进口付汇。上海自贸区其实是保税区的夸大与延伸，因此保税区的有些规定同样适用。若可以将上海自贸区的金融制度设定为事后监管，其金融业务按照离岸贸易金融的制度管理，则可为金融改革提供动力。

因此，上海自贸区进一步放开外汇管制，才能真正开展金融创新。

4. 人民币资本项目可兑换

目前，我国经常项目已经实现了完全开放，同时，资本账户中也已有部分项目是开放的。在我国，资本项目一直是采取稳步推进的开放方式。

上海自贸区作为我国的自贸区示范区，在人民币资本项目上可兑换先试先行。2013年底，人民币跨境放款试点政策被中国人民银行提出，它把一笔人民币跨境放款额度分配给那些符合试点条件，总部在上海和北京的跨国公司。只要在额度限制内，跨国企业的中国总部就可以和境外的联合公司或者母公司进行直接的放款协议鉴订，同时可以进行放款利率的约定，以完成公司自由人民币资金跨境放款。

上海自贸区还需在未来进一步加大人民币资本项目可兑换的步伐，同时要适当减少对境外投资者在我国金融市场上投资的限制，外商直接投资可以实行自由汇兑，可适当放宽外国投资者对中国金融市场的投资和增加证券市场的资本流入，对国内企业向境内外资银行融资的限制逐步简化取消，且非居民金融机构在我国的境内筹资要认真对待，境内今后投资者对非居民的融资政策要适当放开，居民机构对海外的投资要进一步放宽。

5. 跨境人民币结算

上海自贸区要加强与贸易往来国家在政府层面上的沟通与合作，逐步实现人民币资

① http://forex.cngold.org/c/2014-05-19/c2554564.html.

本项目可兑换，加强跨境人民币结算的金融创新。加快建设人民币跨境双向流动，提高国内银行和企业的积极性，提高境外客户和个人对人民币的认同感和接受程度，使运用和持有人民币的积极性提高。要建立合格境内投资者制度（QDII），推动对外证券投资开发，以及合格境外投资者制度（QHI），促进境内证券市场开放；简化行政审批程序，放宽自贸区内企业境外筹借外债的审批流程，放宽监管部门对资本项目下外汇业务的审批权限，将权限下放；双向开拓跨境信贷业务，加大对“走出去”企业在融资方面的支持，这些企业可以向境内银行出具担保，通过自贸区内银行的境外机构向其境外企业融资，利用这些方法，进一步强化人民币跨境结算。

3.4

上海自贸区跨境贸易结算发展模式与对策

2013年9月29日，中国（上海）自由贸易试验区正式挂牌成立。上海自贸区具有其自身独特的经济与制度初始条件和特性，其发展也需寻找适合自己的方式，而不是盲目地遵循他国的经验，同时也要抓住有力的时机，从而加快推进跨境贸易结算的发展。

3.4.1 上海自贸区跨境贸易结算的发展模式

中国（上海）自由贸易试验区的成立，是符合我国现阶段的经济发展要求与国际形势的。同时上海自贸区的成立对加快政府职能转变、创新管理模式以及加快贸易和投资自由化起到了极大的促进作用。为了给上海自贸区金融自由化提供便利条件，我国在2013年9月颁布了《中国（上海）自由贸易试验区总体方案》。方案中明确规定：在风险可控前提下，可在试验区内对人民币资本项目可兑换、金融市场利率市场化、人民币跨境使用等方面创造条件进行先行先试。上海自贸区通过政策引导和国际市场的需求，必然会带动长期的跨境贸易需求，而我国是贸易需求大国，必然会在金融政策的影响下，提高跨境贸易中人民币大宗商品计价和结算中的使用比例。

大多数发展中国家在金融创新之前，都比较缺乏市场经济正常运行的微观基础，需要对现有的金融机构和工具进行重建，因此，身处发展中国家的上海自贸区，其金融创新发展模式必然是一个漫长的过程，不可能一蹴而就，渐进化的改革是一种明智的发展模式选择。

关于上海自贸区跨境人民币相关的政策制度，详见表3－5。

上海自贸区的上述相关政策的出台，大大简化了人民币跨境结算的流程，因此在区内的经常项目下，可以实施跨境人民币的贸易结算。

表3-5　上海自贸区跨境人民币政策

政　策	机构	颁布时间
关于印发中国（上海）自由贸易试验区总体方案的通知	国务院	2013年9月
关于金融支持中国（上海）自由贸易试验区建设意见	人民银行	2013年12月
关于支持中国（上海）自由贸易试验区扩大人民币跨境使用的通知	人民银行	2014年2月
关于印发支持中国（上海）自由贸易试验区建设外汇管理实施细则的通知	外汇管理局	2014年2月底
《中国（上海）自由贸易试验区分账核算业务实施细则》	央行上海总部	2014年5月
《中国（上海）自由贸易试验区分账核算业务风险审慎管理细则》	央行上海总部	2014年5月

资料来源：http://www.newbillion.cn/jrsc/4292.html.

3.4.2　上海自贸区跨境贸易结算的对策①

从上一节的分析中，可以看出目前我国（上海自贸区）推进跨境贸易人民币结算还存在诸多问题，为了继续推进金融创新，及进一步顺利发展人民币跨境贸易结算，具体的对策有如下几方面：

1. 加快我国汇率制度的建设

随着我国推行人民币国际化进程的加快，我国应该加快汇率制度的建设，才能在“不可能三角”中得到另外两个目标，才能使我国的货币政策与全球金融市场的关系变得更加和谐。增加人民币汇率的弹性，也可以防止国际的“热钱”涌入国内来影响人民币汇率，从而有利于我国货币政策的实施效果。

2. 适当增加广义货币供应量的投放

广义货币供应量对跨境贸易人民币结算总额以及外币结算总额都具有正效应，但是对于跨境贸易人民币结算总额的影响更大，所以我国如果要加快人民币国际化的进程，在兼顾其他经济指标的前提下，可以适当地加大广义货币供应量。而长期看来，跨境贸易人民币结算以及外币结算都对广义货币供应量有轻微的负效应，所以适当地加大广义货币供应量会有利于加快人民币成为国际结算货币的进程。

3. 保持人民币汇率稳定，维持通货膨胀率较低水平

我国目前正在实行的汇率改革制度，使人民币汇率稳中有升，国际商品市场以及金融市场更倾向于利用人民币进行跨境贸易的结算。但是，由于跨境贸易人民币结算总额的增加会加剧国内的通货膨胀，因此我国政府在考虑人民币国际化进程中，要切记保持

① 李芳丽:《跨境贸易结算货币方式与货币政策实施效果》; http://www.sinotf.com/GB/International_Settlement/Cross-border_RMB_Settlement/2015-03-09/zOMDAwMDE4NzUzOQ.html.

人民币汇率的稳定，不要过快地追求人民币国际化进程的速度，而以国内的高通胀为代价。

4. 改善人民币结算金融服务

我国跨境贸易人民币结算总额一直稳中有升，但是不应该只追求量的增长，从质量上都优于其他货币才是我们的最终目标，人民币发挥国际结算货币职能的前提就是国内的银行金融机构以及非银行金融机构跟上时代的步伐，提供更好更快更优质的服务，在人民币被国际认同的过程当中，发挥其不可缺少的作用。通过不断完善金融服务，提供更高效率的金融服务，得到国际企业以及国际投融资者的一致认同，这是我国银行业的使命。为了更光荣地完成任务，银行业应该紧跟国际金融市场对于各个服务项目的创新，吸纳国际上更优质的金融服务项目，才能与国际金融市场接轨，为我国跨境贸易企业提供更为优质的服务。

5. 提升对外贸易中人民币结算的规模和比例，改善收付结构的不平衡

虽然一国货币在国际结算中的接受度在根本上取决于货币发行国的经济实力，但政府的积极推动也会加快这一进程。在国际上，政府应通过与更多国家进行货币互换来增加境外人民币存量，同时在政府对外采购、对外援助、对外投资和出口信贷等我方有货币选择权的业务中要尽量使用人民币。在国内，政府应对采用人民币进行贸易结算的企业给予退税或免税的优惠政策，鼓励企业使用人民币进行对外贸易结算。

跨境贸易人民币结算规模和比例的扩大也需要银行提供更加完善的服务。银行作为跨境贸易人民币结算的受益者和服务者，应高度重视跨境贸易人民币结算业务。银行不仅应向企业宣传使用人民币计价结算的好处，为企业提供有关人民币结算的知识培训，还要简化人民币跨境贸易结算业务的办理流程，加快结算速度，提高企业资金的使用效率。

6. 提高产品竞争力，增强企业贸易结算货币的选择权

根据货币选择理论，一国产品在国际市场上的竞争力越强，使用本币结算的可能性就越大。我国企业要想在对外贸易中掌握结算货币的选择权，其根本措施就是提高产品的市场竞争力。第一，企业要加大研发投入和提高技术创新能力，加快产业结构的调整和优化升级，积极培育和发展技术密集型、资本密集型和高附加值的产品，改变劳动密集型、低附加值的加工贸易生产方式，完成产品从低端到中高端的转型。第二，实施产品差异化战略。企业要为外商提供个性化、特殊化的服务，提供量身定做的特有差异产品；企业要实施品牌差异化，促使外商形成对本企业自主品牌产品的稳定偏好。

7. 拓宽境外人民币汇率渠道和境外投资渠道

拓宽境外人民币回流渠道最有效的措施是逐步放开资本项目，乃至实现人民币资本项目下的可自由兑换。在当前人民币完全可自由兑换的条件还不成熟的前提下，可以从以下四个方面入手，增加人民币的回流渠道：一是结合实际情况，谨慎而有序地进行人

民币自由兑换试点；二是积极推动“小QFII”建设，允许外资机构直接将境外留存的人民币投资于A股市场；三是逐步放宽RQFII和FDI在政策和规模上的限制；四是进一步扩大银行间债券市场的对外开放，推动银行间同业拆借市场向境外金融机构开放。

拓宽境外人民币境外投资渠道的主要措施是大力发展人民币离岸市场，丰富人民币离岸业务的品种。要继续发展香港特区、新加坡离岸人民币市场，进一步拓展伦敦、法兰克福、巴黎等其他离岸人民币市场。在建设人民币离岸中心的基础上，丰富境外人民币金融产品的种类，创新基于离岸人民币业务的存款、融资产品，为境外人民币资金提供更为广阔的投资渠道。

8. 建设统一的综合性人民币跨境支付系统

我国应借鉴美国等发达国家建设国际支付清算系统的经验，对现有的人民币清算渠道和资源进行整合，建设统一的综合性人民币跨境支付系统，满足我国跨境人民币结算的需要，推动跨境人民币结算的发展。

鉴于现有的清算系统无法满足快速增长的人民币跨境结算支付清算的要求，中国人民银行计划开发独立的CIPS（人民币跨境支付系统），从而整合现有的人民币跨境支付清算渠道和资源，提高跨境支付清算效率。考虑到国际清算跨越不同的国家和时区，CIPS应支持中、英文的自动互译和转换，全天24小时运行，以覆盖全球主要国家。

另外，可以借鉴美国CHIPS和FEDWIRE（联邦资金转账系统）两大清算系统相互竞争、相互补充的经验，让CIPS和现有的HVPS并行运行，通过竞争不断提高清算水平和清算效率。CIPS的目标侧重于人民币的跨境清算，而HVPS更多地支持人民币的国内清算，两个系统之间互相独立，但也互联互通，在必要的时候可以相互支持，提供备份。

第4章

跨境直接投资与上海自贸试验区金融创新

2013年9月29日，中国（上海）自由贸易试验区正式挂牌。在自贸区内，跨境直接投资（主要指外商直接投资即FDI）管理制度的改革重点体现在以下几个方面：一是围绕给予外资准入前国民待遇；二是负面清单管理模式，负面清单之外的投资改核准制为备案制；三是扩大服务业开放，开始尝试新一轮变革。

随着上海市、天津市、广东省和福建省四大自贸区的建设，我国吸引外资的条件以及营商环境正经历深刻的历史性变革。

4.1 上海跨境直接投资的发展现状

自20世纪90年代以来，外商直接投资（FDI）作为一种重要的经济现象在全球经济一体化的舞台上扮演着越来越重要的角色。我国自改革开放30年以来，始终把引进外商直接投资作为经济开放的重要政策之一，上海作为我国第一大城市，吸收外资的规模一直处于领先地位。尤其是自90年代初开发浦东新区以来，外商投资企业已经将上海作为中国一块投资热土。

4.1.1 上海利用外商直接投资总体概况

随着上海经济结构调整和城市开发建设步伐的加快，尤其是20世纪90年代以来，上海FDI无论在吸引外资项目、签订合同金额还是实际利用外资金额方面都走在全国前列。截至2013年底，上海累计批准外商投资企业71 516家，累计签订外商直接投资合同项目71 711个，合同金额2 425.041亿美元，实际利用金额达1 509.93亿美元（具体情况参见表4－1和表4－2）。经过30多年的发展，外商投资企业已成了上海经济的重要增长源，深刻地影响着上海的现在和未来。

表4－1　　外商直接投资合同项目和金额（2013年）

类别	合同项目（个）		合同金额（亿美元）		实到金额（亿美元）	
	2013年	至2013年底累计	2013年	至2013年底累计	2013年	至2013年底累计
总计	3 842	71 711	249.36	2 425.01	167.80	1 509.93
#1 000万美元以上项目	313		221.74			
#工业	25		21.30			
按投资方式分						
# 合资企业	656	18 342	36.09	514.86	26.64	389.51
合作企业	5	5 117	5.31	163.78	5.96	106.13
独资企业	3 075	48 057	203.95	1 693.63	133.08	981.24
按产业分						
第一产业	5	309	0.33	5.65	0.03	3.97
第二产业	144	26 271	23.95	892.39	32.10	523.56
#工业	134	25 350	23.22	872.21	31.54	516.60
第三产业	3 693	45 131	225.08	1 526.97	135.67	982.40
按主要国别（地区）分						
# 中国香港	1 550	22 168	153.16	968.07	83.52	519.57
中国澳门	7	268	0.07	4.87	0.15	1.84
中国台湾	391	7 669	3.63	65.64	1.83	44.71
日　本	298	9 634	15.63	239.71	16.61	178.54
韩　国	187	2 667	1.09	30.37	1.26	18.61
新加坡	189	3 670	12.69	146.80	12.74	89.51
泰　国	5	255	0.08	3.00	0.09	2.79
德　国	106	1 777	3.80	80.47	309	58.48
英　国	70	1 198	1.37	30.06	0.44	23.56
法　国	49	763	5.36	34.90	2.25	22.06
意大利	70	862	1.20	9.88	0.58	5.34
美　国	221	7 440	9.34	170.91	12.64	112.07
加拿大	41	1 142	0.17	9.89	0.29	5.43
澳大利亚	43	1 241	0.23	12.56	0.36	6.74

资料来源：《上海统计年鉴（2014）》。

表 4－2　　　　主要年份上海 FDI 情况

指标	2000 年	2010 年	2012 年	2013 年
合同项目（个）	1 814	3 906	4 043	3 842
# 合资企业	441	445	592	656
合作企业	226	14	8	5
独资企业	1 146	3 443	3 437	3 075
合同金额（亿美元）	63.90	153.07	223.38	246.30
# 合资企业	13.86	21.54	39.76	36.09
合作企业	5.86	1.11	7.29	5.31
独资企业	44.14	128.17	172.16	203.95
实到金额（亿美元）	31.60	111.21	151.85	167.80
# 合资企业	12.94	17.84	27.18	26.64
合作企业	2.99	1.69	5.76	5.96
独资企业	15.67	90.71	118.29	133.08

资料来源：《上海统计年鉴（2014）》。

目前，在上海的经济领域里，外商直接投资已经处于一个举足重轻的地位。外商直接投资大量流入，不仅缓解了经济快速发展进程中的资本短缺，加快了上海经济总量的进一步增长，而且改善了上海经济总体质量水平，促进了外向型经济的迅猛增长，从而使上海经济走上了经济全球化的发展道路。

另外，2001 年至 2010 年期间，上海市为吸收 FDI 累计签订的 37 227 个合同项目中，126 个去向第一产业，11 043 个去向第二产业（其中 10 795 个去向工业），26 058 个去向第三产业。累计签订的 1 296.99 亿美元合同金额中，2.89 亿美元去向第一产业，534.86 亿美元去向第二产业（其中 524.22 亿美元去向工业），759.25 亿美元去向第三产业。累计实际吸收的 754.34 亿美元外资金额中，2.83 亿美元去向第一产业，287.71 亿美元去向第二产业（其中 283.86 亿美元去向工业），463.79 亿美元去向第三产业。

以实际吸收外资累计金额考察，近 10 年上海吸收 FDI 的主要去向为第三产业，其次是第二产业，而第一产业吸收 FDI 最少。这种产业去向格局比较符合上海市打造中国大陆的经济、贸易、金融和航运中心的城市定位（见图 4－1、图 4－2、图 4－3）。

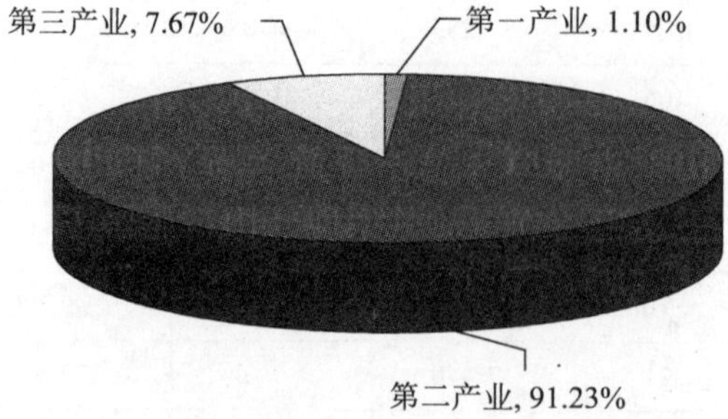

图 4－1　1991 年上海 FDI 项目三次产业分布

资料来源：历年《上海对外贸易统计年鉴》、《上海经济统计年鉴》数据整理。

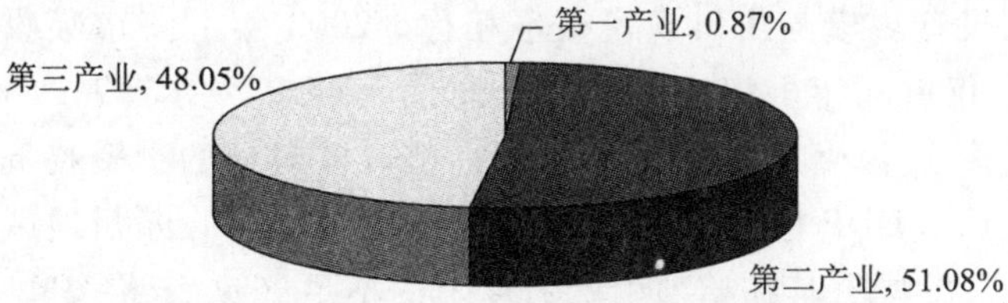

图4－2　2000年上海FDI项目三次产业分布

资料来源：历年《上海对外贸易统计年鉴》、《上海经济统计年鉴》数据整理。

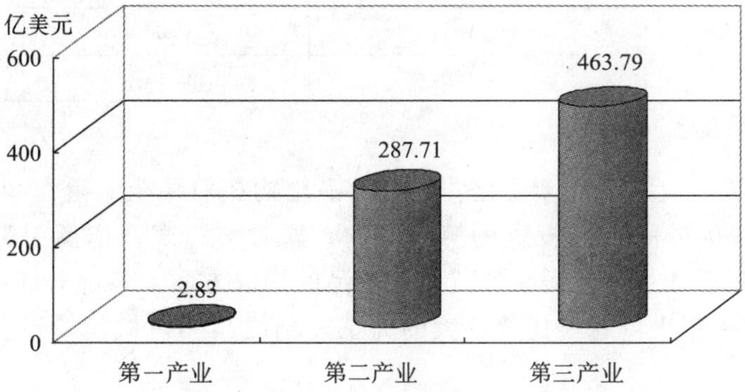

图4－3　近10年上海三大产业实际吸收外资累计金额

资料来源：上海市统计局。

4.1.2　上海FDI与对外贸易情况

1. 1999—2013年上海FDI与对外贸易情况

由于我国在相当长的时期内主要采用的是出口导向的外资政策，因此，上海市作为我国对外开放的龙头，其对外商直接投资的引进也一直延续出口导向型的战略。

上海市的出口导向型外资引进一直以来保持着较平稳的增长态势，但是近年来西方一些国家越来越频繁地对我国一些出口产品展开倾销案调查，对我国的出口导向型战略产生了不小的冲击。这一点我们从上海市近年来进出口数据的变化上可以看得非常明显，1999年以后上海市的对外贸易由顺差转为逆差，并且数额也由原先相对稳定的顺差额转为呈逐渐放大趋势的逆差额，可以说是一个值得关注的方面。这在很大程度上可能与我国加入WTO的一些经济承诺及相关发展战略有关。

随着进一步的深化改革和加入WTO的推动，上海市在招商引资和出口贸易中又都出现了一些新的特点：

（1）出口增长迅速，但外商直接投资增速渐缓。如2003年，上海市的出口额较之上年增长了51.2%，而同期外商直接投资的增长仅仅为16.3%，这在很大程度上与许多外资进入中国的地区投资战略改变有关。一些外资跨国公司纷纷采取立足东部地区设立总部，而将生产基地建于中西部的策略，这也导致了整个东部地区近年来招商引资速度的放缓。

（2）外商直接投资规模与出口规模很不相称。2003 年上海市吸收外商直接投资的总额为 58.5 亿美元，仅占同年上海市国内生产总值（GDP）的 7.7%，同期的出口总额达到 484.82 亿美元，将近为生产总值的 64.2%，出口导向型的引资格局还不够平衡。上海市在主要年份上的 FDI/GDP 值要远低于利用外资状况较好的苏州地区，并且近年来该指标呈严重下滑趋势，反映出其在招商引资力度上的不足（见表 4－3）。

表 4－3　　上海与苏州 FDI/GDP 比重情况

	1997 年	2000 年	2003 年
上海	0.14	0.06	0.08
苏州	0.18	0.15	0.2

资料来源：中文期刊数据库。

（3）吸收外资产业结构逐渐变化，出口商品结构相对稳定。上海 2003 年第三产业首次超过第二产业成为外商直接投资的第一流向，同时第三产业招商引资的发展速度要远快于第二产业（见表 4－4）。而在外贸出口商品的构成方面，各部分商品所占份额保持相对稳定，其中 2003 年出口总额比重最大的为工业制成品和机械运输设备，主要来源为第二产业。

表 4－4　　上海 FDI 产业结构情况

	2002 年	2003 年
第一产业	0.09	0.12
第二产业	31.33	25.01
第三产业	18.88	33.37

资料来源：上海市统计局。

2. 自贸区成立后的上海 FDI 与对外贸易情况

随着中国（上海）自由贸易试验区扩区和改革开放措施的持续推进，以及全市外资投资促进工作的全面开展，外商在沪投资意愿不断增强。2015 年上半年合同外资达到 341.36 亿美元，已超 2014 年全年水平，同比增长了 134.1%；新设项目 2 881 个，同比增长 32.5%。地区总部项目稳步增长，以管理性总部居多。2015 年上半年，上海共新增跨国公司地区总部 24 家，其中管理性 21 家，占新增地区总部数量的近 90%；新增亚太区总部 8 家，占新增地区总部数量的 1/3。此外，新增投资性公司 7 家、研发中心 7 家。

自贸试验区引进外资继续增长，扩大开放领域项目不断落地。随着上海自贸试验区正式扩区至陆家嘴片区、金桥片区和张江片区，自贸试验区对外商投资的吸引力不断增加。2015 年上半年，上海自贸试验区新增外资项目 1 322 个，同比增长 30.1%；合同外资 250.26 亿美元，同比增长 3.6 倍。

随着经济全球化的不断深入，我国经济与全球经济的合作与交流日益密切，上海市吸收外商直接投资不断增加，进出口贸易也发展迅速。据上海海关发布的数据显示，2014 年上海市外贸进出口双双实现增长，全年实现进出口 2.9 万亿元人民币，较 2013 年

（下同）增长4.6%，比全国进出口增速高出2.3个百分点，为5年来首超全国。其中，进口1.6万亿元，增长6.9%；出口1.3万亿元，增长1.9%；贸易逆差2 835.2亿元，增长37.7%。按美元计价，2014年上海市实现进出口4 666.2亿美元，增长5.6%。其中，进口2 563.4亿美元，增长7.9%，出口2 102.08亿美元，增长3%，贸易逆差460.6亿美元，增长38.5%。其中，12月份上海市进出口2 648.7亿元，创下历史新高，同比增长8%，环比增长6%，进出口同比增速均有所加快。

上海市外贸进出口双双实现增长，与自贸区效应密切相关。上海作为我国经济、对外贸易、物流、金融的核心城市，亚太经济圈的对外贸易中心之一，必然会迎来新一轮外资投入的增长。

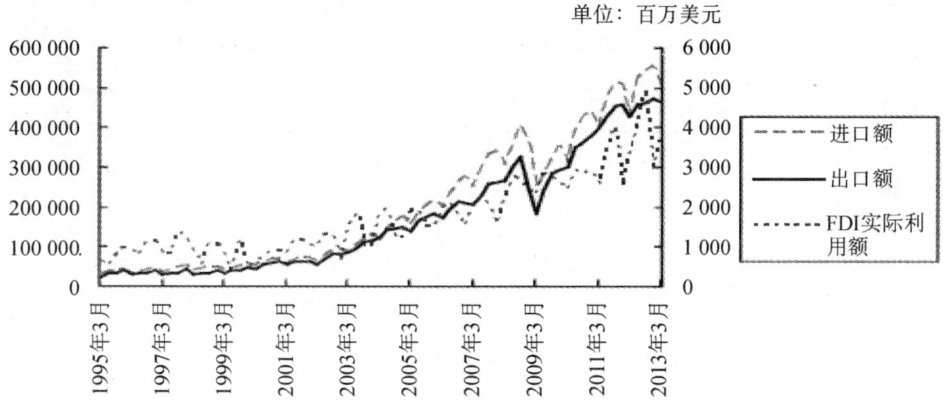

图4-4　上海FDI情况与进出口情况

资料来源：上海市统计局。

通过1995—2013年上海FDI与进出口情况（图4-4）对比可以发现，从短期关系来看，上海市外商直接投资与进出口贸易之间存在着由短期向长期均衡调整的过程，外商直接投资与进出口额由短期波动向长期均衡调整速度较慢。从长期关系来看，外商直接投资与出口额及进口额之间存在显著的正向关系，外商直接投资与进出口存在双向因果关系，外商直接投资的变化会引起进出口额的变化，进出口额的变化也会引起外商直接投资的变化。

由此可见，中国（上海）自贸区成立以来所吸引的FDI会带动进出口贸易的长期增长，其中FDI对出口额的影响略大于对进口额的影响。

4.1.3　FDI对上海经济的影响

1. 积极方面（见表4-5、图4-5）

（1）FDI在资金供给上对上海经济增长作出了巨大的贡献。FDI不仅弥补了发展资金的不足，而且带动了上海资本的形成。在1997年后，外商投资企业成为上海出口的主要力量。例如，2007年20家外企进出口额总计789.63亿美元，占全市外资企业进出口总额的四成。对总需求的刺激作用是显而易见的。

（2）FDI 对上海技术进步影响深远。引进 FDI 的目的之一就是为了获取国外的先进技术。就管理技术而言，通过外商在本地设立企业，国外先进的管理理念、管理模式在上海得到了扩散。随着外商投资企业的进入，本土企业通过技术转移效应获得了好处。与此同时，不同的外商投资企业之间竞争的加剧，使得他们为了继续保持竞争优势，都争相提高自身技术，提高生产效率和降低成本。外商投资带来的先进制度要素引起上海自上而下诱导性的制度变迁，从而加速了上海城市化进程，促进了国有体制的改革。

表 4－5　　1999—2008 年上海与周边地区制造业 FDI 比重

年度	江苏	浙江	上海	长三角平均
1999	87.4	74.3	52.3	71.3
2000	89.4	76.2	54.2	73.3
2001	91.2	78.9	58.3	76.1
2002	87.9	82.1	62.2	77.4
2003	85.4	80.4	63.7	76.5
2004	82.8	72.7	53.3	82.8
2005	82.95	—	48.38	—
2006	78.67	77.71	37.34	64.57
2007	72.25	70.35	32.57	58.39
2008	70.18	—	31.76	—

资料来源：上海市统计局。

（3）FDI 促进了上海经济快速增长和产业结构的优化，加快了上海城市发展的国际化进程。外商直接投资的发展促进了上海产业结构的转换，产业结构的发展又会带动新的外商投资增长，促使进一步的经济增长。

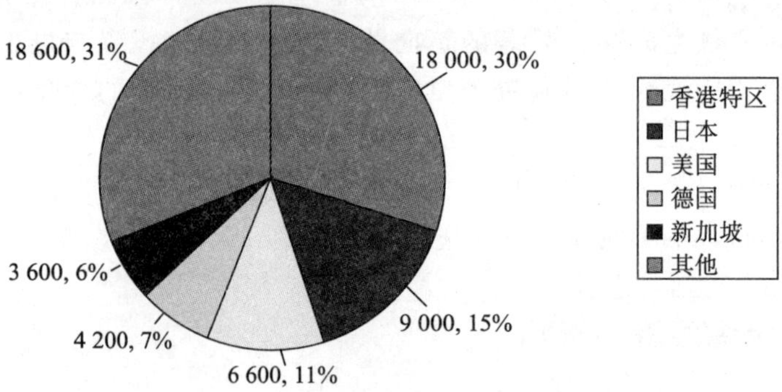

图 4－5　上海 FDI 来源分布情况

资料来源：上海招商网。

（4）FDI 对上海的人力资源开发也有很大贡献。外商在沪投资创办企业可以直接增加就业规模，尤其在劳动密集型生产项目中。2007 年上海 909.08 万就业人群中，在外资企业工作人员为 123.78 万人，占就业人员的 7.34%。产业关联的带动使得外资企业的前后相关联产业的规模扩大，创造了更多的就业机会，从而缓解了上海的就业压力。

2. 消极方面

（1）外商直接投资企业挤占大量市场份额，有可能形成市场垄断。因为跨国公司利益目标与东道国经济发展目标存在着对立。进入上海的外资企业，尤其是跨国公司，多数有自己的“垄断优势”，如专利、营销渠道、规模经济、管理经验和品牌等。部分外资企业通过并购、合资等方式把原有企业的市场份额纳入旗下，随着业务的扩展，可能把在国际市场上已经形成的高度垄断格局移植到上海。

（2）引进外资项目层次低。集中反映在技术层次、产业投资上。FDI 虽然带来了需要的先进技术，但核心技术仍掌握在外商手中，转移过来的只不过是已进入“成本竞争”阶段但对发展中国家来说相对先进的技术，在国际市场上并不具有很强的竞争力。

4.1.4　上海 FDI 方面的主要问题

上海市吸收 FDI 虽然促进了技术进步、增加了就业、推动了经济增长，但是这些并不是无懈可击的，上海市在吸引外资过程中还是暴露出不少问题。主要表现在以下几个方面：

1. FDI 环境仍不完善

FDI 环境包括很多要素，这些要素可以划分为硬环境和软环境两部分。硬环境包括地理位置、气候条件、环境卫生和基础设施建设等，软环境包括文化氛围和创新精神。毋庸置疑，上海市的硬环境比较优越，但是市场创新精神仍然有待加强。

2. 利用 FDI 形式不够多样化

以实际吸收外资金额为指标考察，如图 4－6 所示，近 10 年来上海市利用 FDI 的主要形式为“三资”企业，其中外商独资形式呈逐年增加趋势（2010 年达到 90.71 亿美元新高），中外合资形式在低位震荡徘徊（近 10 年来从未超过 20 亿美元），中外合作则在低位匍匐前进（近 10 年来未曾超过 6 亿美元，而且自 2005 年以来一直在 2 亿美元左右波动）；至于其他利用外资形式则很少使用。

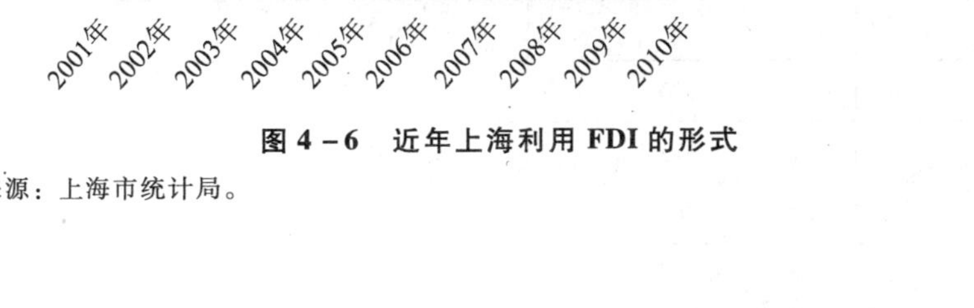

图 4－6　近年上海利用 FDI 的形式

资料来源：上海市统计局。

3. 外商通过内部转让价格转移利润

一些外商通过国际直接投资，将本来应在外部市场交易的业务转变为在国外关联公司之间进行，并通过内部转让价格，高价进口原料和设备，低价销售产品，从而将利润转移到国外母公司或子公司，以至出现有的跨国公司在华子公司账上亏损、实际盈利，账上利润少、实际利润多的情况，使得我国的财政税收收入大量流失。上海市作为外商在中国大陆投资的首选地，这个问题必须注意，有关部门应当高度重视。

4.1.5 汇率变动与上海利用 FDI 的关系

从 20 世纪 70 年代起，国外学者就开始研究汇率变化对 FDI 的影响。关于汇率水平对跨国投资的影响，具有代表性的理论有：Cushman（1985）提出的“相对生产成本效应”；Froot 和 Stein（1991）提出的“相对财富假说”等。

Cushman 预测推断预期母国货币升值将会降低投资者在东道国的生产成本，当因汇率升值导致的本国生产成本与在投资对象国本地生产成本的差额，大于在出口对象国直接投资的沉淀成本时，就可能发生“对外直接投资”。Froot 和 Stein（1991）的“相对财富效应”理论认为资本市场是不完全的，外币的升值导致了外国投资者的相对财富增加并降低了以外币表示的本国资产的价格，相同数量的外资可购买更多的本国商品，从而有利于外资并购本国企业。这一理论能较好解释 1997 年东南亚金融危机后，美国公司大肆购买东南亚新兴市场经济国家的企业资产，特别是金融企业资产。Campa（1993）认为货币贬值会抑制 FDI 的流入，他认为跨国公司的海外投资决策取决于他对未来收益的预期，一国货币越坚挺，进入该国市场未来收益期望值就越高，也会吸引越多的 FDI 流入，而货币贬值则具有相反的作用。

我国学者关于汇率对 FDI 影响的研究较晚，自 20 世纪 90 年代以来陆续有一些文献出现，研究集中在人民币汇率与 FDI 的关系，且多为实证分析（见表 4-6）。

表 4-6　1985—2008 年上海 FDI 的汇率情况

年份	名义汇率	实际汇率	实际利用外资
1985	2.937	2.935	0.62
1986	3.453	3.45	0.98
1987	3.722	3.72	2.12
1988	3.722	3.005	3.64
1989	3.765	2.879	4.22
1990	4.783	3.8	1.77
1991	5.323	4.005	1.75
1992	5.515	4.005	12.59
1993	5.762	3.904	23.18

续表

年份	名义汇率	实际汇率	实际利用外资
1994	8.619	4.638	32.31
1995	8.3173	4.018	32.5
1996	8.2984	3.983	47.16
1997	8.2796	3.986	48.08
1998	8.2789	4.002	36.38
1999	8.2795	4.01	30.48
2000	8.2783	4.030	31.6
2001	8.2767	4.073	43.92
2002	8.2772	4.096	50.3
2003	8.2769	4.101	58.5
2004	8.277	4.11	65.41
2005	8.1949	4.117	68.5
2006	7.9735	3.169	71.07
2007	7.6071	3.058	79.2
2008	6.8322	2.895	100.84

资料来源：上海市统计局。

陈浪南等（1999）对中美日三国汇率变动与FDI的关系进行的实证分析发现，人民币升值会引起我国FDI注入的减少。邢予青（2003）研究的结果显示，实际汇率和日本对华FDI间存在一个显著的正相关关系，实际汇率是决定FDI的显著因素之一。于津平等（2007）的研究表明，FDI的大量利用是人民币升值压力累积的原因，而人民币升值短期内会对中国FDI利用产生负面效应，并且会对直接投资的结构产生影响。

张晨曦、李海燕以上海市为例，着重分析研究汇率与上海市FDI利用相互关系，并对人民币汇率和FDI之间的短期关系和长期关系进行实证分析，得到以下结论：第一，上海市FDI利用与人民币名义汇率和实际汇率之间均呈显著的负相关关系，名义汇率和实际汇率的波动均是外商直接投资变化的原因，人民币汇率无论是名义贬值还是实际贬值都能够促进外商直接投资的流入。因为贬值可以通过降低跨国公司在该国的单位生产成本，能够提高该国的相对竞争优势，从而能够促进FDI的流入；反之，会导致FDI流入的减少。第二，人民币汇率与上海市的外商直接投资之间存在着长期平稳的关系。从长期来看，人民币实际汇率的波动对外商直接投资的影响远大于名义汇率波动所带来的影响，而短期内则刚好相反。并且，外商直接投资无论是对人民币的名义汇率还是实际汇率的影响都是正向的。

通过近年来人民币走势情况分析可见，第一，在宏观层面上，人民币当前面临着升值的压力，贬值的可能性不大，在这种情况下，保持人民币汇率的相对稳定具有重要的现实意义。因为汇率的稳定有利于外商形成合理的投资预期。第二，改善投资环境，降低交易成本。20 世纪 90 年代后的高速发展，长三角地区的硬件环境得到了巨大的改善，形成了一个较好的吸引外资的整体环境，但与此相对应的体制和市场等因素还比较薄弱，因此要进一步改善投资的软环境，营造良好的市场、体制和服务环境。第三，控制吸收外资的规模，提高利用外资的质量和水平。外资的进入增加了上海的资本存量，但是外资对国内投资是存在一定的“挤出”效应的，所以要控制吸收外资的规模，将重点放到提高外资的质量和水平上来。同时，要注重外资中技术、管理和人才等先进要素的含量，注重本地企业对这些引进的生产要素的消化和吸收，这样才能保证上海经济的持续发展。

4.2
上海浦东新区 FDI 情况分析

4.2.1 上海浦东新区外商投资情况

1. 基本情况

2006—2010 年，上海浦东综合配套改革试点全面展开，改革开放先试先行，投资环境不断完善。浦东新区吸引外商投资领域不断拓展，规模不断扩大，方式不断创新，产业结构不断优化，经济社会贡献度不断增强，利用外资质量与水平显著提高，作用与地位日趋突出，为浦东新区经济社会和谐发展作出了重要贡献。“十一五”期间，浦东新区共批准外商投资项目 5 189 个，合同外资 259.36 亿美元，实到外资 177.25 亿美元，分别占上海市总量的 27.29%、34.5% 和 37.89%（见表 4－7）。

2. 主要特点

（1）外商投资规模增幅大。“十一五”期间，浦东新区合同外资平均每年增加 51.87 亿美元，实际到位外资年均增加 35.45 亿美元，分别较“十五”期间的 35.45 亿美元、22.88 亿美元增长 57.9% 和 55%。外商资金到位率达 93.3%。

（2）外商增资扩股成果十分突出。“十一五”期间，浦东新区共有 4 457 家外资企业增资，平均每年有 891 个；增资总金额 173.77 亿美元，平均每年 34.75 亿美元，约占当年新增合同外资总量的 67%。2010 年，浦东外商增资金额达 40.15 亿美元，比 2006 年增加了近 1 倍，创历史新高，占当年总量比重达到 71.39%，表明外商对浦东发展前景充满信心。

（3）外商投资产业结构变化显著，外商投资产业主要集中在第三产业和第二产业，在项目数量和合同外资总量上均进一步呈现出上海地区经济“三、二、一”产业发展新格局，尤其在吸引外资优先发展现代服务业方面出现了新态势：近几年来，浦东吸引外商投资第三产业规模已大幅超过第二产业，约占当年总量的80%，较前5年平均数61.6%增加了近20个百分点。在外商投资总量上，第三产业外资已占总量的2/3，“三二一”产业合同外资总量比为66.18∶33.75∶0.07。

表4-7 上海浦东新区历年FDI情况

年份 Year	外商直接投资合同项目（项） Contracted Projects of Foregn Drect Investrent (unit)	#中外合资 Juint veuture	中外合作 Sino - foreign Cooperative	外商独资 Solely Fcreigner Funded
1990	28	22	2	4
1991	92	79	4	9
1992	567	467	38	56
1993	924	610	38	275
1994	1 035	547	51	432
1995	838	340	41	455
1996	802	285	38	479
1997	615	132	36	447
1998	554	88	30	435
1999	470	71	18	380
2000	693	109	21	563
2001	880	110	10	758
2002	964	119	14	829
2003	1 563	175	15	1 370
2004	1 688	188	9	1 489
2005	1 734	149	8	1 574
2006	1 446	143	7	1 292
2007	1 254	112	3	1 138
2008	803	90	3	710
2009	780	100	4	676
2010	906	140	1	765
2011	995	181	2	809
2012	976	207	2	763
2013	1 032	274	1	757

资料来源：上海市统计局。

（4）外商投资来源地多元化。目前，浦东新区外资来源国家和地区共有113个，香港特区、日本、英属维尔京群岛、美国、开曼群岛、德国、新加坡等国家和地区已成为浦东新区的主要外资来源地。外商独资举办企业已成为当今外商投资的主要方式，外商独资比例逐年增加，从2005年的82.73%上升到2009年的86.27%。

（5）外资经济社会贡献度不断增强。2010年浦东新区外商投资企业工业总产值达

5 043.64亿元，占新区总量的59.42%。根据年检资料显示，浦东外资企业营业收入总量逐年增加，2006年为10 643.79亿元，到2009年达到15 311.12亿元，增长43.85%。外资企业纳税总额从2005年477.9亿元，到2009年达954.09亿元，增长近1倍。外资企业从业人员达96.2万人，其中外籍员工2.95万人。

（6）外资研发、创新能力进一步增强。截至2010年底，浦东新区共有各类研发机构220家，其中，外商投资设立的研发中心达到141家。2009年，外资企业研发投入150.43亿元，从事研发人员有56 553人，占外企员工总数的5.8%，其中硕士、博士占研发人员总数的32.75%。外资企业申请专利6 897件，专利授权4 083件，分别占浦东新区总量的47.09%和50.74%。“在中国，为中国，为世界”，“反向创新”成为浦东跨国公司全球经营的新模式。

4.2.2 上海浦东与天津滨海FDI情况比较

中国（上海）自贸试验区所依托的主体是上海浦东新区，中国（天津）自贸试验区所依托的主体是天津滨海新区。浦东新区开发开放始于1990年，与滨海新区初创时隔4年，与滨海新区上升为国家战略时隔15年，但两个区域在开发开放机制和经济特征上具有高度的相似性。因此，浦东新区与滨海新区在吸引FDI方面具有一定的可比性。

2009年以来，滨海新区克服金融危机的影响，加大引资力度，仍然保持对国内外投资者的吸引力。滨海新区已经成为我国FDI最为密集的地区之一，FDI业绩指数和潜力指数，将在越来越大的程度上，影响甚至决定着未来滨海新区经济发展的速度和质量。

表4-8　　天津滨海新区历年FDI业绩指数

年份	天津GDP（亿元）	天津FDI实际流入量（亿美元）	滨海新区GDP（亿元）	滨海新区FDI实际流入量（亿美元）	FDI业绩指数	FDI业绩指数增长率（%）
1995	917.65	21.10	241.64	18.41	3.31	
1996	1 099.47	29.84	320.29	18.67	2.15	-35.05
1997	1 235.28	34.23	382.06	21.12	1.99	-7.44
1998	1 336.38	30.58	416.96	18.47	1.94	-2.15
1999	1 450.06	27.45	464.35	19.25	2.19	12.89
2000	1 639.36	28.25	562.40	33.09	3.41	55.71
2001	1 840.10	32.97	667.14	32.03	2.68	-21.41
2002	2 051.16	38.69	820.52	15.47	1.00	-62.69
2003	2 447.66	17.06	999.75	24.52	3.52	252.00
2004	2 931.88	27.02	1 250.18	37.62	3.27	-7.10
2005	3 663.86	33.29	1 608.63	26.46	1.81	-44.65
2006	4 337.73	41.31	1 960.50	33.45	1.79	-1.10
2007	5 018.28	52.78	2 364.08	39.24	1.58	-11.73

资料来源：天津市统计局。

表4－9　　上海浦东新区历年 FDI 业绩指数

年份	上海 GDP（亿元）	上海 FDI 实际流入量（亿美元）	浦东新区 GDP（亿元）	浦东新区 FDI 实际流入量（亿美元）	FDI 业绩指数	FDI 业绩指数增长率（%）
1995	2 462.57	53.60	414.65	32.56	3.61	
1996	2 902.20	58.08	496.47	33.09	3.33	－7.76
1997	3 360.21	53.20	608.22	18.00	1.87	－43.84
1998	3 688.20	58.48	704.27	27.90	2.50	33.69
1999	4 034.96	41.04	800.05	10.73	1.32	－47.20
2000	4 551.15	63.90	920.63	28.84	2.23	68.94
2001	4 950.84	73.73	1 082.02	20.01	1.24	－44.39
2002	5 408.76	105.76	1 251.16	26.68	1.09	－12.10
2003	6 250.81	110.64	1 507.44	28.76	1.08	－0.92
2004	7 450.27	116.91	1 789.79	32.24	1.15	6.48
2005	9 143.95	138.33	2 108.79	56.54	1.77	53.91
2006	10 296.97	145.74	2 365.33	48.42	1.45	－18.08
2007	12 001.16	148.69	2 750.76	49.49	1.45	0.00

资料来源：上海市统计局。

从表4－8和表4－9的比较分析中可以看出，1995年到2007年这13年中，除2002年FDI指数等于1外，其余12年滨海新区的业绩指数均大于1，表示滨海新区吸引FDI在天津所占的规模比其GDP在天津所占的规模要大，即该经济区域的业绩很突出。13年中滨海新区FDI的平均业绩指数值是2.36，其中业绩指数最高值出现在2003年，达到3.52，超过平均值49.15%，说明2003年是外商直接投资快速发展的一年。

纵观这13年的业绩指数，滨海新区的外商直接投资可以分为四个时期，分别是：（1）1995年到1998年，FDI指数3.31平稳地下降到1.94，但是下降的幅度是逐年减小的。（2）1999年到2000年，外商直接投资迅猛增加，FDI指数在2000年达到了6年中的最高。（3）2003年到2004年，经过2003年初“非典”对中国经济的冲击后，迎来了平稳发展的两年，FDI指数保持在3以上的水平，与2000年基本相当，说明滨海新区正处于快速平稳发展的时期，无论是吸引外资的项目个数，还是签订合同的金额，均取得迅速发展。2004年批准的FDI项目达到477个，比上年增长4.1%，签订合同金额为37.62亿美元，同比增长53.4%。（4）2005年到2007年，FDI业绩指数逐渐缓慢下降，说明滨海新区在外资规模达到一定程度之后，逐渐由注重外资的数量向外资的质量转变，这是国家引资政策发生转变的直接反映。

1995—2007年，滨海新区的FDI业绩指数平均值为2.36，浦东新区的FDI业绩指数平均值为1.85，显然，滨海新区比浦东新区要高出27.57%，说明滨海新区比浦东新区更加吸引外商投资者的关注，外商直接投资更具活力。2001—2007年，滨海新区FDI指数平均值为2.24，浦东新区为1.32，滨海新区FDI指数平均值是浦东新区的近1.7倍，说明2000年以后滨海新区的FDI业绩明显比浦东新区突出。从指数大小可以看出，滨海新区近几年

FDI 业绩指数持续在 2 左右，而浦东新区持续在 1 左右，说明滨海新区的外商直接投资发展速度要远大于浦东新区。

比较不同时段的滨海新区与浦东新区的 FDI 业绩指数，前者均高于后者，这一方面表明了滨海新区对 FDI 的较强吸引力，也从另一个侧面显现出了两个区域开放经济的发展阶段或成熟度的差异性，亦即浦东新区开放经济的成熟度优于滨海新区。但总体说来，两个区域 FDI 潜力指数并不存在实质性差异，两区在未来吸引 FDI 方面均存在各自独特的优势，吸引 FDI 的差异将主要是结构性的，而非总量的显著差别。

4.3 上海自贸区跨境直接投资发展的制度环境

4.3.1 制度环境与 FDI 的作用机制

企业的存在是为了捕捉有利可图的机会，它将由现有约束的集合来确定。科斯认为任何企业在市场机制下活动，会发生交易成本、合同和合作成本，而企业的内部组织则是一种低成本的有效的生产联系方式。FDI 的产生机理正在于此。内部化理论认为，跨国企业保持对专有知识资产的控制，据此形成对外直接投资是由知识产品的市场机制失效所造成的。跨国企业为了更好地利用知识产权知识，并保持其特有知识的优势，就必须利用市场进行对外直接投资。在国内市场容量一定的情况下，厂商在国内扩张的边际收益下降，与竞争者的摩擦加剧，交易成本增加，于是便产生了向外市场扩张的趋向。内部化交易方式可以使国际经营的交易成本降低，这诱使具有某种特有优势的厂商或者说是潜在的跨国企业作出对外投资的决策，形成跨国企业。

制度所提供的交换结构，加上所用技术决定了交易费用与转化费用。制度怎样解决合作与生产的问题，是由行动者的动机（效用函数）、环境的复杂性及行动者辨识和制度环境来决定的。制度，既有有效的也有无效的。有一些制度提高了交易成本——如限制进入的规则、进行无用的检查或使产权更不稳定。由于市场是不完全的，各地的制度是由一个降低成本的部分与提高成本的两方面组成的混合物。因此，在宏观上制度环境既可以降低跨国企业海外直接投资的不确定性和交易成本，也可以增加这种不确定性和交易成本，关键取决于该地区制度环境的有效性。制度环境对 FDI 的作用是通过下列四个方面来实施的，制度环境的有效性也取决于这四个方面：

第一是正规规则方面。在市场经济国家，制度环境是通过一系列法律和公民意识所规范的。法律上的某些变化将会影响制度环境，使得某些集团实现一种再分配或趁机利用现存的外部利润机会成为可能。正规规则包括政治（及司法）规则、经济规则和合约。

第二是非正规规则方面。非正规规则是人们在长期交往中无意识形成的，具有持久的生命力，并构成代代相传的文化的一部分。在社会生活中，正式规则只占整个约束很少的一部分，人们生活的大部分空间是不受正式规则约束的。非正式规则主要包括价值观念、伦理规范、道德观念、风俗习惯、意识形态以及居民文化素质等等。

第三是政治市场的效率。政治市场无可争议的与经济绩效有着内在联系。政治市场的效率也是影响FDI收益的重要因素。如果政治交易费用较低，且政治行为者有准确的模型来指导他们，其结果就是有效的产权，将会降低政治市场高昂的交易费用及行为者的主观偏好，就能激励FDI在投资国产生更有效率的增长。在我国当前的环境下，我们以政府职能转变这一指标来衡量政治市场的效率。

第四是当前经济市场的结构与效率。地区市场的开放程度和市场化水平对外国直接投资有着重要的影响。市场规模的变化能够改变特定的制度安排的利益和费用：搜集信息或排除非参与者的成本并不随交易的量而同比例增长。因此，对于一个市场化水平较高的地区而言，FDI进入的交易成本也较低，并且能产生较大的外部效应。不完全的市场将导致高昂的交易费用，对外国直接投资产生巨大的排异作用。当前经济市场结构与制度结构之间究竟是相互促进还是相互掣肘——即是否存在适应性效率，这对交易费用有直接的决定作用。

4.3.2 制度环境与FDI互动机制的实证分析

由制度环境对FDI作用的四个方面，部分学者们认为制度环境评估指标体系应有市场化进程、信用与法律体系、政府职能转变、对外开放程度和地方文化及居民行为特点等五个方面的内容。按照制度环境评估指标体系，国内学者对2014年全国30个省市区（西藏除外）在制度环境的五大方面的得分进行了测量，按照制度环境计算公式得出了各省制度环境总体得分，并列出了相应的FDI值，参见表4－10。

表4－10　　各地区制度环境总体得分和排序

地区	总分	排序	市场化程度	信用与法律	政府职能	开放程度	文化及居民行为	FDI规模
广东	7.72	1	8.57	6.50	8.62	10.00	2.98	10.00
江苏	7.12	2	8.17	8.45	8.92	4.02	2.04	5.69
浙江	7.09	3	8.74	8.66	8.72	1.99	2.55	1.43
上海	6.59	4	7.00	4.93	9.30	5.76	6.47	2.80
北京	5.87	5	5.29	3.52	7.38	7.90	8.45	1.49
福建	5.71	6	7.77	5.55	4.44	4.82	2.14	3.04
天津	5.70	7	6.71	5.47	4.70	5.51	4.50	1.03
山东	5.68	8	7.63	5.35	8.25	1.93	1.45	2.63
河北	5.22	9	7.34	4.25	8.23	0.63	2.56	0.60
辽宁	5.15	10	6.10	3.89	8.69	2.59	3.52	1.81
湖北	4.76	11	5.69	3.54	8.17	3.06	1.99	0.83
海南	4.62	12	5.20	3.40	8.12	3.80	1.65	0.38
重庆	4.61	13	6.36	3.32	9.09	0.66	0.95	0.21

续表

地区	总分	排序	市场化程度	信用与法律	政府职能	开放程度	文化及居民行为	FDI 规模
湖南	4.48	14	5.69	3.26	7.60	2.55	1.47	0.60
广西	4.36	15	5.83	3.93	7.20	1.06	1.00	0.46
吉林	4.32	16	5.69	2.82	8.28	0.95	2.42	0.29
四川	4.21	17	5.96	3.79	7.04	0.43	0.55	0.38
江西	4.07	18	4.98	2.78	7.50	2.58	1.23	0.20
河南	4.07	19	5.61	4.05	4.99	1.55	1.10	0.50
安徽	4.03	20	6.71	3.74	3.80	0.50	1.06	0.28
黑龙江	3.55	21	4.83	2.21	6.74	0.40	2.40	0.26
陕西	3.47	22	5.05	2.31	5.11	0.92	2.25	0.25
云南	3.45	23	5.12	2.45	6.39	0.36	0.34	0.11
甘肃	3.32	24	4.51	2.37	6.94	0.18	0.79	0.05
山西	3.17	25	4.74	3.09	3.55	0.60	1.20	0.20
宁夏	3.08	26	4.12	3.65	3.51	0.50	1.28	0.01
贵州	2.72	27	3.83	1.61	6.30	0.10	0.20	0.02
新疆	2.63	28	2.49	2.80	5.75	0.38	1.38	0.01
内蒙古	2.62	29	4.59	1.47	2.33	0.43	2.32	0.09
青海	1.47	30	2.25	1.05	1.92	0.01	1.29	0.00

资料来源：《学习与实践》2006 年第 6 期。

4.3.3 制度环境与 FDI 的互动

1. 良好的制度环境是吸引 FDI 的首要因素

追求利润是资本流动的原始动力。改革之初，东部地区也正是凭借其良好的区位条件和政府给予的优惠政策吸引了大量的 FDI。然而，随着我国经济的迅速发展和市场经济的不断完善，区位条件和优惠政策对 FDI 的吸引力正逐步减弱，而市场化程度、信用法律体系、政府职能转变、对外开放程度和地方文化及居民素质等制度环境因素，在吸引 FDI 的过程中作用日益突出。

究其原因，一是随着体制改革的推进，国家逐步减少了政策上的倾斜，从而弱化了优惠政策对 FDI 的影响；区位条件的优势也随着交通设施的改善和网络经济的发展而日益减弱。二是外商投资结构发生了很大的变化。20 世纪 90 年代中期以前，到内地投资的多为香港、台湾等周边地区的小型企业，它们追求的是短期效益，要求低投入、高产出、快周转，从而把区位优势、政策优惠等发挥到极致。90 年代后期以后，来自欧美的跨国公司纷纷抢滩我国内地市场，并逐渐取代港台的中小型企业，成为外资的主流。由于这些跨国公司追求的是远期利益，看重的是我国内地广阔的市场和巨大的潜在收益，因此，影响短期收益的优惠政策和区位环境等因素对FDI的吸引力进一步减弱，而关系着市场经济效率高低的制度环境，则成为FDI进行区位选择时需要考虑的首要因素。

2. FDI对制度与制度环境的促进作用

FDI的大量进入，不仅有效缓解了制约我国经济发展的资本瓶颈和技术瓶颈，而且对我国的体制改革、市场机制，以及人们的思想观念都产生了深远的影响，从而有力地推动了我国的制度变迁。由制度环境各个方面与FDI的回归方程可以看出：

（1）推动非国有经济的大发展，从而推动制度变迁。根据新制度经济学的理论，制度变迁成功与否，最终取决于其成本和收益的比较。戴维斯和诺斯曾指出："如果（行动团体）预期的净收益超过预期的成本，一项新制度安排就会被创新。"在我国，由于民营企业在制度创新中的收益显著高于其成本，从而成为推动制度变迁的有效动力。FDI的进入将强化市场经济的运行机制，迫使政府取消给予国有经济的种种优惠政策，实行统一的国民待遇，为民营经济创造更多的发展机会，进而推动制度变迁。回归分析证实了这一推论，市场化程度（非国有经济是其中一个重要方面）与FDI的相关程度达0.845，市场化程度对FDI的贡献率为0.123。

（2）推动地区信用与法律体系的完善。信用是一种价值观，根植于文化及历史传统。市场经济是一种契约经济，是建立在信用和法律的基础之上的。FDI遵循的是市场经济规则，要求不断地降低交易费用，FDI的进入从外部加强了信用体系的建设。从合约理论的角度来讲，市场经济也是一种法制经济，法律提供了经济主体从事活动的框架。由表4-10可知，信用与法律体系最好的是浙江省、江苏省和广东省，而这三个省也正是我国总体制度环境最好的地区，制度环境与信用和法律体系之间的回归系数达到0.772，同时信用与法律体系对FDI的影响作用为21.2%。

（3）迫使地方政府加快转变职能。新制度经济学认为：制度变迁将受到意识形态刚性、利益集团冲突、社会科学知识的局限性，以及非对称的市场信息等因素制约。只有充分发挥国家在制度变迁过程中的理性优势、规模经济优势、强制性优势，才能够避免无效率因素的干扰，使之进入良性循环的轨道。可见，政府职能在制度变迁的过程中发挥着关键作用。由于长期受计划经济的影响，我国各地普遍存在着诸如政企不分、地方保护等种种不规范的政府行为，严重干扰了市场经济的运行秩序，成为制约我国制度变迁的主要因素。FDI的大量进入将会对各地市场竞争的公平性、法律法规的完备性、政府工作的效率和透明度提出更高的要求，迫使地方政府加快转变职能，规范政府在市场经济中的行为，提高工作效率，从而对制度变迁产生积极的推动力。根据我们实证检验的结果，FDI与政府职能转变的相关程度为0.368，政府职能对FDI的贡献程度为10.8%。

（4）加快地区对外开放步伐。就FDI与制度环境回归方程而言，对外开放程度对FDI的作用程度高达0.426，是制度环境五大方面中对FDI影响最大的部分，同时两者的相关程度为0.639。伴随着FDI大量资金进入我国的是外商投资企业的经营模式、管理经验、业务空间等，这些都将产生良好的示范效应，带动当地外向型经济的发展；而FDI本身则通过带动地区外贸的发展直接提升地区的对外开放程度，这对于改善地区的制度环境无疑具有重要的作用。

（5）促进地方文化和居民行为观念的转变。诺斯指出“即使是在最发达的经济中，正式规则也只是决定选择的约束中的一个小部门”。可见，非正式制度安排，即地方文化和居民行为特点、文化习俗等在推动制度变迁的过程中发挥了重要作用。在境外公司与当地企业合作交往的过程中，会使当地居民有更多机会接触外国的思想观念、文化意识和风俗习惯，了解符合市场经济规则和国际惯例的标准，获得更多走出国门的机会，这些都会促使当地居民更快接受与市场经济发展相适应的新观念、新思想，从而推动当地制度环境向更有利于市场经济发展和吸引外资的方向演进。

（6）以技术进步促进制度变迁。拉坦曾指出：“导致技术变迁的新知识的产生是制度发展过程的结果，技术变迁反过来又代表了一个对新制度变迁需求的有力来源。”可见制度变迁与技术进步是一个互动过程，技术进步是推动制度变迁的一个重要力量。FDI 的大量进入将带来大量的先进技术，迅速提高当地的技术水平，从而推动制度变迁。

4.3.4 上海自贸区跨境直接投资制度改革

1. 上海自贸试验区对外商投资试行准入前国民待遇

2013 年 9 月 27 日，国务院批准《中国（上海）自由贸易试验区总体方案》。国务院要求，在自贸区，借鉴国际通行规则，对外商投资试行准入前国民待遇，研究制订试验区外商投资与国民待遇等不符的负面清单。

该方案指出，借鉴国际通行规则，对外商投资试行准入前国民待遇，研究制订试验区外商投资与国民待遇等不符的负面清单，改革外商投资管理模式。该方案要求，对负面清单之外的领域，按照内外资一致的原则，将外商投资项目由核准制改为备案制（国务院规定对国内投资项目保留核准的除外），由上海市负责办理；将外商投资企业合同章程审批改为由上海市负责备案管理，备案后按国家有关规定办理相关手续。该方案提出，工商登记与商事登记制度改革相衔接，逐步优化登记流程；完善国家安全审查制度，在试验区内试点开展涉及外资的国家安全审查，构建安全高效的开放型经济体系。该方案强调，在总结试点经验的基础上，逐步形成与国际接轨的外商投资管理制度。

在国际投资法中，国民待遇是一项以条约为基础的义务，其含义是给予外国投资者及投资的待遇不低于在相似情形下给予本国投资者及投资的待遇。各国际投资协定在国民待遇的范围、适用方面存在较大差异。我国对外资的管理以前一直采用的是《外商投资产业指导目录》模式，目录中列出了我国鼓励、限制、禁止外商进入的行业。而负面清单是给不开放的行业和受限制的商业活动列一个清单，明确告诉对方哪些领域和行业是限制或禁止外商活动的。这样，只要未列入名单的就是“法无禁止皆可为”。

根据该方案，上海自贸区将探索建立负面清单管理模式。外资企业将享有准入前国民待遇——与中国公司同等待遇。外商投资将通过负面清单管理方式进行评估，负面清单管理是与正面清单管理相对应的。

负面清单（Negative list）又称消极清单、否定列表，是一个国家禁止外资进入或限定外资比例的行业清单（List of industries）。在这份清单上，国家明确开列不予外商投资准入或有限制要求的领域，清单以外领域则充分开放。与其相反的“正面清单”（Positive list）自然就是国家明确允许外商投资准入或有限制要求的领域，清单以外领域一律不予开放。

而准入前国民待遇（Pre - establishmentnational treatment）则指外国投资者在投资发生和建立前便开始享受与本国投资者相同的待遇。在传统的投资管理模式中，国民待遇通常在投资完全建立后才能开始享受。

准入后国民待遇适用于投资建立之后阶段，主要涉及外国投资者拥有或控制的企业在东道国的运营条件，这种国民待遇在国内法的适用方面提供非歧视待遇，同时允许国内法继续限制外国资本的进入，并在监管和税收待遇上继续实行差别待遇。准入前国民待遇适用于投资建立之前，它将平等待遇扩大到准入权，并在国家监管和税收等方面给予法律上和实质上的同等待遇。准入前国民待遇是传统投资协定采取的控制模式与开放投资体制中的自由模式最重要的差别。

2. 由点到面的负面清单管理模式

2013年9月29日，根据《中国（上海）自由贸易试验区总体方案》、《外商投资产业指导目录（2011年修订）》，上海市人民政府公布了《中国（上海）自由贸易试验区外商投资准入特别管理措施（负面清单）（2013年）》，负面清单共计190条管理措施。

作为《中国（上海）自由贸易试验区总体方案》中最具亮点的一项，负面清单被外界寄予厚望。2013年版负面清单按国民经济行业分类，负面清单共涉及18个门类，89个大类，419个中类，1 069个小类，共190条管理措施，相对于1 069个产业小类来讲，大概17.8%有特别的管理措施。这份清单限制或者禁止外商投资一系列行业，其中包括金融、媒体、娱乐、公共事业、房地产和制造业。

2014年7月1日，上海市人民政府公布了《中国（上海）自由贸易试验区外商投资准入特别管理措施（负面清单）（2014年修订）》。新版的负面清单特别管理措施共计139条，比2013版减少了51条。在139条中，限制性措施110条，禁止性措施29条。新版的负面清单对金融、教育、文化、医疗等有序开放领域，对育幼养老、建筑会计、会计审计、商贸物流、电子商务等放开领域，以及一般制造领域的管理措施，采取了能取消则取消，能放宽则放宽的态度。同时，《外商投资产业指导目录（2011年修订）》鼓励类中无中方控股要求，以及在实践中已突破或CEPA协议中已经放开的管理措施，也不再列入负面清单。

2015年4月20日，国务院公布了《自由贸易试验区外商投资准入特别管理措施（负面清单）》。新版清单列出122项特别管理措施，其中，限制性措施85条，禁止性措施37条。据统计，2015年版负面清单比2014年版减少了17条，比2013年版减少了68条，新版负面清单统一适用于上海、广东、天津和福建4个自贸试验区。

作为世界贸易大国，中国融入国际经济规则体系的程度正在逐渐加深。可以说，负面清单模式是中国外商投资管理体制和政府管理经济方式的一次根本性变革。负面清单模式对中国建立推进政府管理改革以及建立成熟的市场经济体系具有重要意义，也成为国际投资新规则发展的风向标。然而，负面清单模式不仅在于“面”的推广，更在于

"度"的深化。

目前，世界上至少有77个国家采用了准入前国民待遇＋负面清单的外资管理模式，许多区域性贸易安排也采取了这种外资管理模式。尤其值得关注的是，美国力推的"跨太平洋战略经济伙伴协定（TPP）""跨大西洋贸易和投资伙伴协议（TTIP）"等贸易协定谈判，将未来开放的重点聚焦在服务贸易和投资领域，全力打造新一代国际投资贸易规则，"准入前国民待遇＋负面清单"的外资管理模式成为引领国际投资规则发展的新风向。

3. 上海自贸试验区外商投资的成效

2014年，中国（上海）自由贸易试验区共新增外商投资项目2 015个，比2013年猛增4.5倍，其中九成项目是按照负面清单通过备案设立的。2014年，上海自贸区新增外资项目的合同外资达92.35亿美元，占当年上海吸引合同外资总量的近三成。在2 015个新增外资项目中，两成集中在金融、文化、专业服务、社会服务等开放新领域，显示出自贸区独特的吸引力。

强大的自贸区效应带动上海2014年吸引外资再创历史新高，全年累计吸引合同外资316.08亿美元，实际到位外资181.66亿美元，比2013年分别增长26.8%和8.3%，其中实到外资实现了连续15年保持增长。截至2014年5月底，共24家金融机构通过分账核算系统验收，开立15 675个自由贸易账户，账户收支总额3 738.7亿元；区内跨境人民币结算总额为2 683.52亿元，区内累计有146家企业发生跨境双向人民币资金池业务，资金池收支总额1 657.87亿元；在外汇创新业务方面，共发生916笔外汇资本金意愿结汇业务，金额合计14.7亿美元，为区内68家企业出具跨国公司总部外汇资金集中运营试点备案书。

引人关注的是，在全球经济不景气、国内经济增长放缓的大背景下，上海外资企业效益总体良好，成为上海吸引外资持续增长的最好解释。

根据对纳入可比口径的在沪1.63万家外资企业运营状况进行监测，2014年1—11月，上海外资企业营业收入、利润、纳税三项指标同比分别增长6.7%、12.9%和11.4%。其中，营业收入增幅超过两位数的行业有金融服务业、科技服务业、住宿和餐饮业、商贸业，同比分别增长19.4%、16.8%、11.7%和10.7%。

据统计显示，2014年，共有45家外资跨国公司在上海设立了地区总部，其中三分之一被认定为亚太区总部。截至当年底，累计落户上海的外资跨国公司地区总部、投资性公司和研发中心分别达490家、297家和381家，上海继续成为中国内地外资跨国公司总部机构最集中的城市。

4. 上海自贸试验区制度改革与创新

2013年以来，上海自贸试验区在转变政府职能、改革监管方式等方面都采取了一系列的改革创新举措，应该说这些举措取得了非常好的效果，有一些已经列入国务院发布的向全国复制推广试点经验的文件之中。具体来说，上海在管理制度体制上的改革与创新体现在以下几个方面：

一是依法治国理念先行，上海自贸试验区体现了这样一个理念。改革开放以来，外商投资企业到国内来都是要逐案审批。现在，在上海，就是对负面清单之外的外商投资要改成备案管理，这就和《中外合资经营企业法》、《中外合作经营企业法》、《外资企业法》相冲突，所以在上海自贸试验区刚开始的时候就请全国人大常委会进行授权，在自贸试验区之内不再进行逐案审批，而是对负面清单之外的进行备案管理，就是"依法先行"，这个理念对于上海自贸试验区非常有利的，这是一个重要的启示。

二是以制度创新为核心。上海自贸试验区在制度创新方面也作出了非常好的成绩。比如，到中国来的外商投资可以分为鼓励类、限制类，即便是鼓励类的也要审批。现在在上海要搞一个制度创新，只要是负面清单之外的外商投资就不要审批了，改成备案，这就叫做准入前国民待遇加负面清单的模式，这是一个非常好的制度创新，对国家治理体系制度创新都是非常有意义的。上海在贸易监管、投资监管、金融领域的进一步放松管制方面的探索都取得了很好的经验。

三是以政府职能转变为重点，处理好政府和市场的关系。原来的外商投资是要一个一个审批，即便是鼓励类的都要审批，现在在上海自贸试验区，只有很少的一部分要审批，90%都适用备案管理程序。在上海自贸试验区，短短一年半的时间就有3 000多家外资企业进来，这么多家企业进来以后，政府对他们怎么管理？特别强调要加强"事中、事后"的监管，实施分类监管、综合监管、动态监管，而且政府采用"一站式"、"单一窗口"等模式，大大提高了行政效率。

四是以风险可控为底线，建立风险防范体系。到上海自贸试验区的外资90%以上是自由备案进入的，如果在全国范围内采用这个制度，这么多外资进来，怎么来保证没有风险？因此风险防范体系的建设也非常重要，这方面坚持底线思维，除了用好政府事中、事后监管方面的措施之外，还建立了行业风险审慎管理、经营者风险过程管理、企业诚信管理，再加上经营者集中反垄断审查、国家安全审查等，通过一系列的制度建设来防控好风险，守住底线，防控好开放可能带来的风险，从而能更加有信心的开放，进一步扩大吸引外资的规模和范围。

5. 进一步推进自贸区制度改革创新

2015年3月3日，全国人大常委会授权国务院在天津、广东和福建三大自贸区，以及扩区后的上海自贸区暂时调整《中华人民共和国外资企业法》、《中华人民共和国中外合资经营企业法》等有关法律规定的行政审批。这意味着，中国自贸区建设正式进入"2.0版"。

与上海自贸区一样，上述法律的变更，主要是为了便于外商投资。而从上海自贸区的经验来看，这些法律条款的变更方便了境外投资，也清除了过去的一些障碍。从上海的经验来看，法律的变更有些效果。从政府来看，不管中央政府还是地方政府，包括海关、商检等部门，政府确确实实大幅度变革，比如海关制度，过去比较繁复的手续，现在在具体操作中一些规章制度做了很大调整。

目前，中国外商投资上的很多法律法规在自贸区内外是不同的，这些法律法规应该与现在市场经济体制相适应，也要和国际市场普遍原则相接轨。在广东、福建、天津三个新的自贸区建立之后，新老自贸区也应该在法律法规上保持一致，这样才不至于出现“政出多门”的情况。

尽管法律调整对营商环境会有所提升，但法律变更的影响不会立刻产生。比如在陆家嘴地区，金融的关注度很高，但由于实施细则问题，即使暂停部分法律，也不会出现大量金融机构涌入陆家嘴片区的现象。

毫无疑问，如果中国的自贸区建设要跟上国际自贸区及世界经贸发展的新趋势，每走一步几乎都会涉及相应法律法规制约的“瓶颈”。虽然国内有专家表示，全国人大对部分法律涉及行政审批的内容进行调整意义并不大，但是，自贸区内法律法规的变更实际上是中国改革日趋“法治化”的体现。

自贸区建设的过程是法治引领和规范的过程。法治规范在自贸区的建设中得到较好的贯彻；法治引领也可在自贸区建设中发挥更大的作用。从这一点看，自贸区的试验改变了“违法改革”的模式，为改革走上“法治化”，提供了先行先试的道路。

今后，只要是国际上比较通行的有利于建立和完善现代市场经济体制的这些法律和规定，中国都应该努力大胆地去尝试。但是在尝试的过程中不应该在不同的区域施行不同的法律，也就是说同样的管理方向不应该使用两条不同的法律条文。

4.4 基于上海自贸区金融创新的跨境直接投资发展

4.4.1 围绕上海自贸区 FDI 的金融创新与改革

加快实施自由贸易区战略，是我国新一轮对外开放的重要内容。习近平总书记曾寄语上海自贸试验区，要求这块大试验田播种制度创新的良种，“进一步解放思想、大胆实践，重大改革要坚持摸着石头过河，披坚执锐、攻坚克难，加强整体谋划、系统创新”。

1. 从金融改革 51 条到 49 条

自上海自贸试验区成立以来，就以制度创新为核心，突出与国际通行规则相衔接，实施了一批改革措施，落实了一批开放举措。主要体现在四个方面的创新：一是探索负面清单管理模式，形成更加开放透明的投资管理制度；二是深化贸易监管制度创新，提高贸易便利化水平；三是深化金融制度创新，服务实体经济发展；四是加强事中事后监管，创新政府管理方式。

其中，金融制度创新是上海自贸试验区开放创新的重点内容。2013 年上海自贸区挂牌后，“一行三会”陆续出台了“金改 51 条”，支持上海自贸区的金融改革创新（见表 4－11）。而在上海自贸区扩区后，因为陆家嘴、张江、金桥等片区的纳入，自贸区金融开放创新试点空间更大，参与试点主体更丰富，也更便于与上海国际金融中心建设联动。

上海与“一行三会”等国家金融管理部门反复沟通协调，初步形成了《进一步推进自贸试验区金融开放创新试点、加快上海国际金融中心建设的方案》，也被称为“金改49条”，与国家有关部门多次研究沟通，并反复进行了修改完善，形成终稿，提交国务院层面审议。

“金改49条”就是按照统筹规划、服务实体、风险可控、分步推进的原则，进一步拓展自由贸易账户功能，逐步提高资本项下各项目的可兑换程度，进一步便利企业和个人开展境内外投融资活动。具体来说，主要围绕一下五个方面来推进上海自贸试验区制度创新与试点：

一是率先实现人民币资本项目可兑换。参照其他国家和地区的经验，积极研究落实国务院对自贸试验区改革创新政策当中涉及外汇管理方面的要求，积极试点资本项目限额内可兑换，逐步推动符合条件的企业和个人参与跨境双向投资。如协调推动证券监管部门出台制度办法、允许符合条件的机构和个人双向投资于境内外证券期货市场；会同中国人民银行上海总部研究制定个人境外投资试点（QDII2）办法并启动试点。

二是进一步扩大人民币跨境使用。注重本着以着力培育上海自贸试验区新的经济增长点为目标，来扩大人民币跨境使用。如支持总部经济发展，区内企业可开展集团内跨境双向人民币资金池业务；开展经常项下跨境人民币集中收付业务的成员企业，除集团内企业外，可以拓展至与集团内企业存在供应链关系的、有密切贸易往来的集团外企业。推动试验区跨境电子商务发展，在基于真实跨境电子商务背景下，鼓励上海地区银行与区内取得“互联网支付”业务许可的支付机构合作，或者直接向区内跨境电子商务运营机构提供人民币结算服务。支持中国外汇交易中心和上海黄金交易所在区内提供跨境人民币交易服务，推动区内金融机构对外开放。

三是扩大金融服务业对内对外开放。对内开放主要是结合国家的形势，加快民营资本进入金融服务业。对外开放要进一步探索降低外资金融机构的准入门槛、放宽外资持股比例要求、拓展其开展业务范围。

四是加快建设面向国际的金融市场。目前，上海国际能源交易中心、上海国际黄金交易中心落户自贸区，作为自贸试验区金融市场体系的重要主体，将为我国能源、黄金市场在世界范围内争取获得更大的话语权。

自贸试验区将加强功能性平台的建设，提升金融市场配置境内外资源的功能，推动面向国际的金融市场建设，提升上海金融中心的国际化程度。比如，支持期货交易所的国际能源交易中心尽快上市原油期货，支持上海证券交易所在自贸试验区设立国际金融资产交易平台，支持中国外汇交易中心建设国际金融资产交易平台，支持上海股权托管交易中心建立综合金融服务平台等。对于新的交易所的建设，将积极做好从筹建到落户的全方位的服务工作，比如保险交易所和中国证券金融公司拟建的证券借贷平台。

五是不断完善金融监管。上海自贸试验区在金融开放与创新过程中，要把风险防范作为重要的底线，避免在金融开放与创新过程中出现系统性和区域性风险。在监管协调方面，“一行三会”驻沪机构和上海市政府之间建立了监管协调机制和跨境资金流动监测机制，人行上海总部和自贸试验区管委会建立了“反洗钱、反恐融资、反逃税”监管机制。同时，各类金融监管机构在本领域范围内出台相应的风险防控机制，比如上海银监局就试验区金融发布了银行业监管相关制度安排通知，对银行业的风险评估、统计监测、机构监管都给予了明确的监管指引，并且积极探索国际金融监管部门驻沪机构的驻区监管。

表 4-11　中国人民银行《关于金融支持中国（上海）自由贸易试验区建设的意见》

项　目	解　读
区内主体向境内区外投资	在区内就业并符合条件的境外个人可按规定在区内金融机构开立非居民个人境内投资专户，按规定开展包括证券投资在内的各类境内投资
	区内金融机构和企业可按规定进入上海地区的证券和期货交易场地进行投资和交易
区内主体向境外投资	试验区跨境直接投资，可按上海市有关规定与前置核准脱钩，直接向银行办理所涉及的跨境收付、兑换业务
	在区内就业并符合条件的个人可按规定开展包括证券投资在内的各类境外投资
	允许符合条件的区内企业按规定开展境外证券投资和境外衍生品投资业务
区内主体向境外融入/融出资金	区内个体工商户可根据业务需要向其在境外经营主体提供跨境贷款
	注册在试验区内的中外资企业、非银行金融机构以及其他经济组织可按规定从境外融入本外币资金
其他	区内企业的境外母公司可按国家有关法规在境内资本市场发行人民币债券
	根据市场需求，探索在区内开展国际金融资产交易等

2. 形成有特色的金融创新案例

自贸区成立以来，上海市金融办会同“一行三局”、自贸区管委会等部门，配合国家金融管理部门研究出台支持自贸区金融开放创新的制度和细则，协调推动金融市场在自贸区设立国际交易平台，支持推动金融机构入驻自贸区，并根据实体经济需求和已经出台的创新制度，积极探索并大胆开展金融业务创新，形成了第一批 9 个有特色的金融创新案例。2014 年 3 月 25 日，首批金融创新案例正式发布。这些创新案例主要集中在六个方面（见表 4-12）。

表 4-12　上海自贸试验区第一批金融创新案例

类别	案例名称	主要内容	突破点	应用价值
存款利率市场化创新	放开 300 万美元以下的小额外币存款利率上限	从 2014 年 3 月份开始，中国人民银行放开了自贸试验区内 300 万美元以下的小额外币存款利率上限。中国银行为一名在自贸试验区内就业的人员办理了首笔个人小额外币存款业务，利率经双方商量确定	放开了自贸试验区内小额外币（300 万美元以下）存款利率上限，实现了外币存款利率的完全市场化	在自贸试验区实现外币存款利率的市场化，有利于培育和提高金融机构外币利率自主定价能力，完善市场供求决定的外币利率形成机制，为下一步复制推广，进而在全国范围内实现外币存款利率市场化积累经验

续表

类别	案例名称	主要内容	突破点	应用价值
企业融资创新	境外人民币借款	自贸试验区内企业和非银行金融机构可以通过商业银行从境外借入人民币资金。例如：交通银行上海市分行分别为交银租赁自贸区子公司和自贸区企业办理了境外人民币借款	在自贸试验区内符合条件的金融机构和企业（以往需要扣减相应的外债额度，而中资企业申请外债额度需要以个案报批），可以从境外借入人民币资金	从境外借入资金可以用于区内生产经营、区内项目建设、境外项目建设。目前，境外借款利率远低于境内利率水平，对于借款企业和非银行金融机构来说，拓宽了融资渠道，降低了融资成本
支付结算创新	为大宗商品衍生品交易提供金融服务	商业银行可以为自贸试验区企业开展大宗商品衍生品交易提供结售汇业务。例如，中行上海市分行与上海江铜国际物流公司合作，办理了自贸试验区首笔大宗商品衍生品交易，签订了以LME（伦敦金属交易所）铜为商品标的的3个月期限场外远期合约，共计交易1 000吨，约合40手	允许境内银行为企业提供境外市场大宗商品衍生品交易项下的结售汇业务	为国内大宗商品企业利用国际市场开展风险管理提供了新的渠道
支付结算创新	跨境电子商务人民币支付结算业务	第三方支付机构可以使用人民币为跨境电子商务提供支付结算服务。例如，快钱支付公司与台湾关贸网达成战略合作，签署跨境电子商务人民币支付业务协议，双方进出口业务以人民币结算，且全程以电子化方式完成整个跨境贸易全流程	本案例的突破点在于第三方支付机构通过与银行合作，可以为客户提供人民币，与境外电商开展支付结算业务	有利于客户规避汇率风险，减少汇兑成本，也有利于促进人民币跨境使用
资金管理创新	跨境人民币双向资金池业务	自贸试验区内企业可以开展跨境人民币双向资金池业务，便利企业在境内外进行资金的双向调拨。例如，浦发银行为麦维讯电子公司旗下5家企业办理了人民币双向资金池业务，资金调拨共计8 000万元	自贸试验区内的跨国公司可以根据自身经营和管理需要统筹调度境内外成员的资金。以往跨国公司境内外资金的划拨和流动，必须提供用途证明，由金融管理部门逐笔审批	符合条件的企业可以根据自身的需要自主调配境内外资金，有利于提高资金使用效率

续表

类别	案例名称	主要内容	突破点	应用价值
资金管理创新	外汇资金集中运营管理业务	集中运营管理境内外成员单位外汇资金，实现境内与境外成员单位外汇资金的双向互通。例如，工商银行上海市分行为锦江集团等企业提供跨境外汇资金集中运营管理服务	允许区内跨国公司通过国际外汇资金主账户实现境外资金融入，用于区内企业自身使用，不受额度限制；允许试点企业开展经常项目集中收付汇和轧差净额清算；国际资金主账户内资金存放不受外债指标控制；资本项下在规定额度内，实现资金流入	符合条件的企业可以根据自身的需要自主调配境内外资金，满足跨国公司对外汇资金集中管理集约化、便利化的需求，促进上海总部经济和新型贸易发展
对外投资创新	股权投资企业跨境股权投资审批改备案	弘毅投资公司于 2013 年 12 月中旬在区内设立了境外投资基金，并于 2014 年春节前取得备案证书，春节后在外汇局上海市分局办理了购汇核准，2 月 25 日在招商银行办理购汇并汇出境外。本次投资金额用于收购注册在英属维京群岛的某项目股权	以往股权投资企业开展跨境股权投资，需费时 3 个月至半年时间获得主管部门的批文。本案例的突破点在于简化跨境直接投资审批环节，以备案替代审批，提高投资效率	自贸试验区简化跨境投资审批环节，最快在 5 个工作日内就可以完成区内基金设立和境外投资项目备案，极大地节约了时间成本
金融机构集聚创新	互联网小额贷款公司增强金融服务能力	通过鼓励互联网小额贷款公司等新型金融机构逐步放开股权比例和业务范围，增强金融服务的能力。百度、京东在上海设立小贷公司，开展互联网贷款经营，并可以跨区经营	放开互联网小额贷款公司的股权比例和业务范围的限制	有利于小额贷款公司等新型金融机构依托互联网，在更大范围内为个人和小微企业提供金融服务
金融机构集聚创新	金融租赁公司在自贸试验区设立子公司	交银金融租赁公司开展了自贸试验区首单飞机和首单船舶租赁业务，并在自贸试验区内设立子公司，已经批准筹建	允许金融租赁公司设立子公司	金融租赁公司可以利用自贸试验区平台和政策优势，为其开展境外融资租赁业务和进行境外融资提供便利

资料来源：上海市金融服务办公室。

自首批金融创新案例发布以来，自贸试验区金融改革持续深化，金融创新业务不断发展。据统计，自第一批案例发布后，跨境人民币双向资金池完成 79 笔共计 66 亿元；人民币境外借款 44 笔共计 99.8 亿元；跨境电子商务人民币支付结算业务发生 4.3 万笔，金融 1.8 亿元；有 6 家商业银行的大宗商品衍生品柜台交易在监管部门完成备案；有 4 家股权投资企业完成 6 笔境外直接投资，投资金额超过 2 亿美元。

值得注意的是，部分自贸试验区金融改革创新措施，如跨境电子商务人民币结算业务、跨境人民币双向资金池、跨国公司外汇资金集中运营管理试点、放开小额外币存款利率上限等改革措施已由中央金融管理部门发文开始在全国或上海全市逐步复制推广。

2014 年 7 月 4 日，上海自贸试验区再次亮出了一份漂亮的成绩单。上海市金融服务办公室会同自贸试验区管委会等部门，在协调推动国家金融管理部门研究出台相关实施细则的同时，积极鼓励和推动金融机构根据实体经济需求和贸易投资便利化的要求，不断创新金融产品和服务模式，形成了新的一批金融创新成果。经总结梳理，第二批共发布九个金融创新案例，主要集中在以下四个方面：

一是自由贸易账户开立和相关业务创新。主要包括自由贸易账户开立和资金划转、自由贸易账户贸易融资等两个案例。随着自贸试验区分账核算业务实施细则和审慎管理细则的发布实施，工商银行上海市分行、中国银行上海市分行等金融机构开始为符合条件的机构和个人开立自由贸易账户，并依托自由贸易账户开展资金划拨和贸易融资业务。

二是进一步拓展人民币跨境使用范围。主要包括境外银团人民币借款、人民币跨境集中收付和轧差净额结算、个人经常项下跨境人民币结算业务等三个案例。上海银行等金融机构借助“沪、港、台”合作平台，通过组成境外银团，为区内企业提供信用贷款方式下的境外人民币借款；中国银行上海市分行等金融机构为区内个人办理了区内个人跨境人民币结算业务，协助客户将其工资收入汇至海外，从而扩大了人民币跨境使用的主体范围；花旗银行等金融机构为区内企业开展了经常项下人民币跨境集中收付和轧差净额结算业务，提高了企业集团内资金的利用效率，降低了跨境收付成本。

三是进一步落实外汇管理改革措施。主要包括自贸试验区外汇资本金意愿结汇业务、自贸试验区直接投资外汇登记等两个案例。建设银行上海市分行等金融机构为外资融资租赁公司办理了外汇资本金意愿结汇业务；交通银行上海市分行办理了自贸试验区内首单新设外商投资企业外汇登记业务，企业仅需向银行提交相关资料，便可一次性完成外汇登记与账户开立的手续。

四是进一步创新融资方式。主要包括自贸试验区跨境并购融资业务、三方联动跨境银租保业务等两个案例。工商银行上海市分行和浦发银行上海分行等金融机构认真研究企业“走出去”的融资需求和融资租赁企业境外融资的需求，分别为自贸试验区内企业开展跨境并购和融资租赁业务提供新的融资渠道。

2014 年 12 月 10 日，自贸试验区第三批金融创新九个案例出炉。这些案例涵盖了四方面内容，分别是金融市场平台的开放创新、扩大人民币跨境使用的业务创新、企业跨境并购融资的业务创新以及保险机构集聚和保险业务创新。

一是金融市场平台的开放创新。主要是上海黄金交易所设立国际板这个案例。2014 年 9 月 18 日，上海黄金交易所国际板正式启动，黄金国际板依托自贸试验区金融制度创新和对外开放优势，以人民币计价交易，进行黄金保税交割，并推出了“上海金”品牌，有利于促进人民币国际化和我国黄金市场发展。

“上海金”的突破在于会员国际化，自贸区内及境外国际和知名商业银行、专业投资机构及黄金精炼企业均可参与；交易资金国际化，在自由贸易账户框架下参与人民币报价的黄金等贵金属交易，实现离岸资金与在岸资金的融合；定价国际化，形成有国际影响力的“上海金”人民币黄金定价机制和实物交割标准；储运和交割国际化。

二是扩大人民币跨境使用的业务创新。包括三个创新案例，分别是农行上海市分行的自由贸易账户项下中小企业跨境人民币综合金融服务、中国银行上海市分行的居家费用跨境人民币支付、浦发银行上海分行的互联网企业经常项下跨境人民币集中收付。

其中，农行上海市分行依托自由贸易账户，拓展和完善账户金融服务功能，发挥跨境人民币综合创新优势，帮助自贸试验区中小企业降低融资成本，提高防范汇兑风险管理的能力，支持中小企业发展；中国银行上海市分行与中银香港、上海付费通信息服务公司联合推出沪港两地居家费用电子账单跨境支付平台，便利了异地置业的上海和香港两地居民在线跨境缴纳物业费；浦发银行上海分行利用自贸试验区贸易便利化政策，为一家互联网旅行企业提供跨境人民币经常项下集中收付服务，对于促进互联网企业在自贸试验区集聚和发展具有积极作用。这三个案例，进一步扩大了跨境人民币使用范围，丰富了自由贸易账户服务功能。

三是企业跨境并购融资的业务创新。主要有股权质押跨境并购融资、境外上市公司股权收购融资这两个创新案例。

近年来，随着企业“走出去”的步伐不断加快，跨境并购融资需求日益旺盛。金融机构紧紧抓住自贸试验区投融资汇兑便利化的优势，加强业务联动和合作，较好地满足了企业跨境并购融资需求。例如，招行上海自贸区分行充分发挥离岸、在岸、自贸试验区“三位一体”业务优势，利用自贸试验区跨境交易的便利，帮助跨境客户盘活非居民持有的境内资产，拓展企业跨境并购融资渠道，高效地完成并购；东方证券直投子公司依托自贸试验区政策和制度优势，在自贸试验区募集并设立人民币跨境并购基金，探索中资企业境外并购的新模式，支持优秀的境外上市企业回归 A 股市场。

四是保险机构集聚和保险业务创新。其中包括太保寿险公司设立养老产业投资管理机构、航运保险协会条款会员直接使用、太平人寿自贸区分公司开展跨境再保险业务这 3 个创新案例。

注册成立了太平洋保险养老产业投资管理公司，这是全国首家由保险机构投资设立的专业养老投资公司，也是保险机构在自贸试验区通过设立专业子公司拓宽保险资金运用范围的探索，对我国养老产业发展具有积极作用。

上海航运保险协会开发首个上海航运保险协会条款——无船承运经营者保证金责任保险条款，并完成保监会备案，会员可以直接使用的保险条款，突破了以往每项保险产品均由各家保险公司分别报送保险监管部门审批的做法，有助于提升上海全球航运险市场聚集地和产品定价中心地位。

太平人寿自贸区分公司搭建境内外公司合作平台，实现人民币保单境外销售，并通过自由贸易账户，以再保分出分入业务和投资运作形式，实现本外币保费资金的双向跨境流通，建立了“直保、再保、投资”三位一体的跨境保险业务创新模式，有助于提升保险业国际化水平。

值得一提的是，上海自贸区的部分金融创新政策，目前已经在全国复制推广，这些政策包括跨境电子商务人民币结算业务、跨境人民币双向资金池以及跨国公司人民币资金池双向业务等。

4.4.2 上海自贸区金融创新与改革的成效

按照国务院《总体方案》的要求，上海自贸试验区力求制度层面的金融创新，推进金融领域开放创新，立足于服务实体经济发展、促进贸易投资的便利化，并按照先试先行、风险可控、稳步推进的原则，在加快金融制度创新、增强金融服务功能等方面，形成可复制、可推广的经验，发挥示范带动、服务全国的积极作用。紧随着金融监管部门最新的金融制度和金融政策，金融机构加快了金融业务创新的步伐。

第一，金融服务有效对接实体经济需求。自贸试验区金融改革举措来源于对实际需求的归纳和提炼，从满足实体经济需要出发，服务跨境投资贸易。一是人民币境外借款业务。自贸试验区内中资、外资企业和金融机构均可以以其实缴资本为基数从境外借用人民币资金，在区内或者境外使用。允许企业开展人民币境外借款业务，有助于企业充分利用境内外两个市场两种资源，降低融资成本。二是集团内跨境双向人民币资金池业务。自贸试验区内企业可开展集团内跨境双向人民币资金池业务，满足跨国公司资金全球有效配置的需求，提高资金使用效率。三是个人跨境贸易人民币结算业务。银行可为个人开展的货物贸易、服务贸易跨境人民币业务提供结算服务。银行在了解客户、了解业务、尽职审查“展业三原则”基础上，可凭个人有效身份证件或者工商营业执照直接为客户办理跨境贸易人民币结算业务，必要时可要求客户提交相关业务凭证。此外，自贸试验区还探索开展了跨境电子商务人民币结算，跨国公司外汇资金集中运营管理，并且支持企业办理大宗商品衍生交易。

第二，探索金融监管和准入的负面清单管理。自贸试验区在推行简政放权、放松管制的外汇管理方式和简化跨境人民币业务流程等方面进行了一系列积极尝试。一是简化跨境人民币业务流程，简化经常项目外汇单证审核和资本项目行政许可。自贸试验区内经常项下和直接投资项下跨境人民币结算更为简便，上海地区银行在“展业三原则”基础上，只需凭区内机构和个人提交的收付款指令，即可直接办理相关业务；银行按照“展业三原则”办理自贸试验区经常项目外汇业务，无需像区外一样审核单证以证明交易真实性，极大地提高了银行和企业的资金使用效率；自贸试验区已取消境外放款额度审批、对外提供担保审批、对外支付担保费审批、境外融资租赁债权审批、直接投资登记等，只要企业客户持证明交易真实性的单据和凭证，就可以在银行直接办理。上述政策有效降低了企业办理成本，促进了外汇管理更好地向事后监管转变。二是资本金结汇负面清单管理。自贸试验区实行外资企业外汇资本金意愿结汇，办理结汇时无需再按照支付结汇制要求提供合同发票等单证。

第三，设立黄金国际交易平台。上海黄金交易所探索在自贸试验区设立国际业务板块，推出人民币计价的、在自贸试验区交割的黄金现货合约，同时开展实物黄金储运、转口贸易等黄金仓储延伸服务，包括为国际机构提供标准黄金实物的入库、出库和账户划转服务，为国内黄金进口银行办理实物登记、存放和转运服务，发展自贸试验区内租借、质押交割延伸服务等。2014 年 9 月 18 日，上海黄金交易所国际板正式宣告启动，金交所国际会员首笔交易撮合竞价成功。

第四，放开自贸试验区小额外币存款利率上限。自2014年3月1日起，自贸试验区全面放开自贸试验区小额外币存款利率上限。试点以来，市场总体平稳。各银行区内区外的外币存款利率水平基本一致，没有出现跨区跨行的存款搬家现象。金融机构外币利率自主定价和风险管理的意识、能力得到增强。

第五，创新有利于风险管理的自由贸易账户体系。2014年5月22日，中国人民银行上海总部发布了《自由贸易试验区分账核算业务实施细则》和《自由贸易试验区分账核算业务风险审慎管理细则》，从业务管理和风险防范两个方面构建了有利于风险管理的自贸试验区账户管理体系，为资本项目可兑换等后续改革提供了良好载体。6月底，中国银行、工商银行、建设银行、交通银行、浦东发展银行上海市分行、招商银行上海分行、上海银行等商业银行以及上海黄金交易所先后接入自由贸易账户监测管理系统，自由贸易账户业务正式启动（见图4-7）。

第六，探索宏观审慎的境外融资管理。除继续执行统一的资本充足率、存款准备金率、贷存比等宏观审慎管理要求外，自贸试验区正在探索建立宏观审慎的外债管理模式。按照目前自贸试验区的金融政策，区内中资、外资企业和金融机构均可以以其实缴资本为基数从境外借用人民币资金，在区内或者境外使用；试验区启动前已成立的区内外商投资企业，可自行决定按"投注差"还是实缴资本倍数借用境外人民币资金。这种审慎的人民币境外借款管理规定，有助于发挥市场在资源配置中的决定作用，增加区内主体的融资选择权，也有利于促进中外资企业公平竞争，使中资企业享有与外资企业平等的融资机会（见表4-13）。

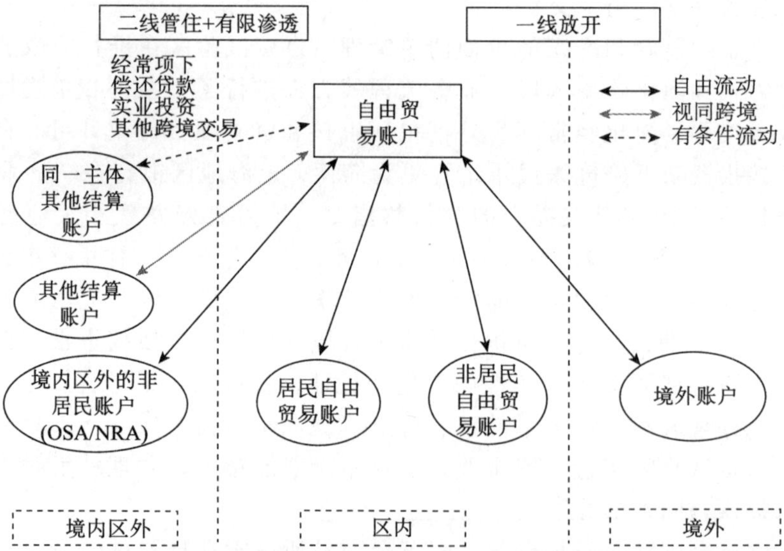

图4-7 自由贸易账户间资金划转规定

第七，建立开放条件下的"三反"机制。自贸试验区与境外是打通的，金融机构面对的客户群体更加复杂多样，识别了解客户的难度更大。自贸试验区必须建立在开放条件下的反洗钱、反恐怖融资和反逃税"三反"机制，以防范相关风险。一是建立拒绝客户机制。经义务机构授权部门批准，自贸试验区反洗钱义务机构可以拒绝与下列客户建立业务关系：拒绝提供身份基本信息的客户；有合理理由被怀疑与洗钱、恐怖融资及其他违法犯罪活动有关的客户；来自于反洗钱、反恐怖融资监管薄弱国家（地区）的客户；其他经评价超过本机构风险管理能力的高风险客户等。二是加强创新业务洗钱风险评估。各义务机构要建立自贸试验区创新业务洗钱风险评估制度，义务机构反洗钱部门应全程参与创新业务的设计、开发和运行过程，并对其洗钱风险进行评估。自贸试验区创新业务必须经过反洗钱部门的评估，并在配备与风险相当的控制措施后才能开展。

表4-13　　上海自贸试验区融资情况

时期	社会融资规模		人民币贷款净额		外币贷款净额（折人民币）	
	金额（亿元）	占全国比重（%）	金融（亿元）	占全国比重（%）	金融（亿元）	占全国比重（%）
2013年3月	789	4.4	134	1.3	109	7.2
2013年4月	461	2.2	207	2.6	139	16.4
2013年5月	1 126	3.9	35	0.5	59	16.4
2013年6月	390	6.6	454	5.3	-49	-37.0
2013年7月	467	5.6	320	4.6	-120	10.3
2013年8月	680	5.7	424	5.9	-152	42.1
2013年9月	456	7.8	320	4.1	260	29.2
自贸区成立前平均占比		4.7		3.4		9.2
2013年10月	904	6.3	299	5.9	-119	-224.8
2013年11月	1 108	7.0	466	7.1	-41	-33.6
2013年12月	544	1.4	-85	-1.8	-41	-8.0
2014年1月	861	4.6	673	5.1	35	2.2
2014年2月	178	6.1	295	4.6	116	8.9
自贸区成立后平均占比		5.1		4.2		-51.1

资料来源：根据中国人民银行数据整理。

央行数据显示，上海自贸试验区成立前后，人民币跨境业务量得到了迅速发展（见表4-14）。在出口业务方面，自贸区成立前2013年3—9月，上海以人民币结算的出口量占总出口量的月平均比重为10.5%，而自贸区成立后2013年10月至2014年2月，该比重则提升到13.1%，占全国的比重则由12.4%提升到15.8%。在进口业务方面，2013年3—9月，上海以人民币结算的进口量占总进口量的月平均比重为16.2%，而2013年10月至2014年2月，该比重则提升到24.3%。

表4-14　　上海跨境人民币业务情况

时期	出口人民币结算			进口人民币结算		
	金额（亿元）	占出口比重（%）	占全国比重（%）	金额（亿元）	占进口比重（%）	占全国比重（%）
2013年3月	132.5	12.8	12.6	205.4	16.6	11.8
2013年4月	107.0	10.9	14.0	197.7	17.0	13.5
2013年5月	131.2	13.0	13.9	186.2	14.8	13.9

续表

时期	出口人民币结算			进口人民币结算		
	金额（亿元）	占出口比重（%）	占全国比重（%）	金额（亿元）	占进口比重（%）	占全国比重（%）
2013 年 6 月	86.4	8.8	9.0	166.5	14.7	15.5
2013 年 7 月	92.2	8.5	9.7	227.7	16.7	16.7
2013 年 8 月	89.5	8.2	11.4	209.2	16.9	14.4
2013 年 9 月	124.8	11.0	16.4	221.7	16.8	13.3
自贸区成立前平均占比		10.5	12.4		16.2	14.2
2013 年 10 月	108.5	10.3	14.4	245.9	19.9	13.3
2013 年 11 月	216.9	18.5	23.2	291.3	22.5	11.7
2013 年 12 月	142.4	13.2	13.8	332.1	24.3	14.6
2014 年 1 月	112.5	9.4	13.0	370.2	26.5	13.1
2014 年 2 月	99.1	14.3	14.7	295.9	27.8	13.1
自贸区成立后平均占比		13.1	15.8		24.2	13.2

资料来源：根据中国人民银行数据整理。

4.4.3 上海自贸区金融改革的特点

第一，以国家金融改革的总体战略为重要引领。上海自贸试验区的金融改革创新，并非仅仅局限在几十平方公里的试验区里面。它的每一步发展动向，都与国家整体的金融改革相呼应，都是以国家金融改革的总体战略为引领。

第二，以制度创新为内在核心。与一些功能性设计相比，上海自贸试验区定位的核心是试验，重在制度创新，其意义在于成功之后向全国推广。特别要强调的是，上海自贸试验区的金融改革创新绝不是要形成资金聚集的“洼地”，而是要在最难撬动的金融改革创新领域，进行制度意义上的创新，进而探索可在全国复制推广的经验，避免可能发生的金融开放的系统性风险。

第三，以新型自贸园区为定位。传统的自由贸易园区，通常由单个国家（或地区）在其境内设立，更多是强调较高的贸易管理自由度和较多的经济政策优惠。一年多来，上海自贸试验区在提升传统自由贸易园区功能的基础上，积极创新，勇于超越。与传统自贸园区不同的是，上海自贸试验区的开放主题是推进投资自由化而不是单纯贸易自由化，产业取向是注重现代服务业而不是扩大加工制造业，发展主题是注重提升贸易功能而不是削减关税提升贸易量。

第四，以服务实体经济为重要目标。从一年多的实践来看，上海自贸试验区不是与内地市场相隔离的“特区”，更不是完全搞“外来外去”，容易引发资金、价格的双重套利的离岸市场，而是紧紧地以服务实体经济为重要目标，各项措施均着眼于支持经济结构调整和转型升级，以服务实体经济发展和促进投资贸易便利化为出发点和落脚点，稳妥、有序、可控地先行先试。

第五，以金融机构和市场组织为创新主体。上海自贸试验区的金融改革创新，都是坚持以各类金融机构为主体来满足实体经济的需要。目前在上海自贸试验区内，各类金融机构已经开始顺畅地提供对各种金融产品的创新和服务，在一定程度上满足了自贸区里的实体经济的需要。

第六，以防范金融风险为底线。先行先试要有效积累经验，必须要把风险防范放在非常重要的位置，如果在这个试验过程当中风险防范的意识不牢，措施不到位，导致出现金融风险，那么不光会影响整个自贸区建设，而且会使我国整体的金融改革创新安排大打折扣。从实践来看，上海自贸试验区坚持“一线放开、二线管好、适度渗透、有效监测”，充分发挥了腹地优势与辐射功效。

4.5 上海自贸区跨境直接投资发展的模式与对策

4.5.1　上海自贸区跨境直接投资发展的趋势

第一，离岸金融市场会打通对外开放的渠道。自贸区的金融离岸市场越来越发达，短期内规模有很大提升。市场中能容纳境内境外的各方参与者，无论是产品资金的供给者还是需求者，在供需双方的共同努力下，境内外开放的渠道将快速打通。

第二，互联网会加快自贸区的改革步伐。互联网金融的发展已经极大地改变了当前的金融生态，推进了市场化的步伐。平等、开放、创新、自由是自贸区金融与互联网金融的共同基因，自贸区的金融开放政策，一旦与互联网金融紧密结合，将会发挥巨大的潜力，快速推进自贸区的改革进程。

第三，综合化的金融将推动客户服务提升。随着自贸区内国际金融市场的快速发展，金融服务将越来越体现出综合化、混业融合的发展趋势。银行、证券、保险、信托、期货等金融机构将进一步合作，涵盖多个金融领域，对客户提供综合性的服务。

第四，金融中心与科创中心建设将更加紧密。在全球科创中心与国际金融中心建设“双轮驱动”战略之下，将进一步加强自贸试验区金融开放创新试点和上海国际金融中心建设的联动发展，注重自贸试验区扩区后四个片区的产业类型和未来发展的定位，体现不同片区金融创新的侧重点。金融中心建设将为科技创新提供更加丰富的金融资源和服务手段，一些成长性好、发展潜力大的科技型企业容易被投资者发现、获取好的估值；初创期的科技型企业也更容易找到与之相匹配的天使投资、创业投资。同时，科创中心建设也会为金融中心建设提供新的内在动力和发展空间。

第五，人民币资本项目自由兑换与跨境投融资活动。按照统筹规划、服务实体、风险可控、分步推进的原则，在自贸区内进行资本项目可兑换的先行先试，逐步提高资本项下各项目的可兑换程度。参照其他国家和地区的经验，允许符合条件的自贸区内企业在一定限额内自主开展跨境投融资活动。人民币资本项目可兑换被认为是重中之重。该部分中，包括自由贸易账户外币业务启动、自由贸易账户功能拓展、双向跨境证券投资等内容。自贸试验区合格的个人境外投资试点”（QDII2），“探索给予一个额度，位于自贸试验区内的居民，先到境外进行投资”。在郑杨看来，这个境外投资，包括移民投资、房地产投资、境外证券投资和境外实业投资等。

第六，推动面向国际的金融市场建设。依托自贸区金融制度创新和对外开放优势，加快建设面向国际的金融市场，不断提升上海金融市场配置境内外资源的功能。同时推动金融开放“安全网”建设。建立适应自贸区发展和上海国际金融中心建设联动的金融监管机制，加强金融风险防范，营造良好的金融发展环境。

4.5.2 上海自贸区跨境直接投资发展的模式选择

1. 协调发展是自贸区跨境直接投资制度改革的基本模式

历史上，世界各国投资制度改革的核心内容无疑是利率市场化、汇率市场化以及资本项目可兑换或资本账户开放三大方面。我国经历了20余年金融改革的历程，目前的形势表现为三大改革仍存在一定的阻力，改革仍不够彻底，进一步深化相关制度创新，以推动三大改革协调发展仍是当前刻不容缓的问题。

从以前世界各国投资制度改革的历史经验来看，投资制度改革的模式体现在改革的顺序，到底是先利率、汇率市场化改革再资本市场开放，还是先对外开放资本账户，再进行国内利率汇率的改革，无外乎三类改革模式：“先内后外”、“先外后内”以及“爆炸说”。

“先外后内”的投资制度改革模式，先推动本国货币的国际化，以及资本账户的逐步开放，在本国货币已经逐渐成为世界货币的基础上，借用已取得的国际金融资源优势的基础上，再推动本国金融制度的改革以及金融的自由化，包括本国利率的市场化、汇率的市场化。比较典型的国家是美国。

“先内后外”的投资制度改革模式，投资制度改革注重先对国内的金融制度、金融市场与要素进行改革，在国内已经取得较为成功的改革经验，基本形成较为市场化的金融体制的基础上，再开始分步骤推动与国外金融体系的对接，实施资本账户的开放，并促进本国货币的国际化，比较典型的国家是日本、英国等国家。

“爆炸式”的投资制度改革模式，在本国的利率市场化改革、汇率市场化改革以及金融体系的相关要素还未完成市场化的情况下，为了加快本国金融体系与国际金融体系的对接，促进国际、国内两个市场，两种资源的利用，采取比较激进的模式，在较短的时间内，同时推进利率、汇率的改革，并推动资本账户的开放。比较典型的国家有拉美国家和东亚国家的金融改革模式。

从金融发展逻辑路径来看，“先内后外”投资制度改革模式是符合逻辑规律的：要实现货币国际化，原则上应先开放资本项下可兑换业务，而要实现资本项下可兑换，前提是汇率市场化，需要实现资金跨境自由流动，逐步弱化并退出对外汇市场的常态化干预；而要做到汇率市场化，前提是要利率市场化。“先外后内”金融改革模式是特定历史背景下美国成功推动金融改革的历史模式，并不符合逻辑规律，也难以再复制。

传统的金融发展路径遵循从利率市场化到最后资本账户开放和货币国际化，“先内后外”的金融自由化模式，需要经历较为漫长的发展过程。然而目前的国际经济秩序，尤其是美国主导的国际贸易规则如跨太平洋伙伴关系协议（TPP）和跨大西洋贸易与投资伙伴协议（TIPP）将实行更高标准、更大深度的自由贸易安排。

目前金融自由化最为核心的存款利率市场化、资本项目自由化在我国仍处于管制状态，人民币国际化程度不高，金融自由化的程度总体还不算高。要更好地、全面地融入国际经济及国际贸易格局，资本账户开放及金融服务领域的开放并尽快对接国际贸易规则以及中美双边投资协定（BIT）是关键。

在当前国际形势下，基于我国目前金融自由化总体发展情况下，完全地停止某些金融改革，加强推进另外一些金融改革显然不适合我国的国情，无论是“先内后外”或是“先外后内”都是不太现实的。

协调推动利率市场化、汇率形成机制改革、人民币国际化与资本账户开放的有序发展，循序渐进、协调配合、相互促进，具体的改革开放措施成熟一项，推进一项，应该是上海自贸区投资制度改革比较可行的模式。

2. 金融开放并促进资本项目可兑换是上海自贸区投资制度改革协调发展的现实路径

上海自贸试验区成立以来，各项制度创新与改革措施稳步推进。在利率市场化方面，央行上海总部宣布，从 2014 年 3 月 1 日起，放开上海自贸区小额外币存款利率上限。上海自贸区在全国率先实现了外币存款利率的完全市场化。在外部存款利率市场化完成后，预计下一步人民币存款利率放开将逐步实现，其步骤可能是按先长期后短期，先大额后小额，先银行后居民的步骤进行。

在外汇管理体制改革方面，推出了负面清单（2013 版）和负面清单修订版（2014 版），逐步明晰了自贸账户管理细则，并与 2014 年 6 月 19 日启动了自贸账户的使用。通过风险合格审慎评估的中国银行上海市分行、工商银行上海市分行、建设银行上海市分行、浦东发展银行上海市分行、上海银行、交通银行上海市分行及招商银行上海市分行 7 家银行，与相关企业签订了自由贸易账户开立协议。已经验收接入中国人民银行上海总部系统的中行、工行、建行上海市分行、浦发行上海市分行、上海银行 5 家银行已实现了开立自由贸易账户的功能。

在利率市场化、汇率市场化以及资本账户开放方面，自贸试验区已经逐步在有序分步推动改革，改革过程并不是遵循“先内后外”或“先外后内”，不是单兵突进而是协调发展。

在协调发展过程中，体现自贸区改革总体精神的“开放倒逼改革”仍然可以成为金融改革的主流趋势。据央行周小川行长表示，存款利率已实现允许上浮 30% 的上限，预计近一两年就会逐步放开，利率市场化将真正实现。汇率浮动的弹性区间也在逐渐增大。而无论是利率市场化、汇率市场化均处于稳步推进过程中，金融对外开放、资本项目可兑换的逐步推进，将会为利率市场化、汇率市场化创造条件。

上海自贸区投资制度改革先行先试最重要的一步是自贸账户体系的建立，它将为资本项目可兑换、资金双向流动创造重要的载体工具，是促进金融对外开放的重要步伐。而这也是上海自贸区金融改革非常务实可行的一步，是实现我国金融改革协调推进的关键环节。

4.5.3 深化上海自贸区跨境直接投资改革

第一，根据上海自贸试验区金融开放创新的特殊性，应尽快建立和完善统一的信息平台和金融运行指标体系。目前，我国的信息平台建设的现实情况是“九龙治水”，包括工商、财税、金融、海关、公安等各个部门掌握各自的信息，且互不相通，上海也是这样。这种状况对于上海自贸试验区推动金融创新、探索事中事后金融监管模式，对于金融机构评估企业信用水平等都是非常不利的。上海自贸试验区探索新型金融监管模式，必然要依靠全面的、统一的信息平台支持，不能只依靠传统的监管指标；金融机构评估企业信用水平、控制风险，也必须依靠大量的企业信息和交易数据，不能再依靠传统的指标控制和担保机制。因此，加快统一的信息平台建设已经是迫不及待。

第二，加强政府相关部门自贸区支持政策的协调和同步，加强金融监管协调。金融业的混业经营和混业监管已是全球金融业发展的一个趋势，我国目前的分业经营、分业监管已明显不符合这一趋势，现实运行中也遇到许多困难。在上海自贸试验区金融开放创新实践中，金融分业监管的弊端日益显现。在目前还不能完全改变金融体系分业体制的情况下，应特别重视“一行三会”监管部门的协调，否则，各部门各自对上海自贸试验区的支持政策都会大打折扣。

第三，上海自贸试验区金融改革创新与上海国际金融中心建设的联动机制。近年来，上海国际金融中心建设积累了很多经验，对自贸区有借鉴价值。自贸区金融改革的创新探索，譬如人民币兑换、利率市场化等，也是上海国际金融中心建设的重要内容，实现的必要条件和必经之路。如果自贸区在金融改革上取得实质性突破，经复制和推广后，将大大加快上海国际金融中心建设。因此，需要研究自贸区与上海国际金融中心建设之间的联动，包括空间联动，即自贸区与陆家嘴金融城、外滩金融带等上海国际金融中心的主要空间载体之间的联动；以及政策机制联动，即相关的金融开放创新政策在自贸区试验，陆家嘴、外滩复制推广，再向全国相关地区推广。

第四，上海自贸试验区应加大金融监管力度，不仅要提高监管的量化标准，而且需要改进监管方法。简化监管程序，强化监管操作，提高监管效力。一般而言，只要金融业务的标的是围绕贸易和投资的，都应当放开；与贸易和投资无关，纯粹的资金流动，监管部门就要高度审慎，要防止资金空转、套利和投机行为。监管部门应制订相应的政策法规，建立自贸区与境内市场相配套的协调机制，充分发挥区内区外的协同效应，化解潜在金融风险。要建立适合自贸区特色的监测报告体系，探索完善符合区内金融风险特征的监控指标，包括调整存贷比，优化杠杆率、流动性、集中度等指标。

第5章

跨境证券投资与上海自贸试验区金融创新

证券投资具有期限短、风险高、交易快捷的特点，资金流动的频率快。跨境证券投资涉及国家与国家之间的资金流入或流出，资金的快速双向流动，对一国的经济、金融造成很大的影响与冲击，因此，各国在实践中普遍将跨境证券投资的开放，放在资本项目开放的最后一步。资本市场的健全、完善，控制、管理好资金的双向流动，是国家应对国际金融危机，促进本国资本市场发展的关键。

本章以我国跨境证券投资的基本特征为基础，分析我国跨境证券投资发展的基本规模与发展趋势，揭示在资本账户管制较为严格、对外证券投资受到一定限制，且只能以限额投资为当前投资形式的情况下，阐述如何从上海自贸区促进对外证券投资先行先试改革突破为主要内容，分析上海自贸区跨境证券投资发展的制度改革与金融创新，阐述利用自贸账户体系发展上海自贸区跨境证券投资的模式与对策。

5.1 我国跨境证券投资的发展现状

分析跨境证券投资的基本状况以及相应的资金双向流动的规律，主要源自对国际收支平衡表和国际投资头寸表的资本与金融项目部分。国际收支平衡表的资本与金融项目记录了一国证券投资部分一定时期如本年度的资金流动情况，国际投资头寸表的资本与金融项目记录了一国证券投资部分该时点资金净流入或流出的额度。

跨境证券投资按大类主要分为股权证券和债券证券两部分。在国际收支平衡表中，对股本证券和债券证券分别记在资产和负债两个栏目。在资产栏目，借方反映本国居民增持股权、债券的情况，表现资金的流出；贷方反映本国居民减持股权、债券的情况，表现资金的流入；差额描述资金的净流量，“正”表示资金净流入，“负”表示资金净流出。在负债栏目，贷方反映向国外非居民发行股票、债券的情况，表现资金的流入；借方反映收回向国外非居民发行股票、债券的情况，表现资金的流出；差额描述资金的净流量，“正”表示资金净流入，“负”表示资金净流出。

5.1.1 近年证券投资总体表现为顺差格局

针对我国的跨境证券投资，从跨境证券投资的方向来看，可分为我国对外证券投资和境外对我国证券投资。投资净额情况体现了资金流入或流出的方向。

如表 5－1 所示，证券投资资产反映了我国对外证券投资的基本情况。股权资产和债券资产为正表明我国对外证券投资资金流出，为负表明我国对外证券投资资金流入，即资金回流。

表 5－1　2010—2014 年我国对外证券投资情况　单位：亿元人民币

年份	证券投资资产	证券投资资产——股权	证券投资资产——债券
2010	-521.461	-573.903	52.442
2011	397.858	71.349	326.508
2012	-405.796	127.496	-533.291
2013	-335.288	-158.116	-177.173
2014	-664.558	-85.607	-578.951

近 5 年来，只有 2011 年证券投资资产为正，表现为我国对外证券投资流出，其余年份均表现为我国对外证券投资资金回流，如图 5－1 所示。

在股权和债券投资两类中，显然债券投资的额度较大，在 2012—2014 年有较多的债券投资资金回流。投资境外证券的资金回流，表明境外证券收益率对于吸引我国境内投资者的力度减弱，或者因为境内证券的收益回报等对于投资者而言更有吸引力，大量资金选择回流国内。

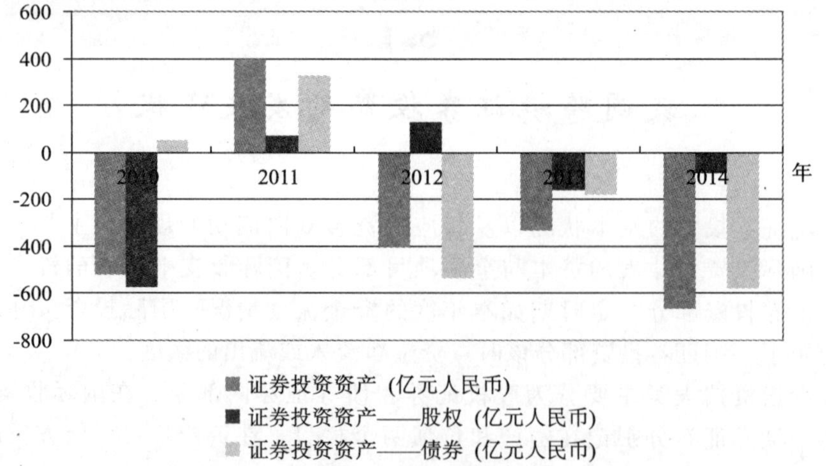

图 5－1　2010—2014 年我国对外证券投资情况

如表5－2所示，证券投资负债反映了境外对我国证券投资的基本情况。股权负债和债券负债为正，表明境外对我国证券投资的增加，表现为资金的流入；为负表明境外对我国证券投资的减少，即资金流出。

显然，证券投资负债各年份均为正，表明境外资金持续增加对我国股权和债券的投资，境外资金对我国证券内资产的收益有较好的预期，境外资金持续流入我国境内。

表5－2　2010—2014年境外对我国证券投资情况　单位：亿元人民币

年份	证券投资负债	证券投资负债——股权	证券投资负债——债券
2010	2 126.22	2 106.21	20.01
2011	866.364	349.961	516.403
2012	3 418.79	1 887.43	1 531.36
2013	3 602.50	2 015.03	1 587.47
2014	5 726.57	3 189.17	2 537.39

从流入境内的资金额度来看，除2011年流入境内的资金额度较低外，其他年份均高于2 000亿元人民币。从股权和债券的对比来看，境外资金投资股权的流入资金相对稍多于投资债券的资金。表明我国股权、债券市场的收益回报，给予境外投资者较多的吸引，境外资金倾向于投资我国在境外发行的股票或债券或者参与投资境内的证券市场。

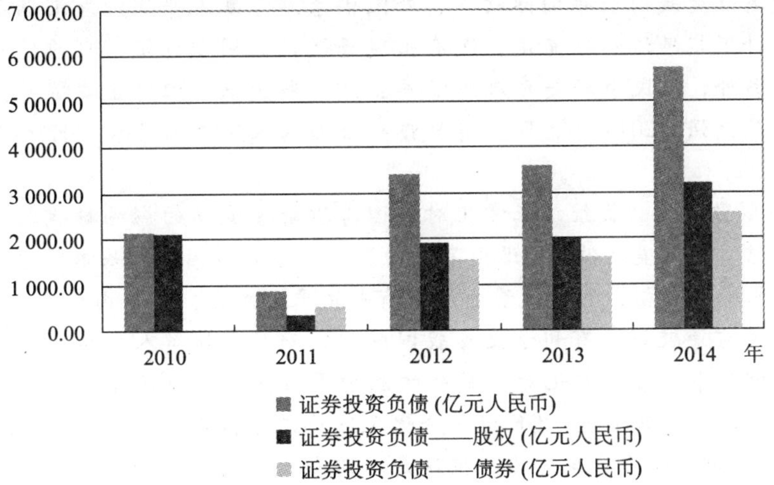

图5－2　2010—2014年境外对我国证券投资情况

这与国际资金流动的方向有明显差异。近3年来，国际资金流动倾向于从新兴市场经济体国家流向欧美发达国家，尤其是2014年美国逐步退出"量化宽松"货币政策，美元逐渐走强的背景下，国际资金流回美国的趋势更加明显。

从我国资金流动的方向来看，自2011年美欧主权债务危机之后，连续3年出现由于境外对我国证券投资增长而形成的证券投资净流入。近3年，证券投资表现为从境外资金流入我国境内，为顺差格局。

境外不断加大对中国的证券投资，体现了在中国经济稳步增长的背景下，资本市场逐步完善且对外开放不断扩大的吸引力。

专栏 5－1

美联储退出量化宽松货币政策对我国跨境资本流动的影响①

2014 年 10 月 29 日，美联储正式宣布结束维持两年之久的第三轮量化宽松货币政策（以下简称“QE”）。作为世界最大经济体和主要储备货币发行国，美国宏观经济政策的一举一动都会产生巨大的溢出效应。回顾 2014 年，非美货币普遍出现大幅贬值，部分新兴经济体甚至出现经济动荡，我国跨境资本流动受到的影响总体有限。展望 2015 年，美联储货币政策继续正常化对我国跨境资金流动的影响挑战与机遇并存，要主动适应内外部市场环境可能出现的新变化。

2014 年美联储 QE 退出对我国跨境资本流动的影响有限。2014 年发达经济体货币政策分化加剧了全球外汇市场的波动，美元自 5 月份起展开一轮快速升值，非美货币普遍下跌，部分新兴经济体再度出现资本外流。从我国的情况看，2014 年下半年以来，在人民币汇率双向波动明显增强的背景下，美联储 QE 退出与国内经济放缓等因素叠加，推动我国企业加快“资产外币化、债务去杠杆化”的财务调整，跨境资金呈现出一定的偏流出压力。但这没有改变我国全年国际收支、外汇供求趋于基本平衡、外汇储备略有增长的总格局，境内外汇市场流动性充足，没有出现恐慌性的囤积外汇，目前的资本流出规模是可承受的。另外，人民币对美元双边汇率虽然有所走低，但对主要贸易伙伴货币的多边汇率总体依然偏强。2014 年，国际清算银行公布的人民币名义和实际有效汇率分别升值 6.4% 和 6.2%。

2015 年美联储货币政策继续正常化对我国跨境资金流动的影响挑战与机遇并存。一方面，我国有信心应对美联储 QE 退出带来的影响。一是我国经济基本面总体良好，外部账户稳健，外汇储备充裕，对跨境资金流出有一定承受能力；二是由于美联储 QE 退出说明美国经济复苏前景较好，有利于改善我国外需，而且会缓解人民币升值压力。另一方面，应把美联储货币政策正常化对我带来的压力看成是进一步改革开放，加快构建开放型经济新体制的动力。比如说，QE 退出分化人民币汇率预期，有利于汇率市场化形成机制改革；QE 退出增加跨境资金流出，但这是对前期大规模流入的纠正，有利于促进国际收支趋向基本平衡；QE 退出可能造成全球流动性收紧，但有利于倒逼国内企业更加重视风险管理，减少货币错配，等等。

监管部门和市场主体应主动适应内外部市场环境可能出现的新变化。外汇管理部门将会进一步完善人民币汇率市场化形成机制，保持人民币汇率在合理、均衡水平的基本稳定，加快发展外汇市场，加强对跨境资金流入和流出的双向监测预警，不断完善相关应对预案。市场主体应根据自身业务经营情况合理安排资产负债结构，恰当运用风险避险工具对冲不确定性风险，主动适应跨境资金流动和人民币汇率双向波动的新常态。

---

① 国家外汇管理局：“2014 年中国跨境资金流动监测报告”。

5.1.2　跨境证券投资渠道多元化且规模持续扩大

当一个国家的货币资本账户项目下还不能够允许货币自由兑换时，资本账户开放力度有限时，该国对跨境投资国外股权、债券，以及境外资本跨境投资本国股权、债券等方面就会有一定的限制，如额度限制、规则限制等。国际上通行的规则是采取所谓的 QFII、QDII 业务，如韩国、印度、我国台湾地区等均曾经实施推动 QFII、QDII 业务的发展。

目前我国并未允许货币完全自由兑换，一些资本项目仍处于外汇管制阶段。基于这一现实，我国在对外证券投资和境外对我国的证券投资方面，也采取了类似的制度，在国家外汇管理局的授权下开展跨境证券投资业务。

近年陆续推动了相关业务的创新与发展。我国对外证券投资业务的主要表现形式就有 QDII 业务、沪港通业务的港股通等，境外对我国证券投资业务的主要表现形式有 QFII 业务、RQFII 业务、沪港通业务的沪股通以及在境外发行股票或债券等。随着这些业务的持续深入推进与发展，在当前我国资本项目管制较为严格的形势下，跨境证券投资业务的模式也在逐渐多元化，投资的额度也在逐步增大。

1. 合格境外机构投资者项下跨境资金流动状况

QFII 业务，是指合格境外机构投资者（Qualified Foreign Institutional Investor，简称 QFII）业务，是一国在货币没有实现完全可自由兑换、资本项目尚未开放的情况下，有限度地引进外资、开放资本市场的一项过渡性的制度。

这种制度要求外国投资者若要进入一国证券市场，必须符合一定的条件，得到该国有关部门的审批通过后汇入一定额度的外汇资金，并转换为当地货币，通过严格监管的专门账户投资当地证券市场。

我国自 2003 年 7 月 9 日正式启动引入 QFII 业务。合格的境外机构投资者，在经过证监会的审核之后，境外机构投资者可以在国家外汇管理均允许的额度内将外汇换成人民币进行境内投资。经过 12 年的发展，QFII 业务的合格投资者数量及投资额度有了较大的发展。

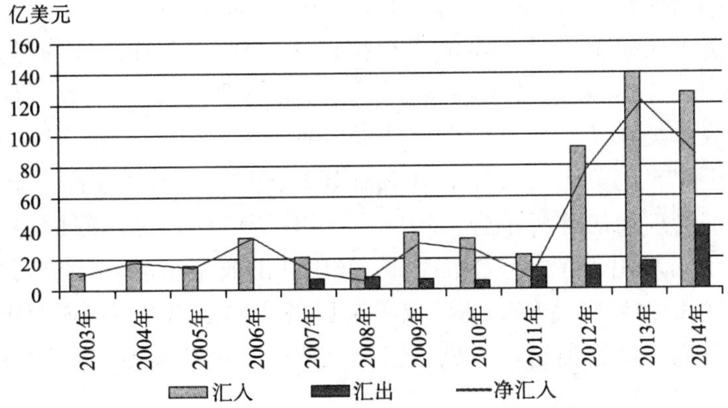

图 5－3　2003—2014 年 QFII 资金汇出入情况

数据来源：国家外汇管理局。

从资金流动情况来看，如图 5 - 3 所示，2003 年至 2006 年资金全为汇入，额度约为 20 亿美元左右，规模不大。2007 年开始，产生资金汇出，即有部分资金开始回流境外，但总体净汇入为正。其中，2012 年至 2014 年 3 年汇入资金的额度增加明显，差不多有 100 亿美元以上。

在 2014 年，QFII 机构资金净汇入规模有所回落，汇入资金 127 亿美元，较 2013 年下降 9%；汇出资金 40 亿美元，达历史最高水平，增长 135%；净汇入资金 87 亿美元，下降 29%。

国家外汇管理局在 QFII 审批额度方面持续放大，体现国家通过 QFII 业务拓展资本对外开放的力度。2014 年，新增 QFII 机构 33 家，新增额度 172 亿美元，较 2013 年增加 40%；截至 2014 年底，累计批准 261 家 QFII 机构共计 669 亿美元的境内证券投资额度。从 2014 年批准额度与实际资金流动情况对比来看，汇入境内资金远低于批准额度，也低于新增额度 172 亿美元，表明境外资金进入境内的意愿还不够强，境内证券资产吸引外资的力度还不够。

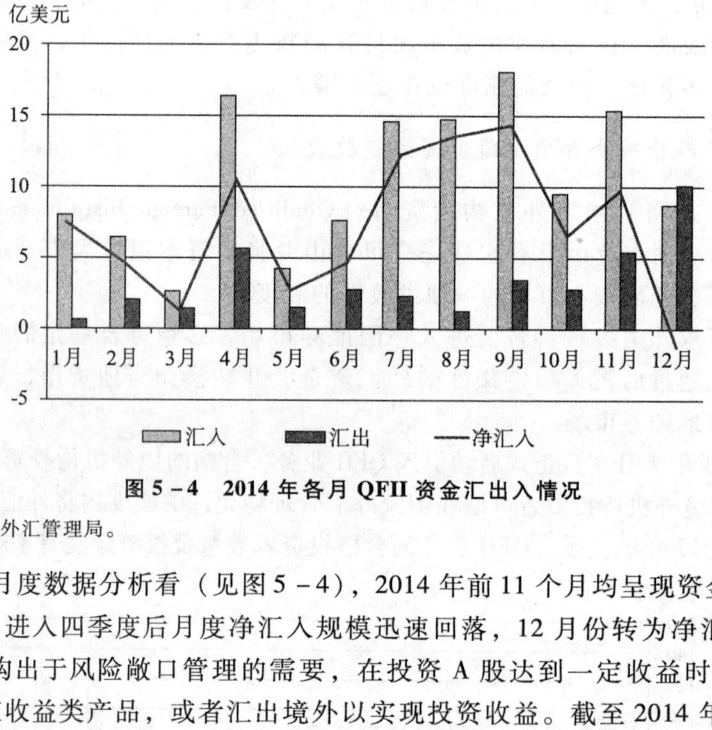

图 5 - 4 2014 年各月 QFII 资金汇出入情况

数据来源：国家外汇管理局。

从 2014 年月度数据分析看（见图 5 - 4），2014 年前 11 个月均呈现资金净汇入，三季度为年内高点，进入四季度后月度净汇入规模迅速回落，12 月份转为净汇出。主要原因是部分 QFII 机构出于风险敞口管理的需要，在投资 A 股达到一定收益时主动退出市场，换持现金或固定收益类产品，或者汇出境外以实现投资收益。截至 2014 年底，QFII 机构累计汇入投资资金 576 亿美元，累计汇出资金 102 亿美元，累计净汇入资金 474 亿美元。

根据国家外汇管理局的分析报告，2014 年 QFII 资产配置仍偏好股票资产。由于 2014 年下半年境内 A 股市场出现了持续上涨，且 QFII 进出股票市场相比银行间债券市场更为便利，因此 QFII 机构继续保持较高的股票投资比例。截至 2014 年底，QFII 总资产中股票资产的比例超过七成，债券类约占一成，银行存款、基金及其他类合计约占两成。

2. 合格人民币境外机构投资者项下资金流动状况

RQFII（RMB Qualified Foreign Institutional Investors）是指人民币合格境外投资者。在

资本项目管制的情况下，2011年9月底，据香港金管局的统计数字表明，香港人民币存款达6 222亿元。为支持香港发展成为离岸人民币业务中心，拓宽停留在香港的人民币的投资渠道，促进人民币回流，2011年，推出了允许以人民币境外合格机构投资者方式（RQFII）投资境内证券市场，起步金额为200亿元的制度。

2011年8月，中国首次宣布，允许以RQFII方式投资境内证券市场，RQFII制度试点于2011年12月正式开始，首个试点地区为香港，起步金额为200亿元人民币。华夏基金、嘉实基金、易方达基金、博时基金、南方基金、华安基金、大成基金、汇添富基金、海富通基金等9家基金公司旗下香港子公司已获得中国证监会批准，首批拿到人民币境外合格机构投资者（RQFII）资格。

2012年4月，证监会宣布在香港增加500亿元RQFII投资额度；2012年12月，证监会宣布再次增加2 000亿元RQFII额度。

2013年10月，中英联合声明授予伦敦800亿元RQFII额度；2013年10月，新加坡获得500亿元RQFII额度；2014年3月，法国获得800亿元RQFII额度；2014年7月，韩国获得中国800亿元RQFII额度；2014年7月，德国获得800亿元RQFII额度。

从RQFII审批额度来看，自推出该项业务以来，获得额度批准的国家继续增多，额度规模持续扩大。截至2014年底，新增机构43家，新增额度1 422亿元，较上年增多57%；RQFII试点已扩大到境外10个国家和地区，可投资额度达8 700亿元，累计已批准了95家RQFII机构共计2 997亿元人民币的证券投资额度。

2014年，RQFII项下资金流动规模创新高。RQFII项下汇入资金1 697亿元，增长344%；汇出资金676亿元，增长153%；净汇入资金1 020亿元，增长791%。在2014年前11个月，汇入资金持续攀升；直至12月，在“沪港通”交易机制带来的替代效应和机构获利离场作用下，RQFII项下首次出现净流出约200亿元。截至2014年底，RQFII机构累计汇入投资资金2 638亿元，累计汇出资金974亿元，累计净汇入资金1 664亿元（见图5－5）。

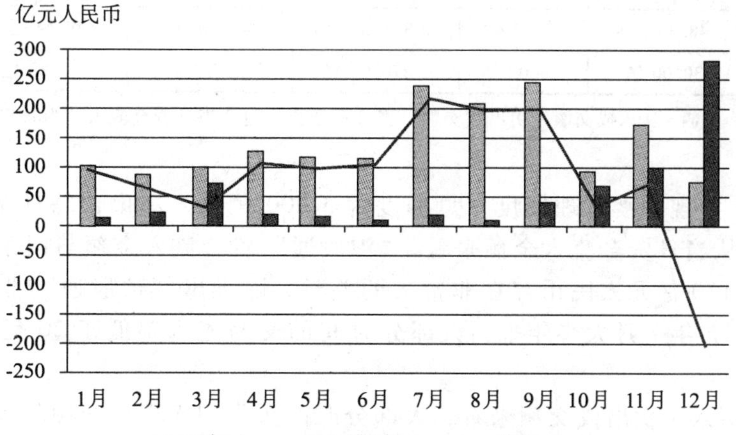

图5－5　2014年各月RQFII资金汇出入情况

数据来源：国家外汇管理局。

3. “沪港通”机制资金流动状况

“沪港通”是指上海证券交易所和香港联合交易所允许两地投资者通过当地证券公司（或经纪商）买卖规定范围内的对方交易所上市的股票，是沪港股票市场交易互联互通机制。“沪港通”于2014年11月17日正式开通。“沪港通”分为“沪股通”和“港股通”两类，包含境内投资境外香港证券市场和境外香港投资境内证券市场股票。

沪股通，是指投资者委托香港经纪商，经由香港联合交易所设立的证券交易服务公司，向上海证券交易所进行申报（买卖盘传递），买卖规定范围内的上海证券交易所上市的股票。主要反映境外香港资金流入境内的情况。

表5-3　沪股通资金流动情况　单位：元

日期	当日资金流入	当日余额	总余额	当日成交净买额	买入成交额	卖出成交额
2015/7/30	-0.61亿	130.61亿	1 742.40亿	-2.06亿	19.03亿	21.09亿
2015/7/29	-4.87亿	134.87亿	1 739.29亿	-6.45亿	26.2亿	32.66亿
2015/7/28	26.65亿	103.35亿	1 730.01亿	24.58亿	66.9亿	42.40亿
2015/7/27	-1.48亿	131.48亿	1 750.01亿	-1.54亿	25.76亿	27.30亿
2015/7/24	0.09亿	129.91亿	1 747.62亿	-0.66亿	25.82亿	26.48亿
2015/7/23	4.94亿	125.06亿	1 747.45亿	3.34亿	26.49亿	23.15亿
2015/7/22	-4.34亿	134.34亿	1 751.32亿	-6.23亿	22.22亿	28.45亿
2015/7/21	-4.33亿	134.33亿	1 745.30亿	-6.71亿	19.16亿	25.87亿
2015/7/20	-2.74亿	132.74亿	1 738.74亿	-3.78亿	25.2亿	28.99亿
…	…	…	…	…	…	…
2014/11/21	23.41亿	106.59亿	2 763.76亿	22.00亿	24.31亿	2.31亿
2014/11/20	22.76亿	107.24亿	2 785.72亿	21.42亿	23.1亿	1.68亿
2014/11/19	26.12亿	103.88亿	2 795.43亿	24.97亿	26.7亿	1.73亿
2014/11/18	48.45亿	81.55亿	2 821.55亿	47.20亿	49.44亿	2.24亿
2014/11/17	130.00亿	0	2 870.00亿	120.82亿	120.82亿	0

注：当日成交净买额=买入成交额-卖出成交额；当日资金流入包括当日资金流入和当日申报单位成交的买单金额。

“沪股通”实现额度管理制度，总额度为3 000亿元人民币，每日交易额度为130亿元人民币。从当日资金流入金额来看，“沪股通”资金流入金额与国家外汇管理局授予的每日限额130亿元人民币存在非常大的差额，除推出“沪股通”业务第一天用足额度外，到2015年7月大半年来，大部分时间的交易流入都低于20亿元人民币（见表5-3）。

从沪股通买入、卖出成交额来看，大部分时间买入和卖出成交额都比较接近，这也导致了资金净流入额比较低，大部分时间都只有几亿元人民币，如图5-6所示。

图5-6　沪股通买入、卖出成交额情况

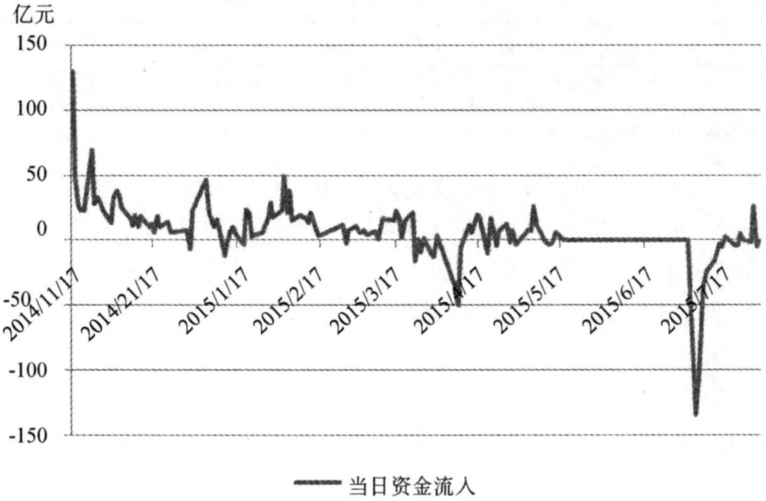

图5-7　沪股通当日资金流入情况

在2014年11月沪股通业务刚推出时，有几个交易日有较多资金流入境内。在2015年6月，出现大笔资金流出境内的情况（见表5-7）。

港股通，是指投资者委托内地证券公司，经由上海证券交易所设立的证券交易服务公司，向香港联合交易所进行申报（买卖盘传递），买卖规定范围内的香港联合交易所上市的股票。主要反映境内投资者投资香港证券的情况，表现为资金的流出。

表5-4　港股通资金流动情况

日期	当日资金流入（元）	当日余额（元）	总余额（元）	当日成交净买额（港元）	买入成交额（港元）	卖出成交额（港元）
2015/7/30	2.02亿	102.98亿	1 589.00亿	0.38亿	8.86亿	8.47亿
2015/7/29	7.29亿	97.71亿	1 588.00亿	4.96亿	13.62亿	8.66亿

续表

日期	当日资金流入（元）	当日余额（元）	总余额（元）	当日成交净买额（港元）	买入成交额（港元）	卖出成交额（港元）
2015/7/28	3.04 亿	101.96 亿	1 590.00 亿	-0.19 亿	14.87 亿	15.06 亿
2015/7/27	1.02 亿	103.98 亿	1 588.00 亿	-1.69 亿	21.76 亿	23.45 亿
2015/7/24	5.07 亿	99.93 亿	1 582.00 亿	3.39 亿	14.23 亿	10.84 亿
2015/7/23	4.34 亿	100.66 亿	1 584.00 亿	2.92 亿	12.87 亿	9.95 亿
2015/7/22	6.01 亿	98.99 亿	1 586.00 亿	5.13 亿	12.08 亿	6.95 亿
2015/7/21	1.56 亿	103.44 亿	1 589.00 亿	-0.81 亿	10.99 亿	11.80 亿
2015/7/20	2.52 亿	102.48 亿	1 588.00 亿	1.11 亿	11.36 亿	10.25 亿
…	…	…	…	…	…	…
2014/11/21	1.86 亿	103.14 亿	2 470.00 亿	1.75 亿	3.09 亿	1.34 亿
2014/11/20	1.96 亿	103.04 亿	2 472.00 亿	1.87 亿	2.82 亿	0.94 亿
2014/11/19	2.53 亿	102.47 亿	2 473.00 亿	2.66 亿	3.81 亿	1.15 亿
2014/11/18	8.00 亿	97.00 亿	2 474.32 亿	9.37 亿	10.83 亿	1.46 亿
2014/11/17	17.68 亿	87.32 亿	2 482.32 亿	21.32 亿	22.38 亿	1.06 亿

注：当日成交净买额 = 买入成交额 - 卖出成交额；当日资金流入包括当日资金流入和当日申报单位成交的买单金额。

"港股通" 实现额度管理制度，总额度为 2 500 亿元人民币，每日交易额度为 105 亿元人民币。从表 5-4 可以看出，自 2014 年 11 月 17 日 "沪港通" 业务启动以来，每天的成交净买额远低于授权交易额度 105 亿元人民币，许多交易日只有几亿元人民币的交易，当日交易余额经常有 100 亿元人民币的额度。

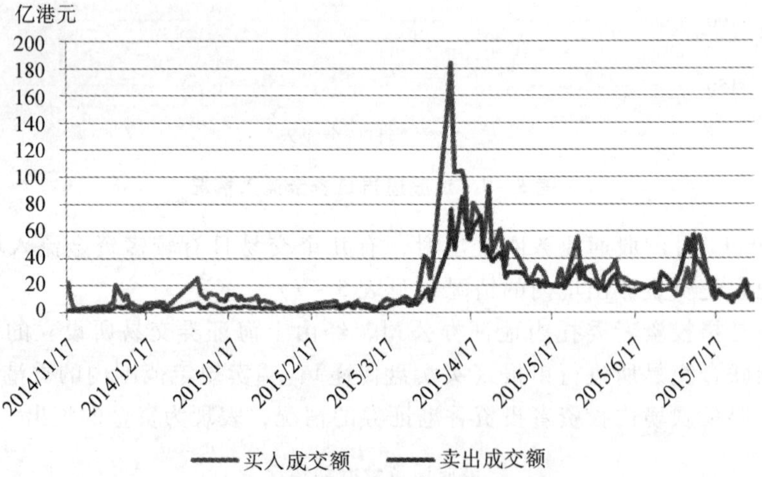

图 5-8　港股通买入、卖出成交额情况

从港股买入成交额、卖出成交额来看（见图 5-8），大部分交易日买入、卖出成交额比较接近，因此导致港股通成交净流入额度非常低。如图 5-9 所示，许多交易日的资金净流入接近于 0 亿元人民币。

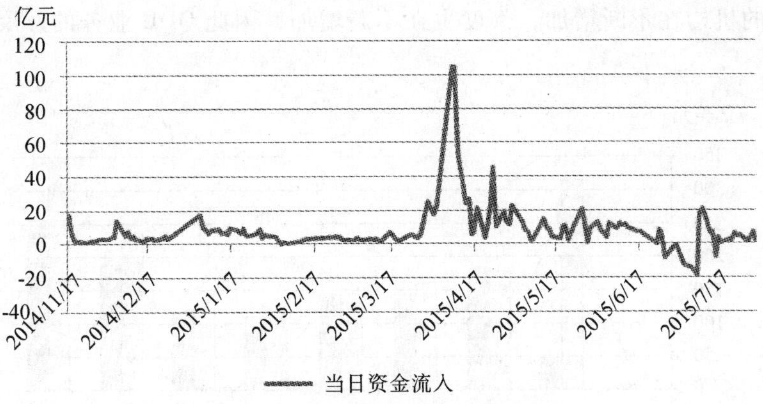

图5-9　港股通当日资金流入情况

仅在2015年4月中旬出现买入成交额、卖出成交额较大的情况。其中在2015年4月8日和9日出现买入成交额分别为160.57亿元人民币和184.63亿元人民币，资金流入金额较大，均达到105亿元人民币。这是“沪港通”业务启动以来，通过沪股通单日最大的两次资金流入，也是仅有的两次达到授权额度。

显然，从与“沪港通”的额度管理差距来看，半年多来，业务开展的总体情况还没有达到额度范围，表明“沪港通”业务的实施效果还不够。

据国家外汇管理局2014年跨境资金监测报告显示，截至2014年12月底，跨境资金通过“沪港通”机制自香港特区净流入至内地约99亿美元，其中通过“沪股通”资金从香港特区流入内地114亿美元，通过“港股通”从内地流出至香港特区的有15亿美元。

“沪港通”交易机制带来替代效应。由于“沪港通”交易机制相对灵活，且成本较低，导致部分境外投资者从RQFII撤出资金，转向通过沪港通投资A股。

4. 合格境内机构投资者项下资金流动状况

QDII，是“Qualified Domestic Institutional Investor”的首字缩写，合格境内机构投资者，是指在人民币资本项下不可兑换、资本市场未开放条件下，在我国境内设立，经国家有关部门批准，有控制地，允许境内机构投资境外资本市场的股票、债券等有价证券投资业务的一项制度安排。

2006年9月，第一只QDII外币基金——华安国际配置基金通过工商银行、华安基金理财中心和华安基金网上销售向投资人定向募集。根据外汇管理局批准的额度，华安国际配置基金首次募集规模上限为5亿美元，该基金将投资于纽约、伦敦、东京、香港等国际资本市场，投资范围主要覆盖股票、债券、房地产信托凭证（REITs）、商品基金等金融产品。

自2006年推出QDII基金业务以来，银行、证券公司、保险公司分别推出了相应的QDII基金业务，开展理财或财富管理计划。通过QDII基金汇出境外投资或投资回收汇入境内的金额不断增加。如图5-10所示，除2006年刚推出QDII业务，只有首笔5亿美元汇出境外，其他年份汇入或汇出金额都明显增加，大多有近100亿美元。其中2007年和2014年是汇出金额很高的两年，均超过了300亿美元。当然，国家外汇管理局审批的开办 QDII 业务的机构在不断增加，额度也在不断增加，因此 QDII 业务的开展也得到了较快发展。

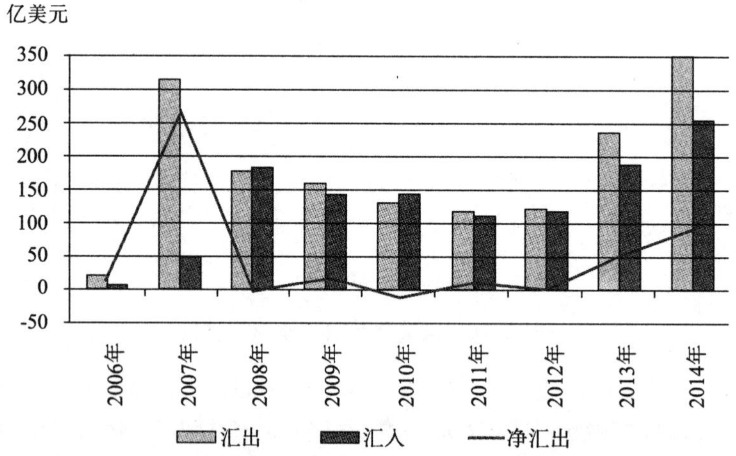

图 5-10　2006—2014 年 QDII 资金汇出入情况

数据来源：国家外汇管理局。

2008 年至 2013 年汇出和汇入金额都比较接近，100 亿美元左右，而净汇出金额也非常低，接近于 0 亿美元。在 2014 年有较为明显增加，汇出金额达到 350 亿美元，汇入金额约 200 亿美元，净汇出金额约 100 亿美元，是近些年发展规模最大的一年。

事实上，2014 年 QDII 审批额度略有调减。2014 年，新批 QDII 对外投资额度 197 亿美元，比上年多增 52%；因额度不足回收 QDII 投资额度 207 亿美元，比上年多收回 44%。截至 2014 年底，累计批准 127 家 QDII 机构共计 833 亿美元的证券投资额度，比上年减少 9 亿美元（见图 5-11）。

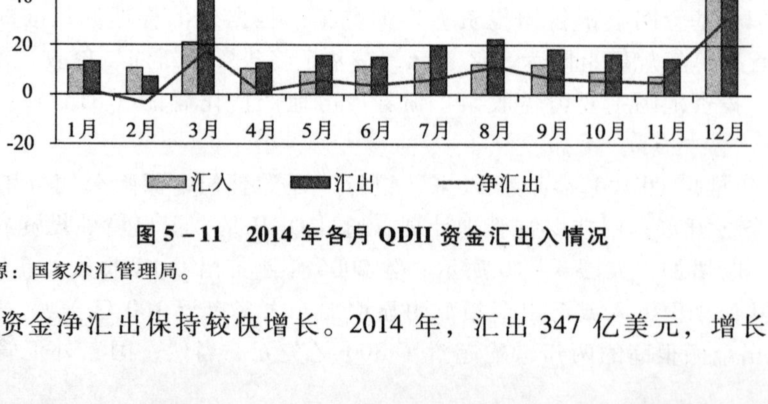

图 5-11　2014 年各月 QDII 资金汇出入情况

数据来源：国家外汇管理局。

QDII 机构资金净汇出保持较快增长。2014 年，汇出 347 亿美元，增长 48%；汇入

252亿美元，增长34%；净汇出95亿美元，增长111%，为2008年国际金融危机以来的新高，反映了随着海外资本市场持续上涨，境内对外证券投资热情有所回暖。

从月度数据看，QDII项下资金汇入和汇出波动整体较为平稳，但12月份出现了较大规模的汇出，净汇出32亿美元，为年内最高。主要原因，一是QDII机构不断拓展海外市场，境外投资项目逐步增多；二是人民币汇率有所走低，一定程度刺激了境内主体资产多元化的进程。截至2014年底，QDII机构累计汇出资金1 610亿美元，汇入资金1 191亿美元，净汇出资金419亿美元。

QDII机构海外资产配置日趋多元化。截至2014年末，QDII资产配置中，股票资产存量仍处首位，较2013年下降约6个百分点；其次是基金，增加约1个百分点；银行存款减少1个百分点；其他资产包括黄金、石油、房地产等变化较大，增加约6个百分点。

4. 境内企业境外上市筹资

境内企业境外上市的统计对象是指在中国大陆注册的法人机构，而非中国背景的公司。目前，国内企业海外上市有两种途径：一是经证监会批准直接在海外上市，也称H股公司；二是红筹模式，即国内企业股东首先在境外或港澳台地区注册一家特殊目的公司SPV，通过收购或协议方式控股国内企业，SPV再从境外证券市场上市，也称红筹公司。按国家统计局统计口径的境内企业境外上市只包括境内注册公司直接在海外上市，即H股公司（见图5－12）。

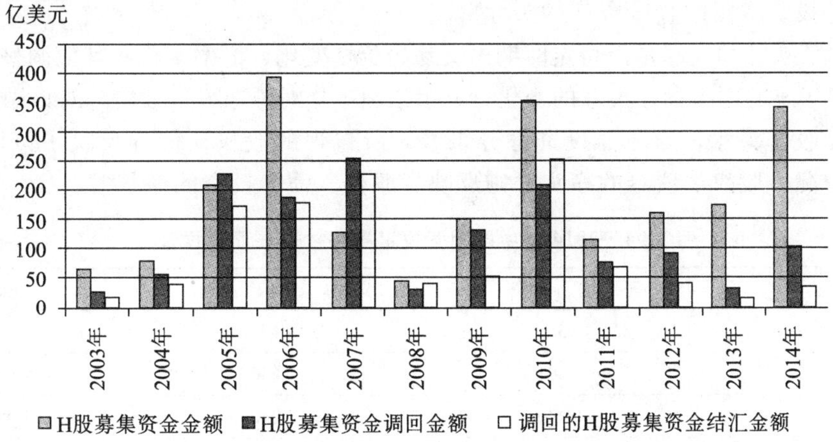

图5－12　2003—2014年H股募集、调回和结汇情况

数据来源：国家外汇管理局、中国证券监督管理委员会。

2014年，在纽约证券交易所上市的阿里巴巴是Alibaba Group Holding Ltd，该公司注册在开曼群岛，实际是特殊目的公司。统计口径上，该公司是境外企业而非境内企业，因此不属于境内企业海外上市范畴。据有关资料显示，2014年中国企业以红筹模式在美国纳斯达克和证交所挂牌上市筹资金额达254亿美元，除阿里巴巴外，还包括京东商城、聚美优品、迅雷、陌陌等14家企业。2014年，真正属于境内企业境外上市且筹资规模排前三的企业是中国银行、工商银行和中国平安，筹资金额分别为65亿、56亿和47亿美元，这均包含在342亿美元的统计规模之内。

境内企业境外上市筹资规模明显增长。2014 年，境内企业境外上市外资股筹资规模、资金调回及结汇规模均大幅增长。据证监会统计，2014 年境外上市外资股筹资规模为 342 亿美元，较 2013 年增长 73%。据外汇局统计，2014 年境外上市项下共调回资金 105 亿美元，增长 212%；结汇资金 35 亿美元，增长 108%。

2003 年至 2014 年累计筹资 2 211 亿美元，调回 1 424 亿美元，结汇 1 153 亿美元。

境内企业境外上市筹资规模明显增长。2014 年，境内企业境外上市外资股（H 股）筹资规模、资金调回及结汇规模均大幅增长。据证监会统计，2014 年境外上市外资股（H 股）筹资规模为 342 亿美元，较 2013 年增长 73%。据外汇局统计，2014 年境外上市项下共调回资金 105 亿美元，增长 212%；结汇资金 35 亿美元，增长 108%。2003 年至 2014 年累计筹资 2 211 亿美元，调回 1 424 亿美元，结汇 1 153 亿美元。

2014 年，阿里巴巴在美上市 IPO 融资额达 250 亿美元，而我国统计的当年境外上市外资股（H 股）筹资规模为 342 亿美元，后者并不包含阿里巴巴这类公司海外上市募集的资金。境内企业境外上市的统计对象是指在中国大陆注册的法人机构，而非中国背景的公司。

5.1.3 跨境证券投资方向有单向转变为双向互动

国际投资头寸表是反映特定时点上一个国家或地区对世界其他国家或地区金融资产和负债存量的统计报表。某一时点金融资产、负债的存量显示了一国当前持有国外金融资产或国外投资本国的金融资产的头寸。

国际投资头寸的变动是由特定时期内交易、价格变化、汇率变化和其他调整引起的，如每相邻两年年末的国际投资头寸的变化，显示该国本年对外净投资或境外对该国的净投资。

从国际收支头寸表的证券投资部分来看，所包含的股权、债券反映了该国股权和债券的存量情况，股权、债券的净头寸则反映了股权、债券投资的净权益。

表 5－5　2004—2014 年中国国际投资净头寸——证券投资　单位：亿美元

年份	证券投资	股权	债券
2004 年	354	－433	787
2005 年	401	－636	1 037
2006 年	1 445	－1 050	2 495
2007 年	1 380	－1 094	2 474
2008 年	848	－1 291	2 139
2009 年	528	－1 202	1 730
2010 年	332	－1 431	1 763
2011 年	－441	－1 250	809
2012 年	－955	－1 321	366
2013 年	－1 280	－1 447	166
2014 年	－2 518	－2 080	－437

资料来源：经国家外汇管理局中国国际投资头寸表数据资料整理得到。

从我国国际投资头寸的证券投资部分来看，股权投资的净头寸为负，表明从2004—2014年来，我国对外股权投资的净权益为负，即总额度来看境外对我国的股权投资为净流入；债券投资的净头寸除2014年外均为负，表明从2004—2013年来，我国对外债券投资的净权益为负，即总额度来看境外对我国的股权投资为净流出，只有2014年为净流入。

从证券投资的净头寸来看，2004—2010年为正，2011—2014年为负，表明前者我国对外证券投资为净流出资金，而近4年则为净流入资金。

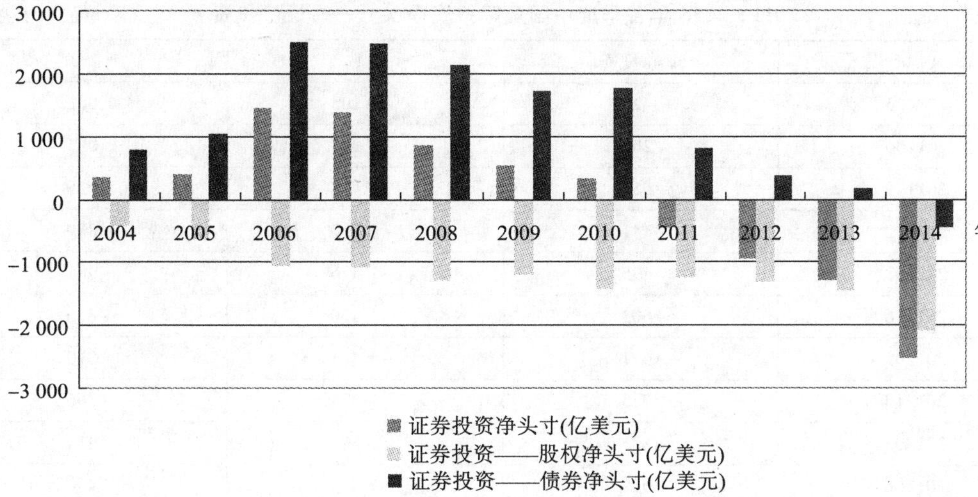

图5－13　2004—2014年中国国际投资净头寸——证券投资

从图5－13中可以看出，证券投资的净头寸明显由正转负，且额度持续增大，表明境外对我国证券投资的力度在持续加大。而从股权净头寸来看，额度也在持续增大，且一直为负，表明境外一直在增加对我国股权投资的额度；在债券净头寸方面，基本上主要表现为我国对外投资及资金的流出。

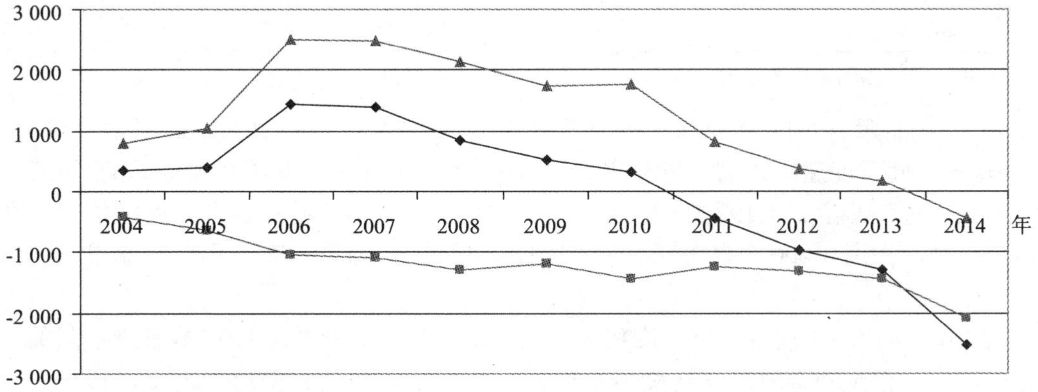

图5－14　2004—2014年中国国际投资净头寸——证券投资

从图5－14可以看出，证券投资——股权净头寸为负，且保持绝对值增大趋势，表明股权投资部分每年均处于资金流入阶段，流入资金持续增加，国外持续对我国股权增资。债券投资净头寸为正，且在2004—2006年持续增加，表明我国对外债券在增加，资金持续流出；从2007—2014年，债券投资净头寸开始减少，并在2014年为负，表明我国对外债券投资开始减少，资金持续回流，直到2014年变成境外资金净流入我国。从证券投资净头寸来看，从2011年开始，跨境证券投资净头寸为负，即境外资金净流入我国。

表5－6　2011—2015年各季度中国国际投资净头寸——证券投资　单位：亿美元

时间	证券投资	股权	债券
201103	－20	－1 103	1 083
201106	－200	－1 205	1 005
201109	－553	－1 478	925
201112	－441	－1 250	809
201203	－495	－1 476	982
201206	－603	－1 460	856
201209	－611	－1 481	870
201212	－955	－1 321	366
201303	－885	－1 370	484
201306	－919	－1 409	490
201309	－995	－1 325	330
201312	－1 280	－1 447	166
201403	－1 385	－1 344	－41
201406	－1 611	－1 404	－208
201409	－2 004	－1 638	－365
201412	－2 518	－2 080	－437
201503	－7 192	－5 805	－1 387

资料来源：经国家外汇管理局中国国际投资头寸表数据资料整理得到。

表5－6显示，2014年以来，各季度证券投资的净头寸一直为负，且表5－6、图5－16显示，随季度递增，说明境外资金持续净流入我国证券市场。截至2015年第一季度，净流入总头寸达到7 192亿美元。其中2015年第一季度境外资金净流量倍增，尤其是股权市场，净增3 000多亿美元，一定程度上与我国2015年第一季度A股市场疯狂上涨有紧密关系。

从2015年第一季度境外资金疯狂涌入境内可以看出，尽管我国资本账户管制的力度还比较严格，但是资金的逐利动机仍然推动境外资金通过各种渠道涌入境内市场。这也凸显了资金跨境监测的重要性，充分监测跨境资金的流动方向以及额度，对于国家制定监管外资套利政策，防范短期资本的大进大出而引发金融、经济危机具有重要的参考价值。

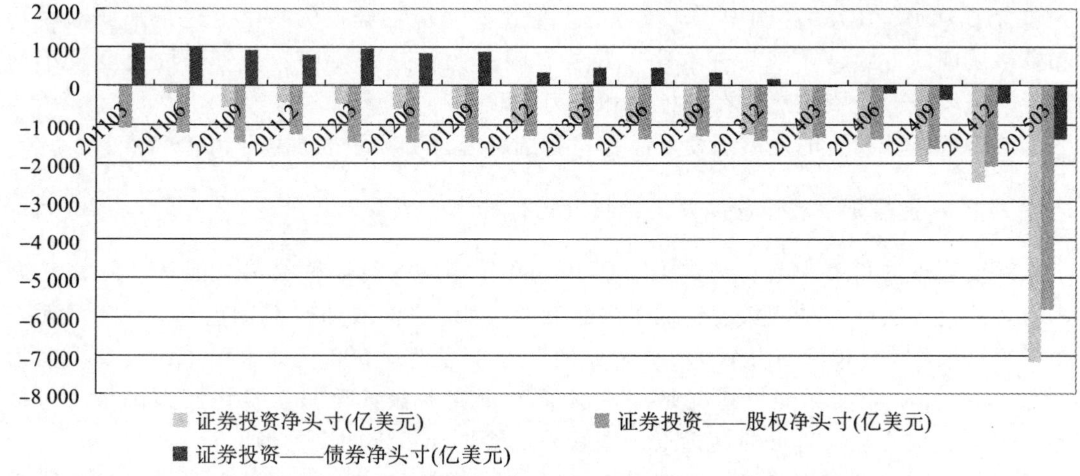

图5－15　2011—2015年各季度中国国际投资净头寸——证券投资

图5－15、图5－16也进一步显示了境外资金迅速涌进我国股票市场的特点，2015年第一季度其额度出现大幅度攀升。

债券投资的净头寸也体现出不断下降的趋势，到2014年第三季度为负，表现出资金的净流入。这种趋势也进一步加剧了证券投资资金净流入我国境内的趋势。

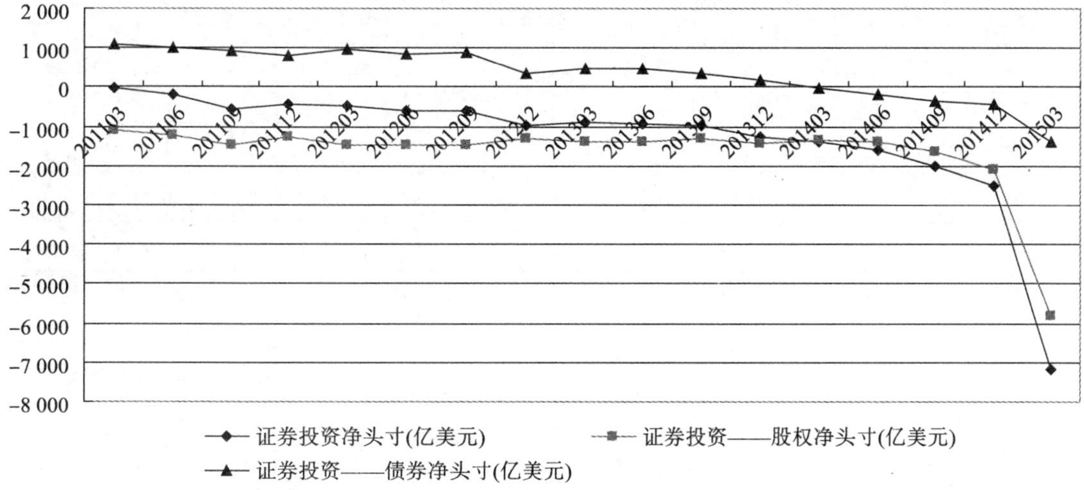

图5－16　2011—2015年各季度中国国际投资净头寸——证券投资

因此，从证券投资净头寸的变动趋势可以看出，资金流出境内的趋势逐步扭转，演变成境外资金通过相关渠道不断流入境内的特点。

5.1.4　跨境证券投资相对规模总体偏低且方式较单一

跨境证券投资作为我国对外证券投资和境外对我国证券投资的主要形式，在股权投资和债券投资等方面取得了较快的发展，规模得到持续扩大，跨境投资的渠道也逐步丰富，包含了 QFII、RQFII、QDII、沪港通等。但这些跨境证券投资基本上还是采取额度管理和资格认证的方式，在当前资本账户开放有限，尤其是跨境证券投资开放力度较小的情况下，跨境证券投资仍然存在着桎梏和阻力。

总结跨境证券投资的发展规模及品种，我国跨境证券投资表现以下几个特点：

1. 跨境证券投资相对开放度偏低，相对规模较小

从额度管理的角度来看，沪港通、QFII、QDII 等均实行限额交易。但从实际交易额度来看，沪港通实际交易的额度远低于限额额度。如，“沪股通”总额度为 3 000 亿元人民币，每日额度为 130 亿元人民币；“港股通”总额度为 2 500 亿元人民币，每日额度为 105 亿元人民币。而实际交易情况是“港股通”日交易额甚至只有几亿元人民币。包括 QDII、QFII 等成交额大部分时间远低于国家外汇管理局核定的交易额度。

反映跨境证券投资相对规模可以参考其成交净流量与该国国内生产总值 GDP、股权投资占股票总市值的比重等指标，描述跨境证券投资与本国经济总量、经济规模的比照（见表 5－7、表 5－8、表 5－9）。

表 5－7　　跨境证券投资各年净流量占 GDP 比重①

年份	证券投资净流量（亿美元）	GDP（亿元人民币）	占比
2005 年	－47	185 895. 8	0. 16%
2006 年	－1 044	217 656. 6	2. 95%
2007 年	65	268 019. 4	0. 15%
2008 年	532	316 751. 7	1. 03%
2009 年	320	345 629. 2	0. 57%
2010 年	196	408 903	0. 29%
2011 年	773	484 123. 5	0. 98%
2012 年	514	534 123	0. 59%
2013 年	325	588 018. 8	0. 34%
2014 年	1 238	636 462. 7	1. 20%

资料来源：由国家外汇管理局中国国际投资头寸表、国家统计局数据资料计算整理得到。

从 2005 年至 2014 年近 10 年的跨境证券投资占 GDP 的比重的总体趋势来看，跨境证券投资净流量处于明显增长趋势，但是相对 GDP 而言，占比相对较低，大部分年份不到 1%。显然，与国际上其他证券市场发达且开放度较高的国家，如美国、英国相比，跨境证券投资相对规模还是不高的。无论是净流入还是净流出，跨境证券投资规模均不高，表明我国跨境证券投资无论是对外汇占款从而引起货币增发，还是外资流入导致对外依

① 表 5－7、表 5－8、表 5－9 各项净流量单位为亿美元，为简化计算过程，美元兑人民币汇率均简单按 6. 15 进行计算，占比指标均取绝对值结果，不分正、负号。

存度高等方面，都不存在相应的压力。

表5－8　　跨境股权投资各年净流量占我国股票总市值比重

年份	股权投资净流量（亿美元）	股票总市值（亿元人民币）	占比
2005年	203	32 430.28	3.85%
2006年	414	89 403.89	2.85%
2007年	44	327 141	0.08%
2008年	197	121 366.43	1.00%
2009年	-89	243 939.12	0.22%
2010年	229	265 422.59	0.53%
2011年	-181	214 758.10	0.52%
2012年	71	230 357.62	0.19%
2013年	126	239 077.19	0.32%
2014年	633	372 547.00	1.04%

资料来源：由国家外汇管理局中国国际投资头寸表、国家统计局数据资料计算整理得到。

从2005年至2014年近10年的跨境股权投资占我国股票总市值的比重来看，除2005年、2006年的占比相对较高外，其他年份的占比基本上都低于1%。2005年、2006年以及2014年我国股票市场均处于上涨通道，这几年流入资金占股票市值相对较高；在2007年，我国股票市场指数进入最高点，并在10月份暴跌，这一年流入我国股票市场的境外资金占比最低。表明境外资金还是较为敏感地发现了A股市场的机会，且在2007年大量撤离也说明境外资本对做空我国股票市场具有较为成熟的经验，我国资本市场相对境外对冲基金显得还不够成熟。

表5－9　　跨境债券投资各年净流量占我国债券成交额比重

年份	债券投资净流量（亿美元）	债券成交额（亿元人民币）	占比
2005年	-250	228 456.96	0.67%
2006年	-1 458	382 839.23	2.34%
2007年	21	628 787.97	0.02%
2008年	335	956 855.15	0.22%
2009年	409	1 180 369.13	0.21%
2010年	-33	1 522 585.20	0.01%
2011年	954	1 642 721.63	0.36%
2012年	443	2 201 120.87	0.12%
2013年	200	2 675 851.02	0.05%

资料来源：由国家外汇管理局中国国际投资头寸表、国家统计局数据资料计算整理得到。

从2005年至2014年近10年的跨境债券投资占我国债券成交额的比重来看，基本上都低于1%。

因此，总体来看，跨境证券投资的相对规模比较低，对外经济的开放度也比较低。

这对于我国阻止境外对冲基金冲击境内资本市场，控制跨境投资风险避免金融危机，具有较好的基础。

2. 跨境证券投资仍然以额度管理为主要方式

从我国跨境证券投资的基本情况来看，当前跨境证券投资的主要方式为 QFII、QDII、RQFII 和沪港通等方式。这四种跨境证券投资方式均实行由国家外汇管理局、中国证券监督管理委员会等对相关投资机构进行资格认证，并有相应的额度规模，如对当日交易规模额度或者年度额度，或者当日交易规模额度和年度额度都有限制。

在我国资本账户开放度还不够彻底，尤其是跨境证券投资限制较多的形势下，我国跨境证券投资仍然限制较多，以额度管理为主要特征。这样的一些跨境证券投资模式当前也很难评价是否正确，但从控制风险的角度来看，目前是比较稳定的。从所核定的额度来看，绝大部分时间都是足够支撑我国跨境证券投资所需额度。因此，以额度管理为主要方式的跨境证券投资，在当前资本账户管制背景下，可能仍然是比较现实可行的模式。

3. 跨境资金流动的监测仍然是非常必要的控制金融危机的重要手段

尽管我国是以额度管理主要跨境投资模式，对一些关键年份的跨境证券投资以及相应的资金流动来看，仍然出现跨境资金流动激变现象。比如 2007 年大牛市结束前，境外大量资金撤离我国 A 股市场；而在 2015 年一季度，我国 A 股市场呈现明显量价齐升，牛市行情大启动，境外大量资金涌入我国资本市场。从跨境证券投资的主要模式来看，仍然是额度管理，但所进入的资金应该远大于额度，表明大量资金还是可以通过其他渠道进入或者撤出我国资本市场。大量资金的涌入和撤离，是明显的所谓“热钱”效应，其对资本市场和实体经济的发展是明显不利的。

尽管我国外汇管理制度相对严格，对外资本账户开放力度还比较谨慎，并且实现资格认定和额度管理，但是跨境资金流动基于逐利的本性，仍然可以找到各种隐蔽通道进出资本市场。因此，进一步加强对跨境资金流动的监测力度，掌握跨境资金流动的动向，对于控制资金跨境流动的金融风险，仍然是极为必要且可行的。

5.2 跨境证券投资发展的制度瓶颈

5.2.1 资本账户管制政策对我国跨境证券投资规模的影响分析

1. 我国外汇管理制度改革的进程及特点

改革开放 30 多年来，为适应我国经济体制改革开放的整体目标和经济金融全球化的趋势，我国外汇管理制度改革经历了从高度集中、高度计划，管制非常严格到经常项目逐渐放开，再到经常项目完全放开、资本项目部分放开的过程。

尽管我国经常项目已经完全放开，按照国际上资本账户开放的规则，在经常项目开放约6年左右，资本项目可按国际规则要求放开，但我国资本项目开放仍然比较谨慎。按照许多学者的观点认为，我国在1996年开放了经常项目，但由于1997年爆发的亚洲金融危机阻延和影响了我国资本项目的开放，当前仍然在证券投资等方面保持高度的管制。

按照国际货币基金组织IMF的《汇兑安排与汇兑限制年报》将资本账户划分为7大类，40小类，目前我国不可兑换项目有4项，占比10%，主要是非居民参与国内货币市场、基金信托市场以及买卖衍生工具；部分可兑换项目有22项，占比55%，主要集中在债券市场交易、股票市场交易、房地产交易和个人资本交易四大类；基本可兑换项目14项，主要集中在信贷工具交易、直接投资、直接投资清盘等方面。总体来看，有关国际证券投资项目的资本管制程度仍较高，基本处于不可兑换或部分可兑换，完全自由交易的项目基本没有。

对30余年的外汇制度改革进行梳理，大致可以划分为三个阶段：第一阶段为1978—1993年；第二阶段为1994—2001年；第三阶段为2002年至今①。

第一阶段，我国外汇管理体制改革的目标之一是实现经常项目的可兑换，为对外贸易开放提供保障。对于经常项目，我国的资本管制政策主要体现为强制结汇制度、外汇留成制度。强制结汇制度和外汇留成制度是针对中资企业经常项目交易的资本管制政策。外汇留成是一种使用外汇的权利，以额度的形式表示，在使用时用人民币配成现汇。中资企业的贸易及非贸易外汇收入必须按照法律规定进行结汇，其出口外汇收入卖给国家后，国家按规定比例给予出口企业外汇留成额度。用汇时，单位用人民币配以额度，按国家公布的外汇牌价购买现汇，对外进行支付。

对于资本项目，由于我国的外资利用政策，以及资本市场尚未建立的金融市场环境，我国采取了控制外债规模和结构，对直接投资实行宽进严出，对证券投资和金融信贷实行严格管制的政策。因此，第一阶段跨境证券投资基本上不存在有正式得到政府授权投资的模式。

第二阶段，我国实现了人民币经常项目可兑换，建立了资本市场和全国统一的银行间外汇市场，实现了汇率并轨。1996年，我国实现了人民币经常项目的完全可兑换，使对外贸易畅通无阻。但是，我国的经常项目实际上仍然存在外汇管制，体现为银行结售汇制度。例如，我国对中资企业的经常项目外汇收入实行强制限额结汇制度，除按国家规定的比例开立外汇账户保留以外，必须卖给外汇指定银行，这一措施实为限额结汇管制，属汇兑管制；对外商投资企业实行的是意愿结汇制度，但不允许外商投资企业在外汇指定银行办理结售汇（也属汇兑管制），外商投资企业要卖出外汇或者购汇都必须在外汇调剂中心进行。

对于资本与金融项目，我国采取控制外债规模和结构、鼓励外商直接投资流入、限

---

① 外汇管理制度改革划分三阶段的内容，摘自肖凤娟．“1978年以来我国的外汇管理体制改革与资本管制政策”《中央财经大学学报》2011年第5期，本书对其进行了适当整理修改。

制对外直接投资、严格控制证券投资和金融信贷的管制措施。主要措施包括：除国务院另有规定外，所有资本项目外汇收入均须调回境内；境内机构（包括外商投资企业）的资本项目外汇收入均应在银行开立外汇专用账户；外商投资企业外汇资本金结汇可持相应材料直接到外汇局授权的外汇指定银行办理，其他资本项目外汇收入出售给外汇指定银行必须得到外汇管理部门的批准；除外汇指定银行部分项目外，资本项目下的购汇和对外支付都必须经过外汇管理部门的核准，持核准件在外汇指定银行办理售付汇。

第三阶段，我国对资本管制的思路进行了调整。在前两个阶段，基于我国外汇储备短缺的事实，强制结汇是当时外汇管制的基本思路。第三阶段我国的外汇储备规模已改变了短缺的状态，并且通过外汇占款而产生的基础货币的扩张压力越来越大。因此，在这一阶段，我国一是转变了长期以来形成的外汇流入越多越好的观念，加强了对外汇流入的监测与管理；二是转变了外汇流出越少越好的观念，逐步建立了正常的、合理的、可控的流出机制。

在经常项目结汇方面，逐步向意愿结汇制度过渡。2007 年 8 月，国家外汇管理局取消了经常项目外汇账户限额管理，境内机构可根据自身经营需要，自行保留其经常项目外汇收入。以此为标志，我国自 1994 年以来沿袭了 13 年的强制结汇制度，淡出了历史舞台，被意愿结汇制度所取代。

对于资本和金融项目，我国采取了一些放宽交易和汇兑管制的措施。例如，有选择、分步骤地开放证券投资流入渠道。2002 年，我国推出了合格境外机构投资者（QFII）制度，允许合格境外投资机构投资于境内证券市场上包括股票、债券和基金等人民币标价的金融工具。再如，我国出台了一系列放松资本流出的措施，如简化境内机构境外直接投资的各种手续、放宽购汇限制、放宽境内金融机构境外证券投资和代客理财等限制、允许国际金融机构在中国境内发行人民币债券、进一步实施“走出去”战略，成立国家投资公司，主业对外投资、推出合格境内机构投资者境外证券投资制度（QDII）、实行境内个人对外证券投资试点，等等。2002 年以来，推动我国跨境证券投资通过投资机构资格认证和限额管理的方式，具体内容如表 5－10 所示。

表 5－10　　2002 年以来我国放宽跨境证券交易和汇兑的基本内容①

年份	主要内容
2002 年	推出《合格境外机构投资者境内证券投资管理暂行办法》
2004 年	①继续推进合格境外机构投资者 ②允许保险外汇资金境外运用境内外资银行短期外债余额管理措施

① 表 5－10 内容摘自师昀煜：“中国资本账户的开放评估及国际证券项目开放研究”，外交学院 2013 年硕士论文，并做适当修改。

续表

年份	主要内容
2005年	①境外投资从试点的24个省、自治区、直辖市扩展到全国；增加境外投资的用汇额度，总额度从目前的33亿美元增加至50亿美元；扩大试点地区外汇局的审查权限，其对境外投资外汇资金来源的审查权限从300万美元提高至1 000万美元 ②国有企业可在证监会审批后进行境外期货套期保值业务
2006年	①基金管理公司境外证券投资：业务限制，额度限制 ②正式推行《合格境外机构投资者境内证券投资管理办法》 ③允许商业银行开展代客理财业务
2007年	①天津开展境内个人直接投资境外证券市场试点 ②信托公司境外理财业务：主体资格审批、汇额限制、产品审批、资本金账户审批
2009年	①境内合格投资者，投资额度有限制，资格由证监会审批，每月报送产品金额情况 ②QFII投资上限提高10亿美元，资本锁定期缩短（开放式基金3个月、其他1年）
2010年	外商银行等货币单位可以投资中国银行间市场，无持有期限限制
2011年	推行人民币境外合格投资者管理条例，境外投资需外汇局审批、额度限制、资金汇出入检测，托管人等方面
2012年	QFII（主权基金、货币当局）提高投资上限可超过10亿美元；“合格投资者可在投资本金锁定期结束后，分期、分批汇出本金和收益。合格投资者每月汇出资金（本金、收益）总额不得超过其上年底境内总资产的20%。”
2013年	调整RQFII条例，资本锁定期1年，不得转让
2014年	新增RQFII机构43家，新增额度1 422亿元，较上年多增57%；RQFII试点已扩大到境外10个国家和地区 批复开通沪港通试点，沪港通总额度为5 500亿元人民币，参与港股通个人投资者资金账户余额应不低于人民币50万元，对沪港两市每日沪港通交易分别设定了130亿元及105亿元的上限

值得一提的是，这一阶段我国虽然采取了一些放松资本管制的措施，但总体上我国对外债和金融项目的管制仍然较为严格。

2. 新兴市场国家外汇管理制度改革的特点

对于一个资本项目尚未完全开放的新兴市场国家或地区来说，由于资本市场的建立和完善是一个渐进、长期的过程，在从资本项目管制走向资本项目完全开放的全过程不可能一蹴而就。因此一个较为稳妥的方式是有限度的开放试点，比较典型或相对成功的案例是许多新兴市场国家推动的QFII试点业务，是新兴市场国家或地区从闭锁走向国际开放的一种过渡期间的制度设计。

QFII业务的设计基本思路是允许外资机构将符合规定金额的外汇资金汇进其国内并兑换成该国的货币，然后将这笔资金转入受到该国监督管理机构所督导的专门账户，由此专门账户进入该国的证券市场进行投资，而这笔资金所取得的股息及操作所取得的资本利得可经该国审核后再转换为外汇汇出。这段过程即为有限制地对外国资金开放本国的证券市场。

有关 QFII 制度在一些新兴市场国家或地区得以全免试点与发展，例如台湾地区、韩国、印度等均有相关的发展经验，其中台湾地区的发展经验堪称最为成功且比较符合我国大陆的发展特色。

台湾地区 QFII 制度的发展，早期是以基金方式间接对外资开放，而后在 1991 年才开始有条件地开放外资直接投资，最后在 2003 年宣告该制度结束。在发展 QFII 业务时，台湾在推动资本账户开放方面也保持较为谨慎的态度，对投资主体、投资额度的放宽等方面进行了较为严格的限制。

（1）投资主体的限制规定。允许外资券商、台湾地区内券商、拥有控股权的海外证券商等进入，但对金融机构的实力等方面有要求，如：银行总资产排名居世界前 1 000；保险公司经营年限为 5 年以上，且持有的证券资产总额不低于 3 亿美元；基金管理机构成立满 3 年，经营证券投资基金的资产总额达 3 亿美元以上，等等。

（2）投资额度的限制规定。投资额度的限制针对单一的 QFII 以及所有的 QFII。1993 年所有 QFII 投资总额度上限为 50 亿美元，1994 年调高到 75 亿美元，到 1995 年则全面取消对 QFII 投资总额度的限制。

在单一 QFII 的投资额度方面，初期为 500 万美元到 5 000 万美元。之后逐步上调增加，2000 年调高为 20 亿美元，2001 年单一 QFII 投资上限调高到 30 亿美元，2003 年 7 月则全部取消上限。

（3）投资范围的放宽进程规定。初期规定 QFII 只能投资货币市场工具和股票，并且必须将汇入资金的 10% 用于开设 3 个月期定期存款账户。1992 年放宽为可将其汇入资金的 10% 用于投资 90 天以内货币市场工具。1995 年将投资货币市场工具的限额从原有的 10% 提高到 30%。1998 年开始增加允许 QFII 投资期货市场。2000 年则允许其投资可转换债券和金融债券。2001 年 12 月则开放允许 QFII 投资台指期权契约。现在 QFII 的投资标的范围包括股票、债券、期货、期权或政府债券等。

（4）投资比例的限制规定。持股比例的限制包括所有 QFII 对单一上市公司的总持股上限、单一 QFII 对单一上市（柜）公司的持股上限等。初期台湾地区规定所有 QFII 对单一上市公司的投资持股上限为 10%，1996 年上调为 25%，1998 年 1 月又调高到 30%，1999 年 3 月调高为 50%。

（5）资金汇入汇出的限制规定。1991 年 QFII 开放初期，规定 QFII 必须在拿到批准后 3 个月内汇入本金，汇入本金须满 3 个月后才可汇出本金，其投资利得必须在一年以后才能汇出，之后限制不断放宽。1996 年 1 月台湾取消了 QFII 本金、利得汇出期间的限制。2001 年将本金汇入限制期间从原来的 3 个月放宽为两年。

以上关于投资主体的限制规定、投资额度的限制规定、投资范围的放宽进程规定、投资比例的限制规定、资金汇入汇出的限制规定等相关内容，在韩国、印度等新兴市场国家都有类似的规定和要求。

其发展经历及特点表明 QFII 业务是新兴市场经济体国家（地区）在资本账户管制阶段，该国（地区）货币在资本项下不能自由兑换的限制下，推进本国（地区）资本项目对外投资或吸引外部资金投资本国（地区）证券市场的过渡产品和制度。在发展 QFII 业务时，由于本国（地区）证券市场发展不够成熟，为避免对本国（地区）资本市场的冲击，均考虑对该业务在投资主体、投资方位以及资金的汇入汇出等方面进行适当程度的限制。随着资本账户开放力度的加大，本国（地区）资本市场的逐步发展，逐渐取消相应的限制。

3. 我国外汇管理制度改革的进程及特点

目前由于我国资本账户存在一定程度的管制，尤其是人民币不能自由兑换以及外汇管理制度的限制，在投资国外证券或外资机构投资我国证券等方面存在较为严格的限制。在证券投资方面，作为突破资本账户管制的业务，目前我国主要推出的有如上描述的 QFII 业务、QDII 业务和 RQFII 业务等。这三种证券投资业务对投资主体的资格、投资的范围、投资的额度、外汇的汇入汇出等方面均有不同程度的限制，尤其是 RQFII 业务等仍然实现额度管理。

从台湾（地区）、韩国、印度等国家和地区 QFII 业务的发展历程来看，均是在外汇管制尚未完全突破或监管较为严格的基础上，为实现本国（地区）资本与国（地区）外资本的相互流动，优化资金的配置效率，通过金融业务与制度的创新，推动 QFII 业务的发展。并且，随着本国（地区）证券市场发展的成熟情况，逐步放松相关的管制措施。如台湾在资本账户开放到一定程度，就逐步停止了 QFII 业务，实现比较自由的本国（地区）资本与国（地区）外资本的相互流动。因此，QFII 业务的发展显然是资本账户开放过程中的阶段性产物，这种阶段性产物由于诸多限制，对境外证券投资的抑制还是比较严重的。

我国从 2002 年开始推动 QFII 业务，随后在 2006 年和 2011 年相继推出 QDII 业务和 RQFII 业务。但是从我国证券投资发展的现状，尤其是关于境外证券投资的资本账户开放程度的相关指标来看，目前境外证券投资的开放力度规模还非常有限，与我国经济发展的规模是不相适应的。QFII 业务、QDII 业务和 RQFII 业务等的监管制度仍然严格地限制了境外证券投资，突破额度限制、币种限制，适时推动并创建适应经济发展需要的资本账户开放体系，促进服务经济发展需要的跨境资金流动，仍是我国对外开放的方向。

5.2.2 我国跨境证券投资的主要业务表现及限制规定

1. 我国跨境证券投资的主要业务表现

我国对跨境资本交易的管制由国家发展和改革委员会、中国人民银行、财政部、商务部以及中国证监会和银监会等有关行政管理部门执行，而外汇兑换环节的管制则由国家外汇管理局执行（见表 5 - 11）。

对于证券投资，我国设置了 QFII 和 QDII 制度，设定了 QFII 和 QDII 的投资额度。

表 5－11　　我国对跨境证券投资的资本管制基本规则①

项目		对交易本身的管制	对汇兑的管制
权益证券投资	居民在海外发行/出售证券	需要得到中国证监会的事先批准	收汇必须按照一定的时间期限调回境内
	非居民在本地发行/出售证券	初级证券的发行不被允许；B 股可以出售；具备“合格境外机构投资者”资格的投资者可以出售证券	无限制
	居民在海外购买证券	原则上禁止，除经中国证监会、保监会等事先批准和国家外汇管理局资金验证的合格主体	向国外汇出款项要经过国家外汇管理局审批；投资者必须自筹外汇
	非居民在本地购买证券	除了具备“合格境外机构投资者”资格的，只能购买 B 股；合格境外机构投资者的投资有投资额度限制	具有“合格境外机构投资者”资格的投资者，其汇兑数量基于额度的数量；对汇出款项有数量限制
债务证券投资	居民在海外发行/出售证券	要经过国家发改委、中国人民银行和国家外汇管理局的事先批准，数量纳入“国家外债计划”范围之内	初级债券发行必须在国家外汇管理局办理外债登记。收汇必须在一定期限内调回境内
	非居民在本地发行/出售证券	初级债券的发行一般不被允许，经过批准的国际金融机构可以在中国境内发行人民币债券；只有通过“合格境外机构投资者”资格的才允许出售	对“合格境外机构投资人”的相关款项汇寄有数量限制
	居民在海外购买证券	原则上禁止，除非是中国人民银行批准授权的银行或保监会事先批准的保险机构	银行或保险机构必须使用他们自己的外汇
	非居民在本地购买证券	不被允许，除非通过“合格境外机构投资者”资格的	对“合格境外机构投资者”的相关款项汇寄有数量限制

2. 我国跨境证券投资的限制规定

在资本和金融工具方面，对资本市场证券交易有一定管制，仅允许 QFII 投资：QFII 的经营者包括基金经理、保险公司和其他机构投资者（养老基金、慈善基金、信托公司、政府投资管理公司等）至少需要有 5 年以上投资经验；证券公司则有 30 年以上投资经验；基金管理公司和保险公司的总资产至少 50 亿美元资金，商业银行和证券公司在最近的财务报表年份中管理下的资产至少 100 亿美元。QFII 在过去 3 年内没有被任何监管机构处罚；如果该 QFII 是银行，那么在最近的财务年度必须是世界前 100 的银行且管理至少 100 亿美元的证券；如果该 QFII 是证券公司，那么至少经营 30 年以上，并且实收资本在 10 亿美元以上，而证券资产不少于 100 亿美元。其他投资者必须有至少 5 年经验，且

① 摘自肖凤娟：“1978 年以来我国的外汇管理体制改革与资本管制政策”，《中央财经大学学报》2011 年第 5 期，本书对其进行适当整理修改。

在最近财务年度管理证券资产不少于50亿美元。QFII必须在证券登记和结算机构开户时指定监管人，监管人可以只有一位。QFII必须指定一个从证券登记和结算机构取得资格认证可以从事资本结算的机构代表他们，并且这个机构必须在开设一个人民币账户5个工作日内向外汇管理局上报这个正在使用中的账户信息。

具体分类来看，在参与性的股票或其他证券方面，非居民本地购买有一定管制：QFII可以投资A股市场，但对总体投资额度及所占权重有所限制：

（1）单个外国投资者通过QFII在国内上市公司的投资不能超过10%，并且单个上市公司的总外国投资者所占股份不能超过20%。

（2）至2010年总QFII投资限额为300亿美元。

（3）养老基金、保险公司、共同基金、慈善基金、信托基金、政府投资管理公司和QFII发行的开放式中国基金的资本锁定期是3个月，其他QFII的资本锁定期是1年。资本锁定期结束后，开放式中国基金可以每月根据认购和赎回情况，汇出或汇入资金，而其他QFII则需兑换为外汇后再汇出。外国投资者可以任意购买B股，但购买A股有所限制：投资者必须合法并且资金充裕信用良好；海外实际资产不少于1亿美元，或管理资产不少于5亿美元；管理结构良好且在过去3年内没有受过任何处罚。收购的资金可以分批付款，但首付资金不得少于公司股本的10%，且3年内收购的股份不能转让。

在股票投资方面，对于非居民本地销售或发行是没有限制的：非居民可以出售A股或B股，非居民可以发行A股或B股，但目前没有非居民在中国发行的A股或B股。居民海外购买股票实行部分开放，管制主要以行政审批为主：需外汇管理局批准、审查资金来源；保险公司投资额不能超过保险公司上一季度总资产的15%；外汇产品和国内产品投资比例需一致；投资国内外产品的总额不能超过上一季度公司的总资产20%。经审批后，合格基金投资公司和其他证券机构可以整合外汇和人民币基金，组合投资，在监管机构审批后有一定投资额度，QDII和国内机构可以在监管机构审批后通过特别账户进行海外证券市场的投资。居民海外销售或发行方面，外资合资公司在海外发行股票需中国证监会批准。

在债券投资方面，QFII只有主体限制而无期限限制。非居民本地销售或发行部分开放，人民币债券通过人民银行和发改委审批后可以由国际发行机构发行。中国境内的外资企业也可以发行债券。居民海外购买部分开放，合格银行、基金管理公司、证券公司和保险公司可以购买海外债券，有外汇额度和产品权重限制：保险公司投资不能超过保险公司上一季度总资产的15%；外汇产品和国内产品投资比例需一致；投资外汇产品的总额不能超过上一季度公司的总资产20%、国内产品不得超过15%。居民海外销售或发行部分开放，国内合格企业需要向发改委及相关机构申请，可发行一年内债券。

在货币市场工具方面，非居民本地购买有一定管制，主要针对资本锁定。QFII有最短锁定期限，养老基金、保险公司、共同基金、慈善基金、信托基金、政府投资管理公司和QFII发行的开放式中国基金的资本锁定期是3个月，其他QFII的资本锁定期是1年，且不能直接投资银行间外汇市场。非居民本地销售或发行是完全管制的，不允许非居民在本地发行货币市场工具。居民海外购买货币市场基金实行部分开放制度，QDII可以在监管部门批准的情况下投资货币市场工具，有一定的外汇额度和监管限制。保险公司有投资限制，不能超过保险公司上一季度总资产的 15%；外汇产品和国内产品投资比例需一致；投资外汇产品的总额不能超过上一季度公司的总资产 20%、国内产品不得超过 15%。

在基金信托证券投资方面，非居民本地购买有部分管制：QFII 可以投资国内开放式和封闭式基金。非居民本地销售或发行是完全管制的，不允许非居民在国内销售发行基金信托工具。居民海外购买部分开放。QDII 可以购买组合投资证券，有外汇额度和监管限制；投资外汇产品的总额不能超过上一季度公司的总资产 15%。外汇产品和国内产品投资比例需一致；投资外汇产品的总额不能超过上一季度公司的总资产 20%、国内产品不得超过 15%。居民海外销售或发行部分开放，经外管局批准后，居民可以发行海外组合投资产品。

在衍生品和其他工具方面，非居民本地购买是不开放的，非居民本地销售或发行也是完全管制的，这主要是因为我国金融市场发展较发达国家要落后，金融衍生产品发展不成熟。而居民海外购买部分开放，经银监会审批后，金融机构抱着以下目的可以买卖衍生品：（1）对冲相关资产负债表风险；（2）获得利润；（3）提供给客户衍生品交易服务。在进行复杂衍生品交易之前，金融机构需要向监管机构提交相关文件并提出申请。金融机构参与衍生品交易的需服从外管局及其他相关监管机构的管理。如果他们有管理能力风险，监管下的金融机构可以进行国内黄金期货交易。QDII 有相应的外汇额度。在证监会审批后，一些国有企业可以进行外国商品期货对冲。中国保监会允许保险公司用金融衍生产品（远期、互换、期权和期货）进行风险对冲。居民海外销售或发行也只有部分开放，规则同居民在海外购买部分。

在信贷交易方面，贸易信贷是基本开放的，居民贷给非居民的贸易信贷经外管局批准，跨国公司国内公司可以直接给海外公司贷款；也可以通过国内银行。银行类金融机构在经营范围内，在监管部门允许的情况下可以提供对外贷款。贸易信贷适用范围：进口预付款、出口延期收款。非居民贷给居民方面，金融机构和国内企业可以在外管局审批后借入一年内的外国资金；超过一年期的需要发改委审批；特别交易可以不用审查；但所有外国贷款都需要在外汇管理局登记。含外资的国内银行不能将国外的债务收入转为人民币。贸易信贷的适用范围包括：（1）预先支付出口收入；（2）延迟进口付款。中长期外国贷款以及外国商业企业的短期贷款余额经商务部依照外商投资法批准后总额必须小于总投资与登记资本差之内。此类贷款可以不需特别审批，但仍需外管局登记手续。

而金融信贷方面，居民贷给非居民基本开放，经外管局批准，跨国公司国内公司可以直接给海外公司贷款；也可以通过国内银行。银行类金融机构在经营范围内，在监管部门允许的情况下可以提供对外贷款。贸易信贷适用范围：进口预付款、出口延期收款。非居民贷给居民方面，金融机构和国内企业可以在外管局审批后借入一年内的外国资金；超过一年期的需要发改委审批；特别交易可以不用审查；但所有外国贷款都需要在外汇管理局登记。含外资的国内银行不能将国外的债务收入转为人民币。贸易信贷的适用范围包括预先支付出口收入和延迟进口付款。中长期外国贷款以及外国商业企业的短期贷款余额经商务部依照外商投资法批准后总额必须小于总投资与登记资本差之内。此类贷款可以不需特别审批，但仍需外管局登记手续。在融资担保方面基本开放，居民贷给非居民的对外融资担保需要外管局的审批，都需要登记程序。非居民贷给居民的融资担保需求经过商务部依据外商投资法审批。

在个人资本交易方面，无论是居民贷给非居民还是非居民贷给居民，私人贷款都有管制。赠予和继承方面，居民给非居民的限制是每年不得超过50 000美元，继承人允许将继承的财产转移出国。非居民给居民的限制是居民获得的收入不超过50 000美元的可以直接通过银行。移民国外债务结算、资产转移及博彩所得均有管制措施。

3. 跨境证券投资业务发展的局限

目前由于我国资本账户存在一定程度的管制，尤其是人民币不能自由兑换以及外汇管理制度的限制，在投资国外证券或外资机构投资我国证券等方面存在较为严格的限制。在证券投资方面，作为突破资本账户管制的业务，目前我国主要推出的有如上描述的QFII业务、QDII业务和RQFII业务等。这三种证券投资业务对投资主体的资格、投资的范围、投资的额度、外汇的汇入汇出等方面均有不同程度的限制，尤其是RQFII业务等仍然实现额度管理。

从台湾地区、韩国、印度等国家和地区QFII业务的发展历程来看，均是在外汇管制尚未完全突破或监管较为严格的基础上，为实现本国资本与国外资本的相互流动，优化资金的配置效率，通过金融业务与制度的创新，推动QFII业务的发展。并且随着本国证券市场发展的成熟情况，逐步放松相关的管制措施。如台湾在资本账户开放到一定程度，就逐步停止了QFII业务，实现比较自由的本国资本与国外资本的相互流动。因此，QFII业务的发展显然是资本账户开放过程中的阶段性产物，这种阶段性产物由于诸多限制，对境外证券投资的抑制还是比较严格的。

我国从2002年开始推动QFII业务，随后在2006年和2011年相继推出QDII业务和RQFII业务。但是从我国证券投资发展的现状，尤其是关于境外证券投资的资本账户开放程度的相关指标来看，目前境外证券投资的开放力度与规模还非常有限，与我国经济发展的规模是不相适应的。QFII业务、QDII业务和RQFII业务等的监管制度仍然严格地限制了境外证券投资。

专栏5－2

沪港通开启跨境证券投资新模式①

沪港通2014年11月17日正式开通，沪深两地资本市场迎来了互联互通的时代。沪港通是我国在探索人民币资本项目可兑换、推动人民币国际化道路上迈出的重要一步，开启了跨境证券投资的新模式。

通过沪港通这条双向通行管道，两地资金涌向对方股市——内地机构和个人投资者通过港股通买卖266只港股，而香港投资者通过沪股通买卖560多只A股。试点初期，

① 资料来源于新华网，2014年11月17日。

沪股通总额度为3 000亿元人民币，每日额度为130亿元人民币；港股通总额度为2 500亿元人民币，每日额度为105亿元人民币。双方可根据试点情况对投资额度进行调整。

证监会主席肖钢在沪港通开通仪式上表示，沪港通是推进两地资本市场双向开放的重大举措，是资本市场的一项重大制度创新。在我国资本项目尚未完全实现可兑换的情况下，开创了操作便利、风险可控的跨境证券投资新模式。

目前，证监会、财政部等对沪港通涉及所得税、营业税和证券（股票）交易印花税，QFII、RQFII所得税，以及配股原则等予以明确，基本扫清了政策障碍。“遗留问题”主要包括T+1和T+0如何衔接、涨跌幅限制等，但从有关方面表态看，这些问题将逐步得到解决。

作为我国资本市场走向世界的重要一步，沪港通的成功开启，不仅使两地投资者能够互相买卖股票，更是中国金融改革的重要环节，是全面深化改革开放背景下推动资本项目可兑换和人民币国际化的一项重大改革，具有探路、试水的角色作用。

上海证券交易所发布公告称，沪港通概念提出的背景与中国国家经济、金融形势的发展密切相关。如果从初衷的角度理解，便利两地投资者双向投资、推动资本市场双向开放和促进人民币国际化进程是沪港通最重要的初衷。

肖钢指出，沪港通丰富了交易品种，优化了市场结构，为境内外投资者投资A股、港股提供了便利和机会。这有利于投资者共享两地经济发展成果，促进两地资本市场的共同繁荣发展；有利于拓展市场的广度和深度，巩固香港国际金融中心地位，加快建设上海国际金融中心，增强我国资本市场的整体实力；有利于推进人民币国际化，提高跨境资本和金融交易可兑换程度。

实际上，沪港通机制提出的背景，与国家经济、金融形势的发展密切相关。2012年11月，中共十八大明确要求，要“稳步推进利率和汇率市场化改革，逐步实现人民币资本项目可兑换”。十八届三中全会提出“推动资本市场双向开放，有序提高跨境资本和金融交易可兑换程度”。可以说，推动资本市场双向开放和促进人民币国际化进程，是沪港通最重要的初衷。

从今日市场走势看，早盘沪指高开回落后大幅震荡，收盘跌0.19%，报2 474.01点，香港恒生指数同样高开回落低位震荡。港股通当日使用余额仍然有近90亿元份额，而沪股通当日使用额度则被抢购一空，这表明A股对于外资还是具有相当的吸引力。

5.2.3 国际跨境证券投资的形势对我国放开跨境证券投资发展的影响

受2008年全球金融危机的影响，国际投资活动急剧减少，跨境资金流动的总体规模一度出现大幅下滑势头。但随着金融危机逐步趋稳，跨境资本流动也渐趋频繁，资金双向流动的特征越趋明显，基于逐利目的的大规模资金涌入和撤离现象越来越频繁，给各国证券投资开放造成极大的影响。我国作为新兴市场经济体国家，在管理跨境资金流动尤其是资本流动缺乏经验和手段，在放开证券投资方面更需谨慎。

1. 跨境资本流动的方向、规模呈多变特点

近年来，受全球金融危机影响，国际资本流向呈现看好新兴市场经济体国家，但随着美国经济的复苏，美元资产的走强，跨境资金回流美国的趋势越来越明显，并对新兴经济体国家造成巨大的资金流失的压力。经济形势的复杂多变，使得跨境资金流动的方向、规模变化多端，以至于得出国际资本流动易变性的特点。所谓国际资本流动易变性是“对国际资本流动短期波动情况的描述，它主要是指国际资本流动短时间内在速度、方向和规模上发生突发性逆转的程度和可能性”。

由于信息不对称和资本流动的羊群效应，投资者由于预期逆转骤然撤离投资，进而带来大规模资本跟风而动。国际资本尤其是短期资本，一般会在预期前景良好时大量涌入，预期悲观时大量撤离，从而可能对一国经济带来灾难性的后果。

在各类国际资本流动中，跨境证券投资的易变性较高。2005 年至 2008 年，作为境外投资主体的境内银行等机构由于股份制改革和境外上市，可运用的外汇资金增加，同时受国际金融市场利率持续提高及国内金融市场投资空间有限等多方面因素影响，导致对境外证券投资的大幅增长，而使跨境证券投资由顺差转逆差。2005 年逆差 47 亿美元，2007 年逆差达到 684 亿美元，为近 10 年来最高。2008 年以来，由于美日等主要经济体增长放缓，投资受益趋降，国内贷款需求持续增加，商业银行对外证券投资规模大幅减少，导致对外证券投资整体下降，证券投资由逆差转顺差。而 2014 年至 2015 年一年多来，我国股票市场经历了多次“过山车”式的变化，导致跨境资金流动变化更趋复杂。这种易变性，对于当前我国仍较严格管制的资本账户，以规模较小且受政策限制的 QDII、QFII 以及沪港通业务而言，或许更加适合，匆忙放开跨境证券投资，甚至放开个人资金跨境流动，可能会产生毁灭性的破坏。

2. 跨境资金回流美国等发达国家资本市场的形势影响我国跨境证券投资的发展

从当前国际资本流动形势看，2008 年金融危机后，美国为挽救濒临崩溃的经济形势，推行了持续 5 年的量化宽松货币政策，使美联储资产规模达到了历史高位，截至 2014 年 1 月 1 日，美联储总资产规模已经突破 4 万亿美元，美国实体经济得到了较好恢复。2014 年初，美联储开始实施退出量化宽松货币政策，其退出实施标志着全球金融市场迎来了一个新的转折点。美联储退出量化宽松政策，将会降低美国国内货币供给，提升美国债券收益率，导致美元升值进而提高美元资产吸引力，国际资本将重新流入美国。

同时美国加息、美元强势、欧日经济困境可能推动资本回流美国市场，新兴经济体还会面临经济下滑、地缘政治冲突、大宗商品价格下跌等更多挑战，新兴经济体国家的资金大规模流出现象较为明显，这也引起许多新兴市场国家对资金大规模流失影响本国实体经济的担忧。

一国的资本市场开放度和证券市场完善程度对国际证券投资的规模、流向和波动性具有决定性作用。东南亚国家对资本市场的监管漏洞，以致巨额投机资本短期内流入、流出，但未被及时监测，由此成了亚洲金融危机的导火索。

中国的证券资本流动包括中国对外证券投资和外国在华证券投资两部分。2002 年以

后，随着我国逐渐推出 QFII、QDII 制度以来，我国证券资本呈现双向流动态势，波动性较大，流入、流出频繁。在当前新兴市场国家面临大量短期资金大规模双向流动的趋势下，已造成许多新兴市场经济国家面临经济下滑的压力。我国由于资本账户管制，尤其是跨境证券投资的严格限制，目前尚未造成影响。但在当前形势下，在我国尚未准备好对外资本流动运营与管理经验以及跨境资金监测水平不足的情况下，贸然放开跨境证券投资的限制政策，可能会面临类似于东南亚金融危机的相应现象。

因此，在近期跨境资金，尤其是短期资金回流欧美发达国家的形势下，我国跨境证券投资放开的步伐仍需谨慎。上海自贸区启动自由贸易账户体系，能较为严格地监测到账户体系的各类资金，或许可以作为先行先试跨境证券投资的样板。

5.3 基于上海自贸区金融创新的跨境证券投资发展

当前我国的经济发展基础、金融改革形势以及世界国际金融发展的格局，使得我国难以全面放开资本账户，在跨境投资发展方面仍然坚持额度管理和资格认证的制度。上海作为我国改革开放的排头兵，担负着国家金融改革试验田的责任，并促成对接国际投资贸易规则。

时代赋予上海使命，国务院批复上海于 2013 年 9 月 29 日挂牌成立中国（上海）自由贸易试验区，成立自贸区的指导思想明确提出“坚持先行先试，以开放促改革、促发展，率先建立符合国际化和法治化要求的跨境投资和贸易规则体系，使试验区成为我国进一步融入经济全球化的重要载体”，在金融对外开放和跨境投资方面均提出了要求和方向。

上海以此为契机，自上海自贸区挂牌成立以来，2 年时间里围绕跨境证券投资在制度创新、业务创新等方面，探索并形成了一系列的经验。

5.3.1 促进上海自贸试验区跨境证券投资发展的相关制度

作为承担制度创新、对外开放国家战略，上海自贸试验区在先行先试开放金融服务、推动跨境投资方面作出了系列创新。在推进金融创新与开放过程中，系列的政策法规密集发布实施，包括国务院、国家相关部委的相关政策以及上海市政府各委局，其中上海市各委局法规政策主要是相关配套细则。从跨境投资业务方面来看，这些方面的突破更多地需要国务院、中国人民银行等部委机构在权限方面放开，因此本章表 5－12 主要收集、整理了部委级相关的政策法规。

表5-12 上海自贸区金融开放制度与政策创新体系

部门	政策法规文件	颁布日期
国务院	中国（上海）自由贸易试验区总体方案	2013年9月18日
	关于印发进一步深化中国（上海）自由贸易试验区改革开放方案的通知	2015年4月8日
中国人民银行	关于金融支持中国（上海）自由贸易试验区建设的意见	2013年12月2日
中国证监会	关于资本市场支持促进中国（上海）自由贸易试验区若干政策措施	2013年9月29日
中国银监会	关于中国（上海）自由贸易试验区银行业监管有关问题的通知	2013年9月29日
中国保监会	中国保监会支持中国（上海）自由贸易试验区建设	2013年9月29日
中国人民银行上海总部	关于支持中国（上海）自由贸易试验区扩大人民币跨境使用的通知	2014年2月20日
	关于印发《关于上海市支付机构开展跨境人民币支付业务的实施意见》的通知	2014年2月20日
	关于在中国（上海）自由贸易试验区小额外币存款利率上限的通知	2014年2月26日
	关于在中国（上海）自由贸易试验区反洗钱和反恐怖融资工作的通知	2014年2月28日
	关于印发《中国（上海）自由贸易试验区分账核算业务实施细则（试行）》和《中国（上海）自由贸易试验区分账核算业务风险审慎管理细则（试行）》的通知	2014年5月21日
	关于印发《中国（上海）自由贸易试验区分账核算业务境外融资与跨境资金流动宏观审慎管理实施细则》	2015年2月12日
	关于启动自由贸易账户外币服务功能的通知	2015年4月21日
国家外汇管理局上海市分局	关于印发支持中国（上海）自由贸易试验区建设外汇管理实施细则的通知	2014年2月28日

资料来源：中国上海自由贸易试验区官网（http://www.china-shftz.gov.cn）、中国人民银行官网（http://www.pbc.gov.cn），经作者整理。

1. 从国务院层次对上海自贸区对外开放和跨境投资方面的政策制度，包括2013年9月上海自贸区挂牌成立的总体方案和2015年4月深化上海自贸区改革开放的通知

（1）中国（上海）自由贸易试验区总体方案。总体方案在深化金融领域的开放创新方面提出了具体原则，为实施金融开放提供了总体方针。

例如，在金融制度创新方面，提出“在风险可控前提下，可在试验区内对人民币资本项目可兑换、金融市场利率市场化、人民币跨境使用等方面创造条件进行先行先试”。

在外汇管理改革方面，提出探索面向国际的外汇管理改革试点，建立与自由贸易试验区相适应的外汇管理体制，全面实现贸易投资便利化。鼓励企业充分利用境内外两种

资源、两个市场，实现跨境融资自由化。深化外债管理方式改革，促进跨境融资便利化。

在跨境资金交易方面，提出深化跨国公司总部外汇资金集中运营管理试点，促进跨国公司设立区域性或全球性资金管理中心；允许金融市场在试验区内建立面向国际的交易平台。逐步允许境外企业参与商品期货交易。鼓励金融市场产品创新。支持股权托管交易机构在试验区内建立综合金融服务平台。支持开展人民币跨境再保险业务，培育发展再保险市场。

（2）进一步深化中国（上海）自由贸易试验区改革开放方案。在深化中国（上海）自由贸易试验区改革开放方案中，提出了五方面的金融创新，其核心均围绕促进金融开放和推动资本项下的可自由兑换作出相关努力：

①推动人民币资本项目可兑换先行先试。按照统筹规划、服务实体、风险可控、分步推进的原则，在自贸区内进行资本项目可兑换的先行先试，逐步提高资本项下各项目的可兑换程度。

②推动人民币跨境使用。实行贸易、实业投资与金融投资三者并重，积极推动资本和人民币“走出去”，不断扩大境外人民币进入境内投资金融产品的范围。

③扩大金融服务业开放。探索金融服务业准入前国民待遇加负面清单管理模式，推动金融服务业对符合条件的民营资本和外资金融机构扩大开放。

④推动面向国际的金融市场建设。依托自贸区金融制度创新和对外开放优势，加快建设面向国际的金融市场，不断提升上海金融市场配置境内外资源的功能。

⑤推动金融开放“安全网”建设。建立适应自贸区发展和上海国际金融中心建设联动的金融监管机制，加强金融风险防范，营造良好的金融发展环境。

2. 配合中国（上海）自由贸易试验区总体方案出台的中国人民银行支持金融支持上海自贸区建设的具体意见以及证监会、银监会、保监会出台的相关实施细则

2013年12月2日，中国人民银行出台了《关于金融支持中国（上海）自由贸易试验区建设的意见》，一共包含6个方面30条意见，故俗称“央行30条”。该意见从总体框架上基本概括了上海自贸区金融改革的总体架构与主要任务。在“央行30条”出台前后，中国人民银行上海总部、中国证监会、银监会、保监会等出台的一系列办法、细则，大多从各个角度、各个方面落实、补充、充实“央行30条”的相关内容。因此，“央行30条”可谓是上海自贸区金融改革的纲领性文件。

在关于金融开放、跨境证券投资等方面，“央行30条”较为全面地进行了阐述和规定，如下所述：

一是总体原则的规定，从方向上明确了探索外汇管理、资本项目可兑换等方面，推动自贸区率先开展跨境证券投资。如第二条：坚持改革创新、先行先试，着力推进人民币跨境使用、人民币资本项目可兑换、利率市场化和外汇管理等领域改革试点。

二是明确提出了创新有利于风险管理的账户体系，为跨境证券投资建立了专门的投资渠道。如第四条，试验区内的居民可通过设立本外币自由贸易账户实现分账核算管理，开展本意见第三部分的投融资创新业务；非居民可在试验区内银行开立本外币非居民自由贸易账户（以下简称非居民自由贸易账户），按准入前国民待遇原则享受相关金融服

务。第五条，居民自由贸易账户与境外账户、境内区外的非居民账户、非居民自由贸易账户以及其他居民自由贸易账户之间的资金可自由划转。同一非金融机构主体的居民自由贸易账户与其他银行结算账户之间因经常项下业务、偿还贷款、实业投资以及其他符合规定的跨境交易需要可办理资金划转。居民自由贸易账户与境内区外的银行结算账户之间产生的资金流动视同跨境业务管理。第六条，居民自由贸易账户及非居民自由贸易账户可办理跨境融资、担保等业务。条件成熟时，账户内本外币资金可自由兑换。建立区内居民自由贸易账户和非居民自由贸易账户人民币汇兑的监测机制。第七条，上海地区金融机构可根据人民银行规定，通过设立试验区分账核算单元的方式，为符合条件的区内主体开立自由贸易账户，并提供相关金融服务。

三是从投融资汇兑便利着手，明确了促进跨境证券投资的规定与手段。如第九条，便利个人跨境投资。在区内就业并符合条件的个人可按规定开展包括证券投资在内的各类境外投资。个人在区内获得的合法所得可在完税后向外支付。区内个体工商户可根据业务需要向其在境外经营主体提供跨境贷款。在区内就业并符合条件的境外个人可按规定在区内金融机构开立非居民个人境内投资专户，按规定开展包括证券投资在内的各类境内投资。第十条，稳步开放资本市场。区内金融机构和企业可按规定进入上海地区的证券和期货交易场所进行投资和交易。区内企业的境外母公司可按国家有关法规在境内资本市场发行人民币债券。根据市场需求，探索在区内开展国际金融资产交易等。

四是关于加强跨境投资监管方面的规定。如第二十六条，区内金融机构和特定非金融机构应按照法律法规要求切实履行反洗钱、反恐融资、反逃税等义务，及时、准确、完整地向中国人民银行和其他金融监管部门报送资产负债表及相关业务信息，并根据相关规定办理国际收支统计申报；配合金融监管部门密切关注跨境异常资金流动。第二十九条，区内实施金融宏观审慎管理。人民银行可根据形势判断，加强对试验区短期投机性资本流动的监管，直至采取临时性管制措施。加强与其他金融监管部门的沟通协调，保证信息的及时充分共享。

其中证监会、银监会、保监会配套“央行30条”出台了21条实施细则，部分细则明确提出了促进跨境资金流动的内容。

如：2013年9月，证监会提出“支持自贸区内符合一定条件的单位和个人按照规定双向投资于境内外证券期货市场。区内金融机构和企业可按照规定进入上海地区的证券和期货交易所进行投资和交易；在区内就业并符合条件的境外个人可按规定在区内证券期货经营机构开立非居民个人境内投资专户，开展境内证券期货投资；允许符合条件的区内金融机构和企业按照规定开展境外证券期货投资；在区内就业并符合条件的个人可按规定开展境外证券期货投资。”

这一细则为跨境证券投资确定了总的发展方针，为随后推进自贸账户体系开展跨境业务提供了法律依据。

3. 中国人民银行上海总部和国家外汇管理局上海分局出台了一系列关于跨境人民币使用，启动自贸账户体系建设和分账核算业务境外融资与跨境资金流动宏观审慎管理实施细则等制度

这些规章实实在在为跨境投资打开了通道，搭建了桥梁，由此也揭开了上海自贸区跨境资金流动先行先试的深化改革。

5.3.2 自贸账户体系的建立及其对跨境证券投资的作用

2014 年 5 月 22 日，中国人民银行上海总部正式发布《中国（上海）自由贸易试验区分账核算业务实施细则（试行）》和《中国（上海）自由贸易试验区审慎管理细则（试行）》，标志着上海自贸区自由贸易账户体系正式落地。

自由贸易账户体系是中国人民银行支持自贸区发展 30 条意见中的关键内容，是探索投融资汇兑便利、扩大金融市场开放和防范金融风险的一项重要制度安排，其核心是分账管理、离岸自由、双向互通、有限渗透。自由贸易账户体系的建立，也为跨境证券投资提供了有效的通道。

1. 自由贸易账户体系体现在跨境证券投资方面的内涵

对自由贸易账户体系的内涵可以从三个方面来理解。

一是哪些企业和个人可以申请自贸账户。按照《中国（上海）自由贸易试验区分账核算业务实施细则（试行）》规定，上海自贸区区内主体和境外机构可以申请自由贸易账户。

区内主体包括区内机构、区内个人以及区内境外个人，其中：区内机构是指在试验区内依法成立的企业（包括法人和非法人）和境外机构驻试验区内机构；区内个人是指在试验区内工作，并由其区内工作单位向中国税务机关代扣代缴一年以上所得税的中国公民；区内境外个人是指持有境外身份证件、在试验区内工作一年以上、持有中国境内就业许可证的境外（含港、澳、台地区）自然人。

境外机构是指在境外（含港、澳、台地区）注册成立的法人和其他组织。

区内机构自由贸易账户和境外机构自由贸易账户合称为机构自由贸易账户；区内个人自由贸易账户和区内境外个人自由账户合称为个人自由贸易账户。

二是哪些机构可以提供自由贸易账户。按规定，上海地区辖内的金融机构，包括商业银行、券商、保险公司等均可以提供自由贸易账户。自 2014 年 5 月至 2015 年 8 月，商业银行、券商、保险公司等均陆续接入自贸账户体系，开办相应业务。

三是自由贸易账户可以开办哪些业务。按规定，区内主体以及设立分账核算单元的金融机构，可通过开立自由贸易账户，开展中国人民银行支持自贸区发展 30 条意见第三部分的投融资汇兑创新及相关业务。既可以办理经常项下和直接投资项下的跨境资金结算，也可以办理资本项下的跨境投资。从跨境证券投资业务来看，自由贸易账户可以开办业务包括：

机构方面，区内金融机构和企业可按规定进入上海地区的证券和期货交易场所进行投资和交易；区内企业的境外母公司可按国家有关法规在境内资本市场发行人民币债券；允许符合条件的区内企业按规定开展境外证券投资和境外衍生品投资业务等等。

个人投资者方面：在区内就业并符合条件的个人可按规定开展包括证券投资在内的各类境外投资；在区内就业并符合条件的境外个人可按规定在区内金融机构开立非居民个人境内投资专户，按规定开展包括证券投资在内的各类境内投资。

表5-13　上海自由贸易账务核算体系

	机构自由贸易账户		个人自由贸易账户	
账户名称	区内机构自由贸易账户	境外机构自由贸易账户	区内个人自由贸易账户	区内境外个人自由贸易账户
账号前缀标识	FTE	FTN	FTI	FTF
服务机构	区内机构	境外机构	区内个人	区内境外个人
提供自由贸易账户服务的机构	上海地区辖内的包含银行、券商、保险公司等金融机构			

如表5-13所示，自由贸易账户为机构和个人投资者均提供了业务通道，每一类账户均有不同的账号前缀标识区分。从自有贸易账户体系所涵盖的业务来看，允许机构在境内资本市场发行债券，并可以开展境外证券投资和期货业务，个人投资者可在境内开展证券投资，但这些跨境证券投资业务规模仍然非常小甚至没有开展跨境投资业务。

2. 自由贸易账户启用及跨境证券投资情况

2014年6月，中国人民银行上海总部推出了自由贸易账户相关政策，标志着自由贸易账户正式启用，银行、证券、保险公司等均可以逐步接入自贸账户体系，服务相关企业的跨境投资业务。

截至2015年4月，已有17家金融机构启动了自由贸易账户金融服务，共为区内和境外主体开立了12 466个自由贸易账户，跨境结算量达到1 403亿元，境内结算量达到1 743亿元，基本满足了区内实体经济开展涉外经济投资活动的需要，服务实体经济和金融改革开放的效应充分显现。

2015年4月，随着国务院发布《进一步深化中国（上海）自由贸易试验区改革开放方案》，经中国人民银行总行批准，中国人民银行上海总部2015年4月22日发布了《关于启动自由贸易账户外币服务功能的通知》。上海市开展自贸试验区分账核算业务的金融机构可按相关要求向区内及境外主体提供本外币一体化的自由贸易账户金融服务，标志着自由贸易账户外币服务功能的正式启动。金融机构可按《关于启动自由贸易账户外币服务功能通知》要求，提供经常项下和直接投资项下的外币服务。这是中国人民银行积极推进资本项目可兑换、推动上海自贸试验区新一轮金融改革的重要举措。

自由贸易账户外币服务功能的启动，将为企业提供账户内本外币资金兑换便利，降低融资成本和汇兑成本，更好地管理汇率风险。金融机构对企业参与国际竞争中的金融服务需求也可以有更好的响应和跟进，提供具有国际水准的金融服务，为境内金融服务的改进提供示范效应。其次是实现了本外币一体化管理，为企业更好地统筹利用境内外两个市场、本外币两种资源创造条件，也有利于加快建立本外币一体化的跨境资金流动监管体系。再次是有利于推动上海国际金融中心建设。未来一段时间，中国人民银行将依托自由贸易账户体系，围绕上海国际金融中心建设的各个要素，推动金融市场实现双向对外开放，打开自贸区企业境外融资的通道，推动自贸区建设与上海国际金融中心建设的高效联动。

5.3.3 上海自贸区跨境证券投资发展状况

通过自由贸易账户系统从境外融资，为上海自贸区金融改革发展提供了更加广阔的政策空间，也充分体现了自贸试验区与上海国际金融中心建设联动的总体政策思路，必将有力推动上海国际金融中心建设。为了进一步凸显与国际金融中心建设联动效果，发挥自贸区金融功能与平台建设的作用，在依靠自贸账户体系为载体的基础上，筹建了系列功能性交易平台。

1. 筹建国际金融资产交易平台

上海证券交易所和中国金融期货交易所将作为出资股东，在上海自贸区成立国际金融资产交易平台公司。

国际金融资产交易平台在设立初期主打平台业务和通道业务，首批重点业务确定为私募和衍生品交易，并计划在2015年内推出首批产品，并积极研究服务红筹企业，特别是大型互联网公司回归的具体方案。

国际金融资产交易平台暂定三项主要内容：一是引入境外投资者参与现有市场的交易；二是服务境内投资者境外投资证券期货，通过自贸区交易平台直接对接境外交易所；三是引入境外投资者参与境内市场新股发行询价配售。

国际金融资产交易平台的具体业务包括：通过自由贸易账户与交易平台，使境外投资者参与股票、债券、基金市场等；探索外资参与一级市场，包括引入境外机构投资者参与境内新股发行询价配售，为证券期货经营机构代理客户参与跨境投资提供交易服务；探索符合条件的境外企业发行人民币债券等。

2. 上海国际能源交易中心挂牌成立

2013年11月22日，注册于上海自贸试验区的上海国际能源交易中心正式挂牌成立，经营范围包括组织安排原油、天然气、石化产品等能源类衍生品上市交易、结算和交割，制定业务管理规则、实施自律管理，发布市场信息，提供技术、场所和设施服务。

国际能源交易中心以公司制运营，由上海期货交易所出资设立，注册资本50亿元人民币。能源交易中心遵循“公开、公平、公正”的原则，以“国际化、市场化、法制化、专业化”为准绳，建立完善国际能源衍生品交易平台，其目标是客观反映亚太地区能源供需状况，提高亚太区能源市场在国际市场体系中的作用，为全球能源生产、流通、消费企业及投资者提供价格发现和风险管理的工具，以及投资管理的功能，积极促进能源类商品的资源优化配置，促进经济发展。

2014 年 12 月 12 日，中国证监会批准上海期货交易所在上海国际能源交易中心开展原油期货交易，这是能源交易中心获批开展的第一个交易产品。原油期货作为我国第一个国际化的期货品种，将建设国际化交易结算平台，全面引入境内外交易者和经纪机构，提升我国期货市场的国际化水平。

上海国际能源交易中心原油期货交易依据“国际平台、净价交易、保税交割”的原油期货市场基本方案，确立其基本特点是：市场参与主体为境内、境外投资者；交易以人民币计价、结算；采用净价交易模式，即报价价格为实际油价，不含关税、增值税；交割方式为保税交割。

交易参与主体包括境内、境外投资者，充分体现其国际公共平台和对外开放的特色。为推动原油期货交易的落地，上海国际能源交易中心自批复开展原油期货交易以来，推动了一系列制度创新，出台了一系列文件法规，如表 5 - 14 所示。

表 5 - 14　　上海国际能源交易中心原油期货交易相关文件汇总

日期	文件
2014 年 12 月	《境外交易者和境外经纪机构从事境内特定品种期货交易管理暂行办法（征求意见稿）》
2015 年 3 月	《上海国际能源交易中心交易规则（征求意见稿）》
2015 年 6 月	《上海国际能源交易中心期货交易者适当性管理细则（征求意见稿）》
2015 年 7 月	《国家外汇管理局关于境外交易者和境外经纪机构从事境内特定品种期货交易外汇管理有关问题的通知》

在推进原油期货交易方面，原油期货制度安排上出现多个突破创新：如外汇方面，根据国家外汇局关于境外交易者和境外经纪机构从事境内特定品种期货交易外汇管理有关问题的通知，境外投资者用于期货交易资金不占用银行短期外债指标，便利相关资金运用，同时境外投资者可根据期货交易保证金、盈亏结算等实际需求直接在开户行办理结购汇，结购汇后资金可以直接划转。

财税政策方面，原油期货保税交割业务暂免增值税，境外投资者从事原油期货交易的所得，暂不征收企业所得税。

海关层面，有别于此前同一个储罐只能存放一个货主原油的政策，原油期货同一储罐可以存放不同货主同一交割油种的保税原油；原油期货保税标准仓单可以转让；原油期货交割，其完税价格依据为结算价 + 升贴水。

从原油期货交易推进进程来看，上海国际能源交易中心推出原油期货相关规则，包括交易、结算、交割、风控和合约设计等，并向社会征求意见；吸收会员，确定存管银行，指定交割仓库；境内期货公司和境外公司建立合作关系等。在完成相关步骤后，能源交易中心将会推出原油期货仿真交易，仿真时间约为一个月，仿真交易结束后，原油期货才可择机推出，即选择国际油价比较平稳的时期。完成仿真交易后，原油期货将可能在 2015 年底推出正式交易。

3. 上海黄金国际板上线运行

2014 年 9 月 18 日，上海黄金国际板正式启动上线，这是上海自贸区推出的首个国际化金融资产类交易平台。上海黄金国际板以人民币计价交易，后期推出的白银等其他贵金属也将在国际板上市交易，并以人民币计价。上海黄金国际板作为人民币国际化的重要步骤，将实现四个突破：会员国际化、交易资金国际化、定价国际化、交割国际化。

上海黄金交易所在上海自贸区注册的国际交易平台是上海自贸区内金融创新的重要内容，正式名称是“上海国际黄金交易中心”。国际投资者可以通过自由贸易账户，自主参与上海黄金交易所所有黄金合约，未来还包括其他贵金属合约的交易。

在资金管理上，国际会员、国际客户的资金专项管理，封闭使用。国际中心和国际会员间资金必须由国际中心指定的结算银行，且通过专用账户来往。国际客户资金在资金封闭体系内进行定向划转。

目前，黄金国际板首批境外会员已经确定，囊括数十家国际知名商业银行、投行。随着黄金国际板开闸，境内外的投资者实现了在统一规则、统一平台上进行黄金交易。

境外和自贸区内的投资者可通过自贸账户投资中国的黄金市场，以人民币计价和结算。从现实意义来看，黄金国际板的推出，将有利于增加我国的黄金定价话语权，促进人民币国际化。

专栏 5-3

上海自贸区可全天候监测跨境资金①

从上海召开的“十三五”期间中国金融新业态研讨会上获悉，央行上海总部副主任、行长张新表示，上海自贸区已经做好了率先全面实现人民币资本项目可兑换的技术准备。

在风险防范方面，张新表示，上海自贸区已建立了对外债规模、币种错配、短期资本流动的宏观审慎管理制度，而在数据搜集方面，也能对跨境资金实行 24 小时监测。

一、稳步扩大境内外股市互联互通

6 月 4 日，在上述研讨会上，央行副行长郭庆平表示，“十三五”规划期间，中国经济踏入新常态，结构转型是解决资源配置不当、产能过剩等深层次矛盾的根本，极需金融业的支持。

郭庆平特别指出，“十三五”期间，中国要尽快完成利率市场化改革，并放宽个人对境外投资，允许资本账户下的人民币可兑换。“有序提高跨境资本和金融交易可兑换程度，鼓励外资参与并购重组。稳步扩大境内外股市的互联互通，积极稳妥拓宽跨境人民币渠道和应用领域，强化对‘一带一路’的支持力度。”

而作为金融改革先行先试的试验田，上海自贸区有望在人民币资本项目可兑换方面继续率先尝试。

今年 4 月，央行行长周小川在 IMF 年会上表示，我国已经在资本项目可兑换方面取得重大进展，根据 IMF 对资本账户交易的分类，40 项中已经有 35 项全部或部分可兑换，完全不可兑换的仅有 5 项。

---

① 资料来源于“每经网－每日经济新闻”，2015 年 6 月 5 日。

周小川表示，未来将推进6项具体的改革，包括合格境内个人投资者（QDII2）试点、证券交易所互联互通、取消大多数外汇管理的事前审批事项、为海外机构投资者投资中国资本市场提供更多便利、进一步促进人民币在国际上的使用、紧急情况下采取必要的手段防控风险。“这6项改革全面落地以后，就意味着我国全面地实现了资本项目可兑换。”张新表示，上海自贸区金融改革的重点就是要实现上述6个方面全面突破，推动上海率先实现资本项目可兑换。为此，上海自贸区已经花了两年时间进行技术筹备，目前已经在10个方面完成了人民币资本项目可兑换的技术准备。

比如，上海已形成了资本项目可兑换的市场机制和理性文化等方面。数据显示，截至6月1日，通过自由贸易账户，企业办理各类跨境资金结算1 600亿元，按照新规则开展的跨境融资一共是700多亿元。实践证明，上海自贸区未成为热钱流入和套利的管道。

对于跨境资金放开之后为何仍保持较为稳定的状态，张新认为主要有两方面原因：一是市场已经高度开放，二是企业已经高度理性。“首先，企业已经非常理性，在新的规则下，企业到境外融资是和企业资本金相挂钩，在这种状态下企业是非常理性地来计算风险承受能力；其次，经过这么多年的金融改革，尤其是经常项下外汇管理完全放开了，贸易融资也在放开，企业已经有很多阳光下的空间，新政策带来的冲击并没有预先想象的那么大。”张新表示。

二、资金进出实行“隐性”总量控制

《每日经济新闻》记者注意到，周小川在IMF年会上表示，中国将采用有管理的可自由兑换，管理的内容主要包括：对涉及洗钱、恐怖融资、过度利用避税天堂的跨境交易进行监控分析；对外债规模和货币错配实施宏观审慎管理；必要时对短期资本流动实施管理；加强国际收支检测和分析。

张新也表示，上海自贸区也建立了有管理的可兑换的制度安排，上述管理的内容则是上海自贸区相关制度安排和技术准备的主要内容。

风险防范方面，张新表示，上海自贸区已建立了对外债规模、币种错配、短期资本流动的宏观审慎管理制度。这体现在今年2月份颁布的自由贸易账户境外融资和跨境资金流动宏观审慎管理的实施细则。同时，还建立了资金大进大出的总量调控和应急管理的政策储备，建立了总量闸门的调控机制。当资金流动总量触动到闸门后，就会启动应急方案，调整宏观审慎参数。

张新具体解释说，总量控制的特点是隐形地进行，企业和金融机构按照市场的规则正常去做业务，不受总量控制的干扰，只是到了一定数量的时候才会去沟通调整。

另一项重要的技术准备则是对反洗钱、反恐怖融资、反逃税的检测，这将成为上海自贸区风险防范的主战场。

张新表示，央行上海总部已经建立了特别的监测室，24小时监测，充分利用大数据信息。在数据搜集上，建立了强大的、多角度的、风险跟踪的账户管理系统，能对跨境资金实行24小时监测，能监测资金的来龙去脉。

此外，上海自贸区也建立了适应可兑换的国际收支统计和监测体系；建立了本外币的一体化管理框架；能对资金流出后的流向进行跟踪服务；建立了上海市跨部门的跨境资金监测分析和应急协调机制。

张新表示，上述各项技术筹备工作的全面到位，将是上海自贸区资本项目可兑换后的整体框架。

5.4 上海自贸区跨境证券投资发展的模式与对策

5.4.1 建立以自贸账户体系为载体的跨境证券投资总模式

自由贸易账户遵循自贸区运作基本原则“一线完全放开、二线有效管住”，表现为自由贸易账户和境外账户之间的资金流动遵循离岸自由原则，自由贸易账户与其他银行结算账户之间的资金流动则体现有限渗透，业务按照跨境管理。

自由贸易账户是由自贸区的机构和个人开设，包含各类不同账户前缀业务。自由贸易账户业务涉及三方面内容、自由贸易账户之间的资金自有划转，自由贸易账户与境外账户的一线划转和自由贸易账户与境内区外账户之间的跨境业务。运作思路可参照图 5－17 解释。

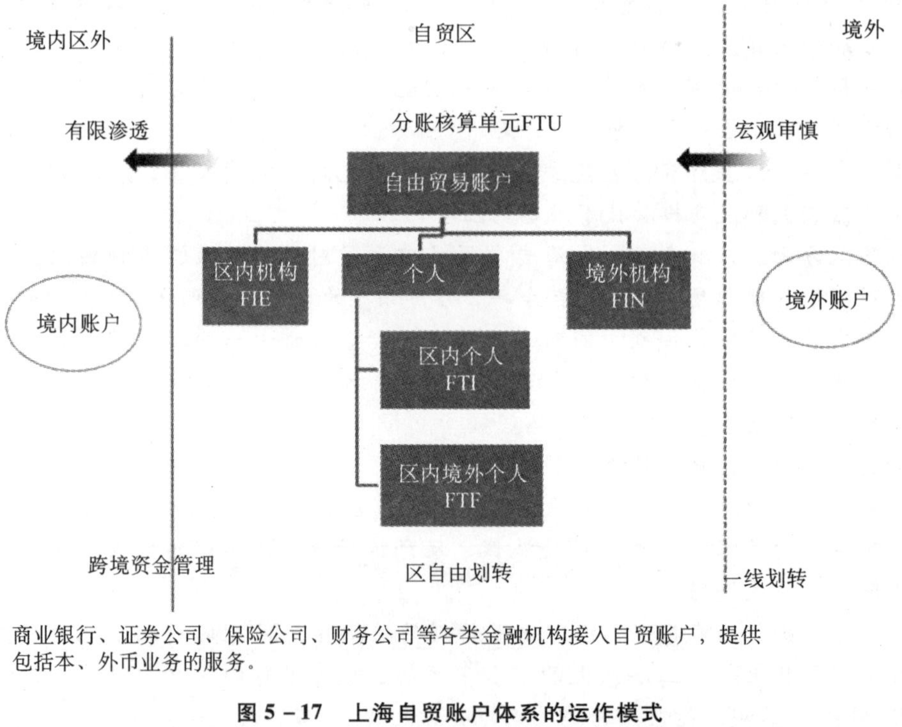

图 5－17　上海自贸账户体系的运作模式

根据中国人民银行上海总部的《中国（上海）自由贸易试验区分账核算业务实施细则（试行）》，试验区内的居民可通过设立本外币自由贸易账户实现分账核算管理，开展一部分投融资创新业务；非居民可在试验区内银行开立本外币非居民自由贸易账户，按准入前国民待遇原则享受相关金融服务。

具体而言，居民自由贸易账户与境外账户、境内区外的非居民账户、非居民自由贸易账户以及其他居民自由贸易账户之间的资金可自由划转；同一非金融机构主体的居民自由贸易账户与其他银行结算账户之间因经常项下业务、偿还贷款、实业投资以及其他符合规定的跨境交易需要可办理资金划转；居民自由贸易账户与境内区外的银行结算账户之间产生的资金流动视同跨境业务管理。

5.4.2　筹建国际化金融类资产交易平台推动资本项目对外开放

所有符合条件的区内主体和境外机构均可在系统已通过验收的金融机构开设并使用自由贸易账户，以自由贸易账户为载体，各类金融机构与企业开展对外跨境投资业务及资金双向流动。为推动各类跨境投资，上海自贸区着眼推动各类平台的搭建与业务渠道的开辟。

自上海自贸区挂牌成立以来，已逐步挂牌或启动多个国际化金融资产类交易平台。比如，上海证券交易所和中国金融期货交易所将作为出资股东，在上海自贸区成立国际金融资产交易平台公司。国际金融资产交易平台设立目的是主打平台业务和通道业务，通过搭建交易平台推动跨境资金双向流动，首批重点业务拟发展私募和衍生品交易。通过自由贸易账户与交易平台，使境外投资者参与股票、债券、基金市场等。

比如，由上海期货交易所出资设立的上海国际能源交易中心设立的目的是建立面向全球投资者的有关能源类产品的国际性交易场所，其首次推出的产品是原油期货，并构建能源类衍生品国际化交易的平台，促进我国拥有能源类产品定价权。

比如，上海黄金交易所出资设立的黄金国际板，将吸引国际投资者和离岸人民币资金参与境内金融市场交易，增加离岸机构与在岸机构、离岸人民币与在岸人民币的融合。通过成立黄金国际板交易场所，为境内外机构、个人投资者搭建交易平台，并有利于我国在争夺黄金定价权方面拥有更多筹码。

因此，在推动我国对外资本开放，促进资金跨境双向流动，便利我国贸易、投资方面，上海自贸区正在大力推动基础设施与载体建设，通过搭建相关的金融类资产交易平台，使上海成为吸引境内外机构、境内外资金及相关交易集中的地方。资金和机构的汇聚，也进一步增强了上海国际金融中心在全球的地位和份量，推动并巩固我国加快金融开放与改革。

5.4.3　利用自贸账户体系优先启动 QDII2 业务

上海自贸试验区将 QDII2 作为推动资本项目可兑换改革的突破点，并会在 2015 年底实现实质性突破。QDII2 是合格境内个人投资者的资格认定制度，是指在人民币资本项下不可兑换的条件下，有控制地允许合格的境内个人投资境外资本市场的股票、债券等有价证券投资业务的一项制度安排。

通过参考 QDII 的规则施行，QDII2 方案具体包括额度、交易方法、货币结算方法、投资者和投资对象等。国务院明确批复将择机推出合格境内个人投资者（QDII2），《合格境内个人投资者境外投资试点管理办法》也将发布，首批试点 QDII2 的城市共有六个，分别为上海、天津、重庆、武汉、深圳和温州。

具体细节有：

（1）符合条件的个人持有效居民身份证或居住证、净资产不低于 100 万元人民币的核定材料；签署开户申请书、境外投资资金合法性承诺函和投资风险自担承诺函等材料通过银行审核后，可以开通境外直投专户，含 1 个人民币专户和 1 个外汇专户，用于办理境外投资资金收付、结售汇业务。

（2）居住在试点城市年满 18 岁的境内个人，只要个人金融净资产最近 3 个月日均余额不低于 100 万元人民币，通过境外投资和风险能力测试、无重大不良记录且没有经司法裁决未偿还债务者，可以申请 QDII2。

（3）境外投资领域共包含三大块：一是境外金融类投资，含股票、债券、基金、保险、外汇及衍生品；二是境外实业投资，含绿地投资、并购投资、联合投资等，按相关主管部门的规定进行备案或核准后办理；三是境外不动产投资，含购房等，须审核证明材料后办理。

根据《合格境内个人投资者境外投资试点管理办法》，上海自贸区也将推动 QDII2 业务相关突破。

从额度上来看，根据国家外汇管理局规定，目前每人每年无条件换汇额度是 5 万美元，依据 QDII2 的额度设计，将考虑在自贸试验区内，每人每年无条件换汇额度相应提高。通过探索给予一个相对较高的额度，让自贸区内居民先到境外进行投资，包括移民投资、房地产投资、境外证券投资和境外实业投资等。

从渠道上来看，通过自贸账户体系，可以探索推动个人投资者跨境投资的范畴进行拓展。比如，可探索一些基本原则，能证明投资者收入来源的合法性，投资投向符合现行的国际管理（规定），即资金的来源和用途是良性的，遵循这一原则，可考虑将原来需要复杂审批的业务或者是不能做的业务，通过个人自贸账户体系来完成。

目前，上海证券交易所通过筹建国际金融资产交易平台，已为合格境内个人投资者搭建了较为开放的交易平台，从技术上基本解决了有效监控个人跨境投资的交易风险。适时启动境内个人投资者跨境投资业务，利用自贸账户服务个人跨境证券投资，是上海自贸区正在重点突破的内容。

专栏 5－4

QDII2 试点渐近　个人跨境投资再松绑①

在国务院明确批复将择机推出合格境内个人投资者（QDII2）后，合格境内个人投资者境外投资试点管理办法也将很快发布。据悉，首批试点 QDII2 的城市共有 6 个，分别为

① 资料来源于《中国商报》2015 年 6 月 3 日。

上海、天津、重庆、武汉、深圳和温州。居住在试点城市年满18岁的境内个人，只要个人金融净资产最近3个月日均余额不低于100万元人民币，通过境外投资和风险能力测试、无重大不良记录且没有经司法裁决未偿还债务者，均可申请QDII2。

在市场人士看来，这意味着资本项下个人外汇管理将突破自2007年开始实施的每人每年5万美元（之前为2万美元）的汇兑限额，资本账户开放又下一城。而在一些分析人士看来，此举将释放数亿资金进入国际股票和证券市场。

私人资本走出国门

有业内人士分析，如允许资产100万元以上个人50%的境外投资，新政策相当于给了一个41万亿元的个人投资总配额。

QDII2是中国政府继沪港通之后进一步放开资本市场的举动，早在今年3月，就有消息称上海今年将在自贸区启动QDII2。

而QDII2也明显较之前的QDII有所升级，此前的QDII只允许个人投资者在一定限额和一定范围内进行海外投资。在一些业内人士看来，由于国内基金经理营销失误和大众普遍对此缺乏兴趣，因此，QDII并未吸引众多投资者。而QDII2将允许中国个人投资者投资纽约、伦敦或者巴黎的股票，并将吸引中国投资者进入股市、分散风险，同时也将严防资金外流。

但也有业内人士担心QDII2是否会触发私人资本竞相涌出国门。对此，中金公司首席经济学家梁红在接受《中国商报》记者采访时认为，个人资本流出数量有限，因此QDII2不会对金融市场造成冲击。

梁红认为，中国高净值人群拥有的财富规模增长迅速，其中资产100万元以上个人可投资资产总额目前可能达到82万亿元。一方面，数十年经济高速增长扩大了个人持有资产的总体规模。据招商银行《2015中国私人财富报告》显示，个人可投资资产（包括金融资产和投资性房产）总规模在2014年底已达112万亿元。另一方面，个人财富呈现集中趋势。上述报告指出，资产1 000万元以上高净值人士已超100万人，共持有约32万亿元可投资资产。而建设银行（601939，股吧）的《中国财富报告》表明，资产600万元以上人群在2012年共持有可投资资产33万亿元，考虑相应增速，至2014年底应达52万亿元。

梁红认为："如果将门槛放低至100万元，我们预测可配置资产规模可能在82万亿元左右。如允许资产100万元以上个人50%的境外投资，新政策相当于给了一个41万亿元的个人投资总配额，考虑已有境外资产配置，则对应约25万亿元的配额空间。即使在个人跨境投资受管制的情况下，中国高净值人群的境外资产配置已经较为普遍。根据招商银行去年的财富报告，高净值人群所持境外资产已占其可投资资产总额的20%。"

不过梁红也坦言："这是一个存量上限，从流量来看，我们认为个人资金流出的实际需求增长空间有限，每年不会超过1.5万亿元，并不会对金融市场造成冲击。"

在中金公司分析师看来，虽然新政策对中国居民境外不动产投资的放松作用相对较大，但由于语言、文化、管理、税收、生活习惯等障碍，境外不动产购置的增长潜力有限。在沪港通和合格境内机构投资者（QDII）等措施下，中国居民进行境外金融和实业投资的渠道已经相对完善。

即便是不动产投资，高净值人群也可以通过经常项或者资本项下相关交易间接实现。据美国房地产经纪人协会统计，2013 年中国居民在美房产投资额达 220 亿美元，为最大外国投资人群。

澳大利亚外国投资审批委员会的数据显示，中国居民在澳房产投资同年为59 亿澳元。在搜房网监测的海外购房目标国家中，美国和澳大利亚为前两位，同年分别占 21% 和 11%。由此反推，2013 年中国居民海外房产投资总额应在 5 000 亿元人民币之内。

此外，招商银行去年的报告指出，约 60% 受访的高净值人士正在或者已经完成投资移民，境外不动产投资需求已经得到较大程度的释放。如果中国居民对境外不动产的潜在需求为此两倍，而不动产需求为境外投资总体需求的一半或者更高，那么各项个人投资的总流出需求也不会超过每年 1.5 万亿元。

梁红告诉《中国商报》记者："本土偏好是国际投资中一个重要的经验事实。尽管存在分散风险的需要，但由于法律、信息甚至时差等多方面障碍，投资者存在集中投资本土资产的倾向。这也许正是在现有的合格境内有限合伙人（QDLP）计划下著名对冲基金 Winton Capital 和 Oak Tree 未能从中国富人那里融到足够资本背后的原因所在。"

同时有业内人士表示，放宽境外个人投资者准入制度是必然趋势。据波士顿咨询公司报告显示，全球私人财富在 2013 年约为 152 万亿美元，如配置 2% 到中国，就对应了约 20 万亿元的资本流入。

梁红表示，新政策只涉及个人资金流出，随着个人投资流入的放开，个人投资项下资本净流入的可能性将会更大。

人民币国际化进程加速

有券商人士在接受《中国商报》记者采访时猜测，未来沪港通的总额度限制有可能被取消，并将提高每日额度上限。

据悉，未来 QDII2 可以投资的领域共包含三个领域：一是境外金融类投资，含股票、债券、基金、保险、外汇及衍生品；二是境外实业投资，含绿地投资、并购投资、联合投资等，按相关主管部门的规定进行备案或核准后办理；三是境外不动产投资，含购房等，须审核证明材料后办理。

据参与相关试点筹备的知情人士透露，QDII2 的推出有三个方面的意义：一是满足境内居民全球化资产配置的需求；二是缓解外汇储备增长对管理效率带来的压力；三是加快人民币国际化步伐。

事实上，本月初，国务院批转国家发展改革委的《关于 2015 年深化经济体制改革重点工作的意见》早已将 QDII2 的推出与人民币资本项目可兑换和跨境使用直接联系在了一起。其中明确表示，要"稳步推进人民币资本项目可兑换，扩大人民币跨境使用，择机推出合格境内个人投资者境外投资试点，进一步完善'沪港通'试点，适时启动'深港通'试点"。

也有券商人士在接受《中国商报》记者采访时猜测，未来沪港通的总额度限制有可能被取消，并提高每日额度上限。相关调整有望与深港通开通同时宣布，以适应不断扩大的交易量，为市场扩容做好准备。不过，这一消息尚未得到官方证实。

值得注意的是，未来在试点的6 个城市内，符合条件的个人只要持有效居民身份证或居住证、金融净资产不低于100万元人民币的核定材料；签署开户申请书、境外投资资金合法性承诺函和投资风险自担承诺函等材料通过银行审核后，就可以开通境外直投专户，含1个人民币专户和1个外汇专户，用于办理境外投资资金收付、结售汇业务。

而在这个过程中，商业银行在整个业务流程中将起关键作用。有知情人士透露，未来获得试点资格的商业银行将负责审核个人投资者的金融净资产是否符合要求，是否能够通过境外投资和风险能力测试，同时负责核定投资者在人民银行征信系统中的信用记录是否良好。

据了解，已启动试点筹备工作的商业银行正在加紧调试系统，准备相关产品以迎接市场需求。相关的系统调试既包括境内银行与外管局之间的系统对接，也包括银行境内外机构之间的系统对接，以及境外分支机构与当地监管之间的系统对接。

但值得一提的是，100万元人民币的准入门槛只是金融净资产概念，即投资人在所有金融机构中的资产与其在所有金融机构中的负债之间的差额，且投资人负有举证义务。据参与试点筹备的人士透露，投资者需要每隔三个月更新一次本人的净资产记录。

5.4.4　推动上海自贸区跨境证券投资发展的相关对策

1. 成立跨境股权投资基金园区，助力上海自贸区跨境私募股权发展

上海自贸区通过自贸账户体系建设、人民币资本项目可兑换先行先试等金融制度改革，拓宽了上海自贸区与境外资金的联动通道，为自贸区跨境股权投资基金提供了利用国内、国外两个市场，并融合两种资源的机会。

2014年2月，弘毅投资与自贸区管委会双方多次沟通，探索形成了自贸区跨境投资项目备案换汇操作路径，达成了上海自贸区私募股权基金对外投资的第一单。自贸区管委会财政金融服务局与上海市经济发展局、市工商局注册处等部门共同研究了私募股权基金在自贸区参与境外投资的具体实施工作，形成了较为健全、固定、可复制的跨境投资模式，为推进私募股权投资，建设跨境股权投资基金园区探索了可供操作的范式。

仿照虹口区成立对冲基金园区的基本思路，在上海自贸区范围内部分区域，如金桥片区构建跨境股权投资基金园区。金桥片区拥有优越的国际社区环境、相对较低的运营成本和连接陆家嘴片区、张江片区以及外高桥的优越地理位置，适宜于集聚一批具有国际背景的跨境股权投资基金。在构建的跨境股权投资基金园区内，推动相关制度创新。对入驻园区的基金提供全面、专业、高效的服务，在园区内着力构建一个由银行、券商、基金公司、金融数据服务商、第三方销售机构等组成的优良的金融生态体系，确保有效降低入驻企业的经营成本，营造有利于跨境股权投资基金业务开展的经营、生活环境。

2. 完善本外币一体化的自由贸易账户体系，促进跨境证券投资的全球配置资源

资本市场的投融资汇兑便利的推动，载体是上海自贸区全面开展的以自由贸易账户为基础的资本账户开放改革，深化自贸账户体系的服务范围和内涵，推进自贸区跨境投资项目备案换汇操作路径与模式，是促进跨境证券投资便利化的重要模式。

当前中资银行已经可以进入自由贸易账户体系，进一步推动外资银行包括非银行的金融机构设立自贸账户单元，推动建立涵盖银行、非银行金融机构的本外币一体化自由贸易账户体系，为跨境证券投资基金更好地统筹利用境内外两个市场、本外币两种资源创造条件。

3. 加强金融开放“安全网”建设，防范跨境证券投资风险

从国内外跨境资金流动的监管经验来看，加强监测预警体系建设，提升对跨境资本流动的风险预警能力，制定防范异常资金跨境突发流动应急方案，准确把握信号发布和应急方案启动时机，建立健全救助机制和风险分散机制，是防范跨境资金流动风险的关键。

在跨境证券投资方面，上海市委、市政府对此高度重视，要求在推动跨境资金流动方面，将确保不发生区域性系统性风险作为自贸试验区金融改革始终要坚守的底线，中国人民银行上海总部始终牢固树立底线思维，高度关注境外融资和跨境资金流动的系统性风险，目前重点监测的境外融资风险主要是偿债风险和由境外融资带动的跨境资金流动对境内市场的冲击风险。

自由贸易账户体系为创新跨境金融服务监管体制和构建跨境资金流动领域中的金融宏观审慎政策框架搭建了实验基础。分账核算的自由贸易账户体系形成了一个资金跨境和境内跨区流动的“电子围网式”监管格局，所有进出和停留在自由贸易账户中的资金以及资金活动背后的业务信息都通过自由贸易账户监测管理信息系统被采集汇总。

要进一步加强对自由贸易账户的动态监测分析，依托自由贸易账户管理系统，对风险进行24小时实时监测，能够实时、逐笔地监测跨境资金流动，确保金融安全。中国人民银行要积极掌握各类主体、金融机构借助自由贸易账户开展的各类跨境投资业务、价格、资金流动、流向、存量等情况，并通过与境内和国际市场情况的联动监测，建立风险预警和异常干预机制，为全国加快推进人民币资本项目可兑换和全面开放环境下的金融宏观审慎管理框架建设进行有益的尝试。

第6章

跨境贷款与上海自贸试验区金融创新

目前我国的海外投资企业融资需求呈现爆炸性增长。在所有融资方式中商业银行的跨境贷款优势明显。为此，大力推进商业银行跨境贷款业务，对支持企业“走出去”具有重大的现实意义。

本章主要介绍跨境贷款的发展现状，在现状研究过程中探寻跨境贷款发展的制度瓶颈和风险。基于上海自贸试验区的政策和区域特点，分析跨境贷款在上海的发展，提出未来发展模式的建议。

6.1 跨境贷款的发展现状

我国于2009年初启动了跨境贸易人民币结算，经过3年多的努力，跨境人民币业务量迅速增加，取得了明显进展。于2013年1月28日正式启动的前海跨境人民币贷款试点使资本项目开放迈出了巨大的一步，首批15家香港银行向注册在前海的15家企业发放20亿元人民币贷款。为了防范风险，从操作流程上银行和监管层方面都进行了系统性的规范，以保证资金使用的合规和安全性。

6.1.1 跨境贷款的特点

跨境贷款具有双向机制，一方面是国内银行为海外企业提供人民币贷款，另一方面是国内企业向海外金融机构申请并获得人民币贷款。目前，我国双向贷款机制都有一定限制，发展规模比较有限，但今后的市场广阔，未来发展趋势明确。我国跨境贷款目前具备的特点如下：

融资主体和资金来源的广泛性。跨境贷款相当于允许境内所有商业银行及其分支机构开展离岸业务，并且打破在岸资金与离岸资金“物理隔离”的模式，允许在岸资金向离岸账户渗透。国内企业的资金获取主体也不再局限于国内金融机构，符合条件的企业可以向海外资金提供者借贷资金，扩宽了企业的融资来源和融资规模，推动企业发展、金融深化改革。

1. 融资对象的广泛性

目前我国跨境贷款比较普遍地集中于政策性银行业务范围，贷款利率水平相比有较大的吸引力。因为政策性银行主要的服务对象有针对性，贷款除了利率优惠外，一般会有附加条件，因此缺乏对中小企业的境外投资放贷。商业银行跨境贷款操作更加市场化，贷款利率的确定以国际金融市场利率为依据，贷款面向所有境内外符合条件的公司，而且不断开发新产品用以满足不同企业的贷款需求。目前国内企业向海外金融机构贷款的业务仍只能在部分区域开展，比如深圳前海、上海自贸区等，对融资企业的要求和资金运用方向都有具体规定，需要经过长期实践的摸索，进一步完善和扩大资金流向范围。

2. 融资服务的便利性

商业银行跨境贷款可以较好地解决我国海外分支企业融资难问题，为其提供充足的资金支持，缓解我国较落后的银行国际化问题，满足“走出去”企业广泛的金融需求。与目前商业银行海外分支机构贷款人机构过少相比，商业银行跨境贷款更能及时为“走出去”企业提供跟随式的金融服务。①

6.1.2 发展跨境贷款的意义

人民币的国际地位逐渐上升，为跨境贷款的发展提供了前提条件，也体现了跨境贷款发展的必要性。总部设在比利时的环球银行金融电信协会（SWIFT）公布的数据资料显示，人民币在2013年10月已经成为全球第二大国际贸易融资货币。2013年10月，人民币在全球贸易融资（信用证及托收）中的市场份额已经由2012年1月的1.89%提高到8.66%，市场份额仅次于美元，排列第二。相比之下，欧元在全球贸易融资中的市场份额则由2012年1月的7.87%下降到2013年10月的6.64%，市场份额排列第三。2013年10月，美元在全球贸易融资中的市场份额为81.08%，市场份额占据首位。②

第一，跨境人民币贷款可以加速境内外人民币资金的流动，构建人民币回流渠道。同时也促进境外离岸人民币市场的建设和发展。到目前为止，境外银行系统内有一定的人民币资产沉淀，促进其回流并在交易中获得较高收益是一直以来需要思考的问题。随着跨境人民币贷款业务的开展，其已成为除债券、股票之外的第三大人民币回流渠道。跨境贷款的发展促进海外人民币沉淀资本的流动，为形成良性的国内外循环迈开了重要一步。

---

① 宋汉光：“银行跨境贷款业务之研究”，《中国外汇》2010年第15期。

② 连俊：“人民币国际化步伐越走越实”，《经济日报》2014年1月7日。

第二，提高人民币海外易接受性。由于我国资本项目下账户管制，海外沉淀的人民币回流渠道和方式较少，会影响人民币在海外的被接受度，海外企业和个人持有人民币的意愿不强。现在放开部分地区的人民币跨境贷款业务，虽然规模不大，只能贷款给指定区域内的企业，但至少为人民币的自由流动奠定了坚实基础，也让持有人民币的海外企业和个人获益。同时，目前人民币回流规模并不大，对金融市场造成的冲击几乎可以忽略不计。

第三，国内银行从跨境人民币贷款中获利。内资银行通过开展跨境人民币贷款，可以从多个渠道获得收益：一是跨境贷款资金汇入境内后需经过国内银行系统，办理人民币结算、存款等业务，国内银行可以利用这部分资金进行贷款和投资获取利润。据目前初步测算，若利用跨境人民币贷款沉淀的资金贷款，息差空间较大。二是跨境贷款业务会带动一部分中间业务的开展，银行可获得服务费用。三是中资银行可以作为中间商，为借贷双方撮合贷款，成为资金中介，形成新的业务。

第四，人民币跨境贷款可加快人民币利率市场化进程。跨境人民币贷款是贷款国际化的体现，建立境内贷款利率和境外贷款利率之间的桥梁关系，使得两者之间产生联动性影响。如果境内利率相比境外利率较高，会对境内利率有一定压力，进而产生影响和牵引作用，会促使境内利率向境外利率逐渐靠拢，形成竞争机制，可以促进内地加快利率市场化进程。

第五，促进跨境人民币结算业务的发展。目前我国跨境贸易人民币结算范围已经扩宽到全国，但结算规模与我国进出口贸易总额相比相去甚远。促进跨境贸易人民币结算首先要使得人民币资金获取成本较低且易得，而目前人民币离岸市场的发展有待推进，由于资本项目下的管制，人民币流出渠道有限，且数量较少，使得境外进出口企业很难获得人民币的融资，融资成本较高，他们自然不愿意使用人民币进行贸易跨境结算。随着商业银行跨境贷款业务的发展，为海外企业扩宽了人民币的融资渠道，降低了融资成本，促使海外企业更愿意持有人民币，并进行人民币跨境贸易结算，推进业务的发展和完善。①

6.1.3　发展跨境贷款的现实基础

任何金融产品的推出都需要选择合适的时机，更需要良好的国内外宏观经济环境做保障，这两者是金融产品顺利推出和发展的客观基础。跨境人民币贷款业务正是在国家金融监管部门经过深思熟虑、充分分析和评估当前国内外经济环境形势的基础上推出的。经过各方面的考虑和评估，当下推出跨境人民币贷款业务是最佳时机，国际经济环境和国家整体经济实力都是业务开展的重要保障。

1. 国际经济金融环境为推出跨境人民币贷款业务提供了良好机遇

伴随着国际金融危机的爆发和蔓延，美元和欧元的国际化地位受到一定影响，各国

---

①　彭玉镏、汪杨健：“跨境人民币贷款防范两大风险”，《证券日报》2013年5月10日。

外汇储备更加多样化，也暴露了现行国际货币体系的不足。主要国际货币经历了汇率剧烈波动的时期，国际贸易投资的融资成本与风险上升逐步上升，全球经济处在下行通道，经济发展速度明显减缓。在金融危机爆发期间，我国经济发展也经历了严重考验，最终较好地抵御了国际金融危机的影响，经济增长速度依旧保持在7%以上。在我国长期的对外开放和发展的努力下，我国成了新兴市场经济国家中的翘楚，众多发达国家纷纷主动和中国建立长期战略伙伴关系，我国经济贸易总量的世界排名稳步提升，凸显在世界上的影响力和巨大潜力。尤其在东南亚等国家的贸易往来中，人民币已逐步被接受，并成为贸易结算货币，而且交易量逐步提升，为人民币跨境贷款业务的开展奠定了坚实的基础。

2. 国家整体经济实力为发展跨境人民币贷款业务提供了有力保障

（1）我国经济的加速发展以及在世界上的经济地位，是跨境人民币贷款业务发展的坚实基础和条件。研究表明，一国经济规模及其与世界经济联系决定了该国货币在世界范围内的接受程度，主要货币发行国在世界总产值占比每上升1%，其货币在官方储备中占比就会上升1.33%。[①] 我国历经几十年的快速发展，经济实力已大大增强，进出口业务发展迅速，与世界各国的经济联系日益加深，人民币的海外需求也大幅增加，同时凸显了对跨境人民币贷款的需求。

（2）人民币已被周边国家普遍认可，为发展跨境人民币贷款业务提供了基本的信用条件。截至目前，中蒙和中越边境贸易已经以人民币结算为主，在泰国、越南、缅甸、尼泊尔等国人民币已可以在全境或局部地区流通。在周边国家得到普遍认可，表明人民币的国际接受度大幅提升，也是对我国国家信用的认可，是商业银行跨境人民币贷款业务发展的有利条件。伴随着我国经济的进一步发展，以及人民币币值稳定的信用度、与世界经济的紧密联系，人民币在国际经济中的地位日益提升，境外企业对人民币的需求范围和总量都会增加，商业银行跨境贷款业务的开展成为必然，也是客观需求。

（3）现实的业务需求，为发展跨境人民币贷款业务提供了内在的动力。作为借款人，需要通过使用商业银行跨境人民币贷款，规避国际市场的汇率风险与利率风险，享受人民币结算带来的便利，相应降低国际贸易活动的财务费用。作为商业银行，则需要通过开展跨境人民币贷款业务，开拓国际市场、赢得市场份额进而扩大国际业务收益；在参与国际竞争的过程中增强竞争实力，并且提升风险管理的能力与水平。作为政府部门，也需要利用商业银行跨境人民币贷款促进企业发展，助推地方经济的发展。这些现实的业务需求，将为跨境人民币贷款业务发展注入强劲的动力。[②]

6.1.4 跨境贷款的现状分析

据渣打银行分析，截至2013年底，境外人民币离岸中心的人民币存款规模约为1.8万亿元左右，其中中国香港、伦敦、新加坡和中国台湾在内的主要人民币离岸中心的人

①② 张永春等："商业银行跨境人民币贷款业务研究"，《华北金融》2010年第10期。

民币总存款约为1.38万亿元[①]。为了有效利用离岸资金，国内已先后在深圳前海、上海自贸区等地区开展了一系列试点，不断拓宽国内和离岸人民币市场的跨境人民币双向流动渠道，为融资租赁企业利用境外人民币提供了良好的环境。[②] 作为改革开放的排头兵，深圳前海2012年底就在全国首个推出跨境人民币贷款管理办法和实施细则，2014年2月底，央行上海总部颁布印发了《关于支持中国（上海）自由贸易试验区扩大人民币跨境使用的通知》，明确中国（上海）自由贸易试验区内非银行金融机构和企业可以从境外借用人民币资金。继深圳和上海之后，试点扩宽到新疆霍尔果斯、天津中新生态城，2014年7月苏州工业园区也获得新加坡银行机构对园区企业发放跨境人民币贷款试点资格，中国与新加坡跨境人民币贷款业务正式启动。

跨境贷款相对于股权和债券渠道而言，发展较迟缓，现状主要表现在以下几个方面：

第一，总体规模小。相比股权融资和债券融资方式，跨境贷款发展较晚，至今融资规模较小，未来发展空间广阔。如图6－1所示，2005年到2008年，我国跨境贷款总量保持小幅上涨。自2009年开始，贷款量逐渐增长，尤其2013年增长明显。2015年第一季度，贷款量资产方已超过2014年总额，负债方接近2014年总量，由此可见，跨境贷款尽管总量有限，但增速明显。

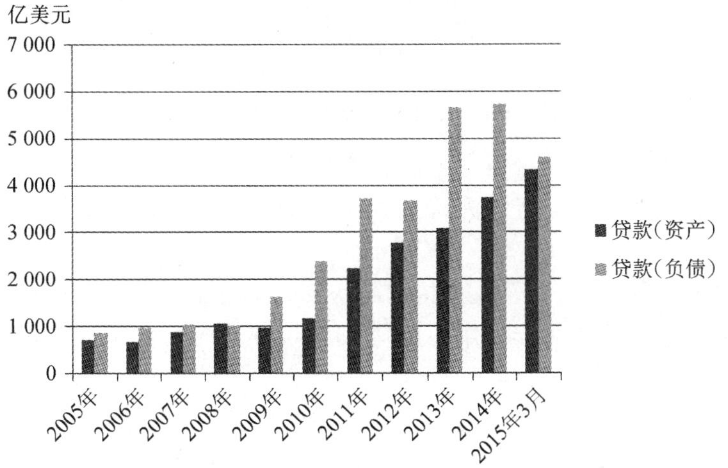

图6－1　跨境贷款资产、负债对比

第二，投资保持较快增速，负债增幅下降。2014年，除直接投资和证券投资之外，其他投资项目对外资本输出大幅增长。我国其他投资项下对外资本输出净增加3 030亿美元，较上年增长1.1倍，主要反映了银行部门更多将资金运用于境外。其中，我国在境外的货币和存款增加1 597亿美元，而上年仅增加74亿美元，增长20倍；对境外贷款增加738亿美元，较上年增长1.3倍；对外提供的贸易信贷增加了688亿美元，较上年增长14%。其他投资项下对外资本输出的增长，反映了境内主体对境内外汇率、利率及市场的预期变化，扩大了资金的境外运用。

① 张华君："离岸市场全球开花　人民币支付全时区启动"，《第一财经日报》2014年第4期。
② 肖旺："跨境人民币贷款成新宠租赁公司意在境外低成本资金"，《金融时报》2014年7月7日。

其他投资项下对外负债继续增加但增幅下降。2014 年，境外对我国其他投资项下资金净流入（即我国对外负债净增加）为 502 亿美元，较上年下降 77%。一是我国吸收的货币和存款类资金增加 814 亿美元，较上年增长 7%，主要是非居民人民币存款增加 647 亿美元；二是获得的境外贷款由上年增加 934 亿美元转为减少 343 亿美元，主要是由于银行为规避信用证、海外代付等贸易融资工具风险，从而大幅减少了该类对外负债。①

第三，金融产品单一。前海跨境人民币贷款规定只能投资于基建、物流营运建设等方面，首批贷款也是集中在电子商务、物流、供应链三大产业，对非居民的普通流动资金贷款、贸易融资、银团贷款等涉及离岸业务资格问题等的大部分没有开展。

第四，跨境贷款的业务模式有限。目前主要的跨境贷款模式有（见图 6－2）②。

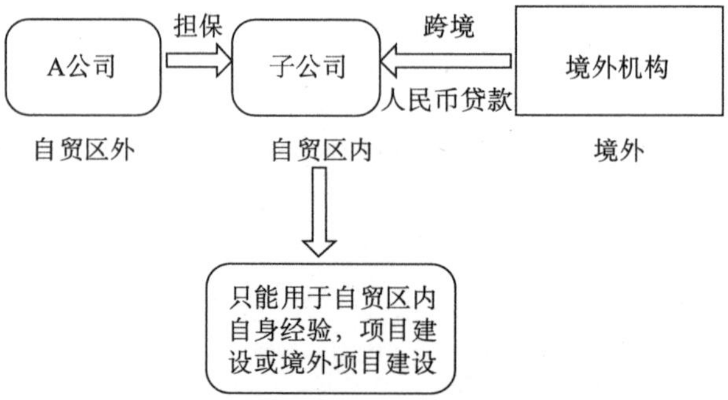

图 6－2　上海自贸区跨境贷款关系图

（1）银行承兑汇票质押。融资企业将持有的银行承兑汇票作为资产质押给银行，银行按照承兑汇票的有效评估价值作为跨境人民币贷款的授信额度依据，一般额度不会高于有效评估价值。

（2）资产抵押/质押。融资企业将持有的房产、有价证券等作为资产抵押或质押给银行，银行按照资产的有效评估价值作为跨境人民币贷款的授信额度依据，一般额度不会高于有效评估价值。

（3）借用法人股东现有授信额度。法人股东分割其在银行现有的授信额度给企业用于跨境人民币贷款使用，并且法人股东须提供担保。该操作方案的前提为法人股东现有授信银行和企业申请跨境贷款的银行必须为同一家银行。

（4）企业新申请授信额度，并使用跨境贷款。企业根据银行信贷产品，按照常规信贷标准向银行申请额度，授信额度下来后，使用跨境贷款方式操作。

第五，促进融资租赁企业发展迅速。租赁企业特殊跨境贷款模式创新不断。目前模式包括股东直接开担保函模式、租赁公司股东直接开保函模式、背对背保函模式、承租人担保模式③：

（1）股东直接开担保函模式。A 企业为上海工行某大型企业，上海工行额度充足，上海 A 企业成立融资租赁公司 B。上海 A 企业在上海工行申请开立保函，保函受益人为

① 国家外汇管理局："2014 年中国国际收支报告"。

②③ "前海国开资产管理公司政策研究中心报告"，2014 年 7 月。

海外金融机构，海外金融机构办理跨境人民币贷款，借款人为融资租赁公司B，并用于B企业的融资租赁项目。

该模式主要占用股东A公司银行授信额度，为融资租赁B公司开立保函。融资租赁母公司实力雄厚，对融资租赁业务的开展具有重要的作用。

(2) 租赁公司股东直接开保函模式。B企业为自贸区内注册的融资租赁公司，其股东是较有实力的公司A，可以为B公司提供有效担保。基于此担保，区内工行为B企业核定授信额度。B公司在额度内向海外金融机构开立保函。海外金融机构办理跨境人民币贷款，借款人为融资租赁公司B，并用于B企业的融资租赁项目。

该模式主要占用融资租赁B公司自己银行授信额度，股东A只是为其提供有效担保。说到底，有个强有力的股东还是很有用处的。

(3) 背对背保函模式。A企业为境内某大型股份企业，在工行的额度已使用完毕，但他行额度充足，A企业在自贸区成立了融资租赁公司B。A公司在他行申请开立银行履约保函给区内工行，区内工行据此对境外银行开立保函，境外银行办理跨境人民币贷款，借款人为区内融资租赁公司B，并用于B企业的融资租赁项目。

(4) 承租人担保模式。承租人为自贸区融资租赁公司提供担保，工行分行据此向境外银行申请跨境人民币贷款，境外银行发放贷款，用于区内租赁公司的租赁项目，区内工行为贷款管理行和清算行。

该模式是融资租赁企业最喜欢用的模式，因为主要占用是承租人的授信额度。

总的来说，上海自贸区的融资租赁企业跨境人民币借款与前海一样具备可用于区外的可能，如图6-3所示。

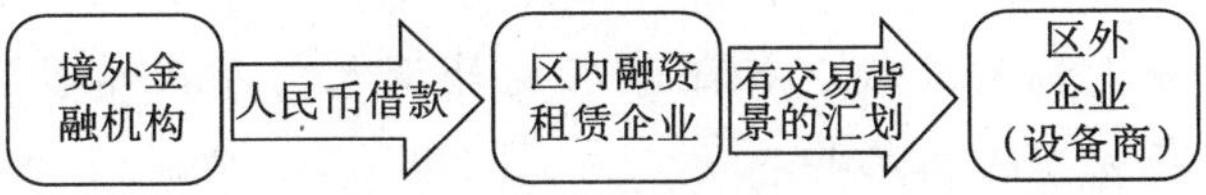

图6-3　上海自贸区融资租赁企业跨境贷款资金流向图

专栏6-1

中国人民银行关于境内银行业金融机构境外项目人民币贷款的指导意见

中国人民银行上海总部，各分行、营业管理部、省会（首府）城市中心支行、副省级城市中心支行，国家开发银行、各政策性银行、国有商业银行、股份制商业银行，中国邮政储蓄银行：

为了扩大人民币跨境使用，规范境内银行业金融机构（以下简称银行）境外项目人民币贷款相关业务，防范风险，促进贸易和投资便利化，根据《中华人民共和国中国人民银行法》等法律、行政法规规定，现就境内银行境外项目人民币贷款工作提出以下指导意见：

一、本意见所称“境外项目”是指境内机构“走出去”过程中开展的各类境外投资和其他合作项目，包括但不限于境外直接投资、对外承包工程以及出口买方信贷等。其中境外直接投资是指境内机构通过设立（独资、合资、合作）、并购、参股等方式在境外设立或取得既有企业或项目所有权、控制权或经营管理权等权益的行为；对外承包工程是指中国的企业或其他单位承包境外建设工程项目，包括咨询、勘察、设计、监理、招标、造价、采购、施工、安装、调试、运营、管理等活动。

银行境外项目人民币贷款是指银行向上述境外项目发放的人民币贷款。

二、具备国际结算业务能力、具有对外贷款经验的银行，在接入人民币跨境收付信息管理系统后，可以开展境外项目人民币贷款业务。

三、银行办理境外项目人民币贷款业务时，经办行应当于境外项目人民币贷款合同签约后15个工作日内，向所在地人民银行分支机构提交贷款合同副本。首次办理境外项目人民币贷款业务的，还应当同时提交相关规章制度复印件。

四、银行办理境外项目人民币贷款业务，应当遵循审慎性原则，严格审查借款人和代理行资信，保障资金安全。

五、银行可以为境外借款人开立人民币银行结算账户，对该账户的管理执行《境外机构人民币银行结算账户管理办法》（银发［2010］249号）相关规定。银行也可以通过借款人在境外代理行开立的相应账户办理境外项目人民币贷款业务。

六、银行应当按照人民币银行结算账户和支付结算管理制度的相关规定，为与备案项目相一致的跨境人民币贷款提供资金划转等相关服务。

七、根据办理境外项目人民币贷款需要，银行可以向其境外分行调拨人民币资金，也可以向其境外子行或境外代理行融出人民币资金。

银行向境外项目提供的人民币贷款累计金额不得高于项目贷款合同金额；银行因接受境外借款人、境外分支机构或代理行还款从境外调入的人民币资金不得超过已备案的贷款合同项下的本金与合理收入总和。

八、境外项目人民币贷款资金不得用作对境内提供贷款。

九、境外项目人民币贷款单独统计，贷款利率应当符合人民银行有关规定。

十、境外项目人民币贷款业务涉及的非居民存款不纳入现行外债管理。

十一、银行应当于5个工作日内将在本机构发生的境外项目人民币贷款业务相关信息报送人民币跨境收付信息管理系统。

十二、中国人民银行及其分支机构对银行开展境外项目人民币贷款业务进行现场检查和非现场检查，督促银行切实履行贷款真实性审核、信息报送等职责，监督银行依法开展业务活动。

十三、中国人民银行及其分支机构根据本指导意见，引导银行做好对境外项目提供人民币贷款的有关工作。

6.2
跨境贷款发展的制度瓶颈

目前，我国跨境贷款的区域比较有限，在政策规定允许的区域可以推行跨境贷款业务，即使在这些区域，跨境贷款业务仍然存在较多的制度瓶颈和业务风险。

6.2.1　跨境贷款业务的制度限制

第一，管理职能分散化。涉及跨境贷款业务管理的有中国人民银行、银监会和国家外汇管理局，各司其职，职能分散，使得跨境贷款业务发展缺乏统一的管理和政策持续性。中国人民银行主要负责管理人民币跨境贷款和结算业务；银监会主要负责跨境贷款的市场准入和金融产品的审批、备案；国家外汇管理局主要负责实际发放贷款涉及的资本跨境流动及对外债权登记事务。分工明确，但管理疏散，有待解决和完善。

第二，相关法规不明晰。虽然2008年修订后的《中华人民共和国外汇管理条例》和2008年国务院《关于当前金融促进经济发展的若干意见》为商业银行开展跨境本外币贷款业务奠定了法律基础。深圳前海2012年底在全国首个推出跨境人民币贷款管理办法和实施细则，2014年2月底，央行上海总部颁布印发了《关于支持中国（上海）自由贸易试验区扩大人民币跨境使用的通知》。但现行政策对商业银行跨境贷款的规定十分含糊，大多只有框架性的规定而缺少可操作的细则。

第三，贷款客户门槛高。银行贷款的风险管理对于银行资产的安全性而言尤为重要，但是境外融资企业的经营状况监管较为复杂，相比国内企业具有一定的难度。与境外企业的业务关系又涉及境外多重法律体系。因此，商业银行在政策允许的范围内仍然十分谨慎，对客户的选择要求较严格，规定至少是总行级别的重点客户。

第四，配套政策亟待完善。首先是账户管理存在障碍。一般情况下贷款行会要求境外借款人在该行开立贷款账户，以便于银行对账户内资金使用的监管。目前我国外汇政策允许境外机构在境内银行开立NRA账户，但只能用于结算，不能用于融资，这直接限制了商业银行为企业提供贷款的可能。其次是对外担保管理存在障碍。银行在提供跨境贷款时，要求借款人提供抵押担保，而按照当前的对外担保管理办法，境内公司为境外机构提供担保需要外汇局逐笔审批，并且对借款人有严格的条件限制。过于严厉的担保制度也限制了商业银行的跨境贷款业务。①

第五，贷款资金使用限制。在企业境外借款方面，《关于支持中国（上海）自由贸易试验区扩大人民币跨境使用的通知》明确，从境外借用的人民币资金可调回境内，须存放在上海地区的银行为其开立的专用结算账户，而上述资金仅能够“用于区内生产经营、

① 宋汉光：“银行跨境贷款业务之研究”，《中国外汇》2010年第15期。

区内项目建设和境外项目建设”。针对资金用途的明确界定，与最初央行“30条”相比，限制严格得多，在自贸试验区有限的地域范围内，究竟有多少实体经济能够投资，需要打一个问号，甚至可能形成自贸区的窘境。

第六，备案金猛增，实际提款额偏少。以深圳前海为例，尽管前海跨境贷款备案金额猛增，但其实际提款数额偏少。就在2014年9月，前海管理局官方曾发布：累计到9月底，跨境贷款备案金额597亿元，实际提款113亿元，约占备案金额19%①。

第七，多方面因素制约融资租赁公司的贷款积极性。由于融资租赁公司一般跟境外的银行关系不熟悉，要获得直接授信比较难。初期多数是中资银行与其境外分行联动，由中资银行的境外分行向境内企业提供资金。在这个交易中，境内、外机构的联合互动是成功的关键。但是总体看来，融资租赁企业利用跨境人民币借款总体规模并不大。主要原因是多方面的：一是对外商投资租赁公司而言，其自身有9倍的外债额度，可以通过人民币外债的形式引入境外人民币，而跨境人民币贷款需要公司注册在相关区域内，限制了企业经营。相对而言，内资试点租赁公司和金融租赁公司借助跨境人民币贷款政策、引入跨境人民币的需求更加迫切。如，为获得这类借款，某大型金融租赁公司就着手申请在自贸区设立专业子公司。二是随着跨境人民币贷款业务迅速开闸，带动境内外人民币贷款利差缩小。最近半年，包括香港特区在内的境外市场，人民币贷款利率与境内银行的融资成本已经非常接近，也降低了企业融资的积极性。三是跨境人民币借款试点时间不长，境内银行、融资租赁企业对操作流程还需要逐步熟悉和推广。从长远看，随着业务规模的扩大，银行推动跨境人民币贷款的积极性会越来越高。

6.2.2 跨境贷款业务的风险分析

总体而言，跨境人民币贷款风险较大，但对企业发展、银行管理等方面利大于弊，因此，如何扬长避短，在获得最大化收益的基础上，控制和规避风险是当务之急。首先是中央银行及外汇管理局必须加强对借入资金用途的监管力度，实施严格的备案制度和额度管理。贷款发放要严格遵循三部曲，实行贷前严格审查，贷中跟踪调查，贷后有效管理和积极监督。使借入资金符合自贸区产业发展目录要求，优先支持用于进口及其他对外支付的贷款需求。由于境内外贷款利率有息差，要防止企业获得跨境贷款后，不用于企业的经营发展，而是用于转贷放贷，扰乱境内信贷市场秩序。其次是境内银行面对未来竞争加剧的风险。跨境人民币贷款一方面可以促进银行业务发展，另一方面也会给银行带来较大竞争。境内银行应该加强内部管理，提升银行经营绩效，抵御风险和提高竞争力，并努力获利最大化。境外银行应与境内监管机构加强沟通合作，及时跟踪贷出资金去向和资产质量。

第一，信用风险。境外金融机构对国内企业的了解程度不够，目前跨境贷款多数是由中资银行做资信评估，并做企业贷款的担保人，进而才能获取跨境贷款资金。在目前的操作模式下，跨境贷款业务的主要风险几乎集中在境内商业银行身上，一旦出现违约

---

① 胡思幸、余璐：“前海‘结拜’伦敦金融城”，《深圳商报》2014年10月16日。

情况，境内银行会遭受较大损失。相应的，我国商业银行为海外企业提供贷款也存在同样问题。我国商业银行境外设点普遍较少。中国银行是我国在境外设立分支机构最多的一家银行，也仅在全球29个国家和地区设立了分支机构，境外分支机构总共不过800家。商业银行依靠一己之力审查掌握境外借款人的财务状况和经营绩效比较困难，信息不对称问题突出，商业银行面临着较大的信用风险，同时因为获取信息成本较高，会增加商业银行的经营成本和经营风险。

第二，国家风险。我国跨境贷款业务才刚刚开始发展，业务建立的基础和主要对象是周边发展中国，这些国家开展了跨境人民币结算业务。但是，这些国家都处于经济欠发达的水平，政局时常变动，外汇管制政策会出现极端情况，宏观经济政策的不稳定让跨境人民币贷款面临潜在风险。

第三，人民币利率及汇率波动的风险。目前我国资本项目仍未放开，境内外的企业或者个人持有外币或人民币都只能用于贸易交易，资本项目下的投资受到严格管制，只能通过指定途径进行投资。随着商业银行跨境贷款的发展，会加剧人民币利率和汇率的波动幅度，增加持有人民币的利率和汇率风险。境外运用人民币的交易日益增加，香港人民币离岸金融中心必将形成，境外人民币的利率水平和汇率水平将会趋近于完全市场化。但国内利率和汇率市场化的进程如果赶不上境外发展的步伐，境外利率和汇率的市场化会直接冲击境内人民币的利率和汇率水平。由于利差和汇差的存在，可能会引发人民币的跨境套利和套汇行为，导致国内利率和汇率作为调节工具稳定经济的作用会逐渐减弱。而且要防止国际投机分子蓄意扰乱中国市场的行为发生。

第四，增加了银行贷款风险的监管难度。商业银行贷款风险防范包括事前、事中、事后三个阶段，每一环节都有相应使命和作用。跨境贷款在事前难以充分掌握企业信息，而且由于地域限制和属地管理问题，贷后监管很难开展，资金流向和使用用途信息都难以掌握，贷后管理成本增加。

第五，境内金融机构竞争激烈。相对于香港等主要金融中心的人民币贷款利率水平，国内的基准利率较高，尽管给予商业银行一定的利率浮动空间，但香港等境外资金的利率优势明显。随着商业银行跨境贷款业务的发展，为境内外贷款建立了联通桥梁，会在一定程度上促使存贷利差缩小，倒逼境内金融机构之间的竞争。

第六，跨境贷放款主体过于单一，利率呈逐渐上升趋势。对于中小企业而言，因常被境外银行认为资质不够好，并不能直接获得贷款，而是要支付一定的服务费，向中资银行申请获得担保，增加了融资成本，与境内贷款成本相差不大。中小企业收益空间有限，注重降低融资成本，跨境贷款的利率水平低于境内贷款水平，但加上税费、境内担保费后，企业的融资成本仍然较高，不能达到企业预期。要发展中小企业，政府层面就要考虑在税收上加大优惠力度，让企业得到真正的实惠。[①]

① 张永春等："商业银行跨境人民币贷款业务研究"，《华北金融》2010年第10期。

6.3 基于上海自贸区金融创新的跨境贷款发展

在《中国人民银行关于金融支持中国（上海）自由贸易试验区建设的意见》（即“央行30条”）公布之后的3天，中国（上海）自由贸易试验区内银行的首单业务就启动，即人民币双向资金池服务或人民币借款服务。央行上海总部于2014年2月正式下发《关于支持中国（上海）自由贸易试验区扩大人民币跨境使用的通知》，其中进一步简化了试验区内经常和直接投资项下人民币跨境使用流程，并对人民币境外借款、双向人民币资金池、跨境人民币集中收付、个人跨境人民币业务等作出了具体规范。中国企业和个人将收获三大政策“红包”：自贸试验区扩大人民币跨境使用细则的落地，将进一步支持区内跨国公司提高全球资金使用效率，促进总部经济发展；进一步支持区内企业实施“走出去”战略，更好地参与国际竞争；也将进一步改善自贸试验区内企业的营商环境，为实体经济的发展注入新动力和新活力。

中国银行和自贸区联合发展公司、交通银行和交银金融租赁、上海银行和东方国际集团、汇丰银行和法国圣戈班集团、花旗银行和瑞士罗氏集团首批签署了跨境人民币收付业务银企合作协议和人民币境外借款协议。工商银行首发自贸试验区人民币境外借款支持实体经济发展，中国银行办理上海自贸区主体建设首笔跨境人民币贷款，交通银行所属交银租赁成功签约上海自贸区首单非银行金融机构境外借款。汇丰中国首批开展了上海自贸区跨境人民币经常项目集中收付业务。[①]

6.3.1 上海自贸区跨境贷款的制度创新

上海自贸区的跨境贷款政策规定，自贸区内注册的企业可以在规定额度内从境外介入人民币资金，优化股权和债务资金的合理比例，有效降低财务成本，使得上海自贸区内企业获取外债资金成为一种制度安排。进一步简化了人民币跨境使用流程，能为企业主要做四件事：贸易结算、实业投资、境外融资、证券投资。适用于自贸区跨国企业、融资租赁企业。目前已有超过220个国家或地区接受人民币。

1. 借款资金规模

区内企业借用境外人民币资金规模（按余额计）的上限不得超过实缴资本×1倍宏观审慎政策参数。其中：实缴资本以最近一期验资报告为准，借用期限1年（不含）以上。区内借款企业可以依据《人民币银行结算账户管理办法》的规定，在上海地区的银行开

---

① 谢卫群：“人民币国际化加速”，《人民日报》2014年2月。

立专用存款账户，专门存放从境外借入的人民币资金，且借入的资金只能用于区内或境外，包括区内生产经营、区内项目建设、境外项目建设等。在试验区启动前已经设立在区内的外商投资企业在借用境外人民币资金时，可自行决定是按“投注差”[①] 模式还是按本通知规则办理，并通过其账户银行向中国人民银行上海总部备案，一经决定，不再变更。这是人民币的限制，即如果是1 000万元，那就只能到海外去借用1 000万元，主要用于区内境外生产经营和项目建设，它的借用期限基本上是一年以上，利率可以参照境外市场的利率来进行议价。

区内非银行金融机构借用境外人民币资金（按余额计）的上限不得超过实缴资本×1.5倍宏观审慎政策参数。借用期限1年（不含）以上。借入资金可调回存入开立在上海地区银行的专用存款账户，只能用于区内或境外，包括区内经营、区内项目建设、境外项目建设等。

2. 借款资金用途

在自贸区扩大人民币跨境使用通知的第四条里，区内的金融机构和企业从境外借用人民币资金，不包括贸易信贷和集团内部的经营性的融资，可用于国家的宏观调控方向相同的领域，暂不得用于投资有价证券（包括理财等资产管理类产品）、衍生产品，不得用于委托贷款。这条大致的结论是指在自贸区内的企业可以向境外的金融机构、集团的母公司和关联公司借用人民币资金，以支持其自身的经营生产需要。要求之一是所借人民币需要开设一个专用的存款账户，以活期计息，且为普通账户即可。

专栏6-2

中国人民银行上海总部关于支持中国（上海）
自由贸易试验区扩大人民币跨境使用的通知

（银总部发［2014］22号）

国家开发银行、各政策性银行、国有商业银行、股份制商业银行、中国邮政储蓄银行上海（市）分行；交通银行、上海浦东发展银行、上海银行、上海农村商业银行；其他城市商业银行上海分行；上海市各外资银行；上海市各非银行金融机构：

根据《中国人民银行关于金融支持中国（上海）自由贸易试验区建设的意见》（以下简称《意见》）及有关规定，经中国人民银行总行批复同意，现就支持中国上海自由贸易试验区（以下简称试验区）扩大人民币跨境使用通知如下：

一、国家出台的各项鼓励和支持扩大人民币跨境使用的政策措施均适用试验区。

二、试验区经常和直接投资项下跨境人民币结算上海地区银行业金融机构可在“了解你的客户”、“了解你的业务”和“尽职审查”三原则基础上，凭区内机构（出口货物

① “投注差”指外商投资企业投资总额与注册资本的差额。

贸易人民币结算企业重点监管名单内的企业除外）和个人提交的收付款指令，直接办理经常项下和直接投资项下的跨境人民币结算业务。

（一）银行在办理上述主体的直接投资项下结算业务时，应按照试验区投资准入的负面清单管理要求，对属于负面清单管理范围内的直接投资跨境人民币结算业务，要求其出具有权审批部门的核准文件。

（二）人民银行上海总部与中国上海自由贸易试验区管理委员会通过试验区综合信息监管平台建立直接投资信息共享制度，并为商业银行提供相关信息服务。

三、试验区个人银行结算账户

为便利个人开展经常项下跨境人民币结算业务，在区内就业或执业的个人可依据《人民币银行结算账户管理办法》（中国人民银行令（2003）第5号发布）等银行结算账户制度的规定开立个人银行结算账户或者个体工商户单位银行结算账户，办理人民币跨境收付。其中，境外个人开立人民币银行结算账户应当同时出具公安机关出入境管理机构签发的有效期1年（含）以上的居留证件。

四、试验区人民币境外借款

区内金融机构和企业从境外借用人民币资金（不包括贸易信贷和集团内部经营性融资）应用于国家宏观调控方向相符的领域，暂不得用于投资有价证券（包括理财等资产管理类产品）、衍生产品，不得用于委托贷款。

（一）区内企业借用境外人民币资金规模（按余额计）的上限不得超过实缴资本×1倍宏观审慎政策参数。其中：实缴资本以最近一期验资报告为准，借用期限1年（不含）以上。区内借款企业可以依据《人民币银行结算账户管理办法》的规定，在上海地区的银行开立专用存款账户，专门存放从境外借入的人民币资金，只能用于区内或境外，包括区内生产经营、区内项目建设、境外项目建设等。

在试验区启动前已经设立在区内的外商投资企业在借用境外人民币资金时，可自行决定是按"投注差"模式还是按本通知规则办理，并通过其账户银行向人民银行上海总部备案。一经决定，不再变更。

（二）区内非银行金融机构借用境外人民币资金（按余额计）的上限不得超过实缴资本×1.5倍宏观审慎政策参数。借用期限1年（不含）以上。借入资金可调回存入开立在上海地区银行的专用存款账户，只能用于区内或境外，包括区内经营、区内项目建设、境外项目建设等。

（三）区内企业和非银行金融机构开立的存放境外人民币借款的专用存款账户活期计息。

（四）区内银行从境外借入人民币资金须进入试验区分账核算单元，在区内使用，服务于实体经济建设。

（五）上述公式中的宏观审慎政策参数由人民银行上海总部设定，可根据全国信贷调控的需要进行灵活调整。

五、试验区跨境双向人民币资金池

（一）区内企业可根据自身经营和管理需要，开展集团内跨境双向人民币资金池业务。集团指包括区内企业（含财务公司）在内的，以资本关系为主要联结纽带，由母公司、子公司、参股公司等存在投资性关联关系成员共同组成的跨国集团公司。跨境双向人民币资金池业务指集团境内外成员企业之间的双向资金归集业务，属于企业集团内部的经营性融资活动。

（二）开展集团内跨境双向人民币资金池业务，需由集团总部指定一家区内注册成立并实际经营或投资的成员企业（包括财务公），选择一家银行开立一个人民币专用存款账户，专门用于办理集团内跨境双向人民币资金池业务，该账户不得与其他资金混用。参与资金池业务的境内外各方应签订资金池业务协议，明确各自在反洗钱、反恐融资以及反逃税中的责任和义务。

（三）资金由被归集方流向归集方为上存，由归集方流向被归集方为下划。参与上存与下划归集的人民币资金应为企业产生自生产经营活动和实业投资活动的现金流，融资活动产生的现金流暂不得参与归集。

六、试验区经常项下跨境人民币集中收付业务

（一）区内企业可根据自身经营和管理需要，开展境内外关联企业间的经常项下跨境人民币集中收付业务。境内外关联企业包括集团内以资本关系为主要联结纽带、存在投资性关联关系的成员公司，以及与集团内企业存在供应链关系的、有密切贸易往来的集团外企业。

（二）企业集团总部须指定一家在区内注册成立并实际经营或投资的成员企业（包括财务公司），并选择一家银行开立一个人民币专用存款账户，专门为其境内外关联企业办理经常项下集中收付业务。

（三）区内企业应跟与之开展经常项下集中收付业务的各方签订集中收付协议，明确各自承担贸易真实性等的责任。

七、跨境电子商务人民币结算业务

（一）鼓励上海地区的银行向注册在区内的跨境电子商务运营机构直接提供基于真实跨境电子商务的跨境人民币结算服务。

（二）支持上海地区的银行与区内依法取得“互联网支付”业务许可的支付机构（含分支机构）合作，提供基于真实跨境电子商务（包括个人及跨境电子商务出口经营主体）的跨境人民币结算服务。

（三）银行应与支付机构签订办理跨境电子商务人民币结算业务的协议并报人民银行上海总部备案。银行应按照人民银行有关规定负责对通过支付机构办理的跨境人民币结算业务的真实性及合规性进行审核。支付机构向银行提交的跨境人民币结算业务应具有真实跨境电子商务交易背景，符合国家有关法律法规，履行反洗钱、反恐融资审核职责，并保留相应交易记录，配合国家有关部门的检查。

（四）支付机构应遵守《非金融机构支付服务管理办法》（中国人民银行令［2010］第2号发布）、《支付机构客户备付金存管办法》（中国人民银行公告［2013］第6号发布）以及其他相关规定。

八、关于跨境人民币交易服务

（一）中国外汇交易中心暨全国银行间同业拆借中心在区内面向试验区和国际提供以人民币计价结算的金融资产交易服务，支持扩大人民币跨境使用。

（二）上海黄金交易所在区内面向试验区和国际提供以人民币计价结算的贵金属交易、交割和结算服务，提高人民币在国际贵金属市场上的使用。

九、关于信息报送

各项跨境人民币业务及收付信息应及时准确完整报入人民币跨境收付信息管理系统，并进行相应的国际收支统计申报。

十、关于反洗钱、反恐融资和反逃税

银行在向区内金融机构和企业提供相关跨境人民币服务时，应在服务协议中明确列示双方应按国家有关规定切实履行反洗钱、反恐融资和反逃税义务和职责，保留相关交易记录和凭证，并确保能还原交易原貌，配合相关部门的检查等条款。

6.3.2 上海自贸区与深圳前海跨境贷款的比较

上海自贸区继深圳前海之后放开跨境贷款业务，由于政策环境和地理位置等因素的影响，两地在跨境贷款业务的运作上有一定的差异性。

1. 相关制度比较

从两地以上制度对比可以看到，前海及上海自贸区两地跨境人民币制度在多领域竞争与重合。上海虽然起步晚，但是相关制度推动的速度快，力度大。

表 6－1 上海自贸区和深圳前海相关制度比较

上海自贸区	深圳前海
《关于支持中国（上海）自由贸易试验区扩大人民币跨境使用的通知》人民银行（2014 年 2 月）	《前海跨境人民币贷款管理暂行办法》深人银发（2012 年 12 月）
跨境人民币贷款申请要求（［2014］22 号文，使用通知）	《前海跨境人民币贷款管理实施细则》深人银发（2013 年 1 月）
	跨境人民币贷款申请要求及流程（2013 年 1 月已出细则）

专栏 6－3

前海跨境人民币贷款管理暂行办法

第一章 总 则

第一条 为促进香港离岸人民币业务进一步发展，支持前海深港现代服务业合作区（以下简称前海）开发建设，根据《前海深港现代服务业合作区总体发展规划》、《国务院关于支持深圳前海深港现代服务业合作区开发开放有关政策的批复》等有关文件精神，制定本办法。

第二条 本办法所称前海跨境人民币贷款是指符合条件的境内企业从香港经营人民币业务的银行借入人民币资金。符合条件的境内企业（以下称借款企业）是指在前海注册成立并在前海实际经营或投资的企业。

第三条 借款企业应依据本办法的规定开展相关业务，并履行提供相应业务资料及备案义务。

第四条 本办法所称境内结算银行是指为前海跨境人民币贷款办理资金结算的深圳市银行业金融机构。境内结算银行应依据本办法的规定开展相关业务，并履行相应审核责任。

第五条 中国人民银行深圳市中心支行（以下简称深圳人行）在中国人民银行总行的指导下，根据本办法对前海跨境人民币贷款业务实施监督。

第二章 贷款投向、期限和利率

第六条 深圳人行根据香港人民币业务发展情况、前海建设发展需求和国内宏观调控的需要，对前海企业获得香港人民币贷款实行余额管理。

第七条 前海跨境人民币贷款的用途应在符合国家有关政策的前提下，用于前海的建设与发展。

第八条 前海跨境人民币贷款期限由借贷双方按照贷款实际用途在合理范围内自主确定。

第九条 前海跨境人民币贷款利率由借贷双方自主确定，在贷款发放前向深圳人行备案。

第三章 业务办理

第十条 借款企业应在办理前海跨境人民币贷款业务前通过境内结算银行向深圳人行提交备案申请。

第十一条 借款企业应当按照《人民币银行结算账户管理办法》的规定，向境内结算银行提交营业执照等材料，申请开立一般存款账户，专门用于存放从香港汇入的前海跨境人民币贷款资金，该账户不得办理现金收付业务。

第十二条 借款企业偿还前海跨境人民币贷款本息应凭贷款合同、支付命令函、纳税证明等材料到境内结算银行办理。

第十三条 前海跨境人民币贷款应通过境外人民币业务清算行或境内代理行办理跨境支付结算。

第十四条 借款企业及其境内结算银行办理前海跨境人民币贷款业务，应当按照《国际收支统计申报办法》等有关规定办理国际收支申报。

第十五条 境内金融机构和企业可根据《中华人民共和国担保法》、《中华人民共和国物权法》及《中国人民银行关于明确跨境人民币业务相关问题的通知》等相关规定，以保证、抵押或者质押等形式，为前海跨境人民币贷款提供担保。

第四章 业务监督

第十六条 境内结算银行应当对借款企业跨境人民币贷款资金使用的真实性进行

审查。

第十七条　境内结算银行应当认真履行信息报送义务，及时、准确、完整地向人民币跨境收付信息管理系统报送依据本办法开立的一般存款账户的开立信息，以及通过该账户办理的跨境人民币资金收入和支付信息。

第十八条　境内企业因办理前海跨境人民币贷款需要，在香港开立人民币账户的，应在业务发生后五个工作日内报深圳人行备案。

第十九条　境内结算银行应当按照《中华人民共和国反洗钱法》和中国人民银行的有关规定，切实履行反洗钱和反恐融资义务，预防洗钱、恐怖融资等违法犯罪活动。

第二十条　深圳人行依据本办法对前海跨境人民币贷款业务实施非现场监管和现场检查。

第五章　附　　则

第二十一条　借款企业、境内结算银行违反本办法有关规定的，深圳人行可以暂停其办理前海跨境人民币贷款业务。违反其他法律法规规定的，依据有关规定处理。

第二十二条　本办法由深圳人行负责解释。

第二十三条　本办法自发布之日起实施。

2. 使用范围不同

（1）前海：规定只能用于前海开发与建设。关于这一点，以前海融资租赁企业为例，跨境贷的款项是用于融租公司的自我经营等，经营项目如果是在外地，也可用。

（2）上海自贸区：

①区内企业、区内非银行金融机构借入跨境人民币资金，只能用于区内或境外，包括区内经营、区内项目建设、境外项目建设等。

②区内银行从境外借入人民币资金须进入实验区分账核算单元，在区内使用，服务于实体经济建设。

上海自贸区一线放开，二线管住，自贸区即是境外的制度核心决定，境外借入的人民币资金最后只能用于自贸区内建设。

3. 利率与期限不同

（1）前海：贷款期限由借贷双方按照贷款实际用途在合理范围内自主确定（可以是1年，也可以是1.5年，也可是其他，双方自由商定）。贷款利率由借贷双方自主确定，在贷款发放前向中国人民银行备案。

（2）上海自贸区：借用期限固定1年（不含）以上，借贷双方不能自由商定。

4. 使用资金规模不同

（1）前海：前海跨境贷无额度限制。政府没有管制，但具体额度由境外金融机构根据市场决定。

（2）上海自贸区：

①区内企业跨境贷上限不得超过实缴资本 ×1 倍宏观审慎政策参数；

②区内非银行金融机构跨境贷上限不得超过实缴资本 ×1.5 倍宏观审慎政策参数。

宏观审慎参数是由中国人民银行上海总部设定，可根据全国信贷调控的需要灵活调整，目前为1。虽然该项制度上海自贸区的不如前海开放，但是自贸区内企业外债借款额度不像区外受到投注差限制，优于区外企业。

5. 限制投资领域相同

（1）前海：不得用于投资有价证券和金融衍生品，不得用于委托贷款，不得用于购买理财产品，不得用于购买非自用房产。

（2）上海自贸区：不得用于投资有价证券（包括理财等资产管理类产品）、金融衍生品，不得用于委托贷款。

上海自贸区、前海跨境人民币制度中关于跨境贷款方面的政策，目前，前海从资金使用范围、资金使用规模、利率、期限、经验等方面所具备的优势是明显的。

6. 跨境贷款申请流程比较

两地在办理跨境贷款的过程中申请流程不同，所需材料和要求也有一定的差异，如表6－2所示。

表6－2　上海自贸区和深圳前海跨境贷款申请流程比较

上海自贸区	深圳前海
（1）在自贸区内注册的企业持有工商营业执照（包括在2013年9月29日以前注册），以及最近一期验资报告，以确认其实缴资本。 （2）企业确认截至申请日其境外人民币借款余额的情况说明，如按投注差确定人民币外债额度，还应提交外汇管理局签发的《外债签约情况表》。 （3）企业到外汇管理局办理人民币外债登记，以获得《外债签约情况表》。如按实缴资本确定人民币外债额度，则不纳入本外币合并外债规模管理。如按“投注差”确定人民币外债额度，则人民币外债发生额与外币外债合并计算总规模，受“投注差”额度限制	（1）境内结算银行为借款企业开立一般存款账户，用于存放前海跨境人民币贷款资金。该账户不得办理现金收付业务，存款利率按照活期利率。 （2）贷款资金入账前，借款企业应先结算银行提交贷款合同、资金使用说明书及中国人民银行备案表。 （3）贷款资金使用前，借款企业应向境内结算银行提交相关资金用途证明材料（采购合同或发票）。 （4）境内金融机构和企业可根据相关规定，以保证、抵押或者质押等形式，为前海跨境人民币贷款提供担保。 （5）借款企业及其境内结算银行按规定对跨境人民币贷款进行国际收支申报

专栏6－4

《前海跨境人民币贷款管理暂行办法实施细则》

第一条　为规范前海跨境人民币贷款的开展，根据《前海跨境人民币贷款管理暂行办法》（以下简称《办法》）及有关法律规定，制定本细则。

第二条　《办法》和本细则所称前海跨境人民币贷款是指符合条件的境内企业从香港经营人民币业务的银行借入人民币资金。符合条件的境内企业（以下称借款企业）是指在前海注册成立并在前海实际经营或投资的企业。

第三条　中国人民银行深圳市中心支行（以下简称深圳人行）根据香港人民币业务发展情况、前海建设发展需求和国内宏观调控的需要，测算前海跨境人民币贷款年度余额，上报中国人民银行总行后执行。

第四条　前海跨境人民币贷款用途应符合前海产业发展目录要求，优先支持用于进口及其他对外支付的贷款需求。

第五条　借款企业应依据《办法》和本细则的规定，在贷款备案、资金使用、还本付息等环节向境内结算银行提交相应资料，配合境内结算银行进行真实性审核及信息报送。

第六条　境内结算银行应依据《办法》和本细则的规定，对借款企业跨境人民币贷款的备案、资金使用、还本付息等环节进行真实性审核，并按规定向深圳人行报送相关信息和资料。

第七条　前海跨境人民币贷款业务办理前，借款企业应通过境内结算银行向深圳人行提交以下资料办理备案手续：

（一）营业执照副本、机构信用代码证；

（二）《贷款意向函》或类似告知书；

（三）贷款用途说明书；

（四）贷款合同（可在贷款正式发放后三个工作日内补充）；

（五）企业信用报告、企业主要股东信用报告、企业法人代表个人信用报告；

（六）深圳人行要求的其他材料。

境内结算银行应对借款企业备案材料的真实性、完整性进行审核。

深圳人行自受理之日起五个工作日内告知境内结算银行是不予以备案。

第八条　借款企业凭深圳人行出具的《前海跨境人民币贷款备案表》（具体格式见附件）等材料，向香港经营人民币业务的银行申请跨境人民币贷款。《前海跨境人民币贷款备案表》有效期为三个月。

第九条　借款企业应当按照《人民币银行结算账户管理办法》的规定，向境内结算银行提交营业执照等材料，申请开立一般存款账户，专门用于存放从香港汇入的前海跨境人民币贷款资金，该账户不得办理现金收付业务，该账户存款利率原则上按照中国人民银行公布的活期存款利率政策执行。

第十条　借款企业在办理贷款资金入账前，应当向境内结算银行提交贷款合同、资金使用说明书以及深圳人行出具的《前海跨境人民币贷款备案表》等材料。境内结算银行审核通过后通知香港贷款银行办理贷款资金划款手续。

第十一条　借款企业使用贷款资金前，应当向境内结算银行提交相关资金用途证明材料。境内结算银行审核后，向香港贷款银行反馈，获得香港贷款银行同意贷款资金支付的书面答复后，方可办理贷款资金支付，并于当天完成贷款资金支付划转手续。

第十二条　借款企业用人民币偿还贷款本息时，应凭贷款合同，支付命令函和纳税证明等材料到境内结算银行办理还款汇出手续。

第十三条　前海跨境人民币贷款资金不得用于投资有价证券和金融衍生品，不得用于委托贷款，不得用于购买理财产品，不得用于购买非自用房产等。

第十四条　境内结算银行应对前海跨境人民币贷款资金用途和流向进行审查，建立完整的业务台账，建立前海跨境人民币贷款档案管理制度，妥善保管相关凭证资料。

第十五条　境内结算银行应按规定报送以下信息：

（一）及时、准确、完整地向“人民币跨境收付信息管理系统”报送依据《办法》开立的一般存款账户的开立信息，通过该账户办理的跨境人民币资金收入和支付信息，人民币跨境信贷融资业务信息，以及其他与前海跨境人民币贷款的相关信息；

（二）及时、准确、完整地向“深圳市借款企业风险预警系统”报送前海人民币贷款信息；

（三）在每季度结束后十个工作日内将前海跨境人民币贷款发放情况，包括季度内借款企业名称、借款期限、利率、金额、用途等信息报备深圳人行；

（四）及时将前海跨境人民币贷款业务中出现的问题或异常情况报备深圳人行。

第十六条　深圳人行依据《办法》和本细则对前海跨境人民币贷款的真实性实施非现场监管和现场检查。检查对象包括境内结算银行、借款企业。

第十七条　本则由深圳人行负责解释。

第十八条　本细则自发布之日起实施。

6.3.3　上海自贸区跨境贷款的特点

跨境人民币贷款业务开展之前，境内企业和境外银行间的关联较少，境内企业向境外银行获取授信的机会趋近于零。上海自贸区内推行的跨境人民币贷款业务呈现较多依赖境内银行的特点，境内企业向境外银行融资前，往往需要先向境内银行提出担保申请，由境内中资银行审核企业资信状况后，给予信用担保，再向境外银行申请跨境人民币贷款。而且到目前为止，多数贷款业务是由中资银行的海外分行承担办理，可见跨境人民币贷款业务还有待进一步开拓，寻找途径提高境外机构的积极性。

跨境人民币贷款不仅局限于自贸区内企业贸易贷款，自贸区内也可办理银团跨境资金贷款。上海商业储蓄银行股份有限公司及其邀请的上海商业银行、上海银行（香港）有限公司组成银团，共同为外高桥保税区开发股份有限公司提供了3000万元人民币的贷款。该笔银团贷款没有像一般企业贷款一样，需要借助境内和境外银行联动机制实现，而是由境外银行向境内企业直接发放银团贷款，而银团贷款的风险，要由境外的银团管理方来承担。由此可见，完全由境外银行提供资金和承担风险的跨境贷款业务要更加了解企业经营状况，避免不必要的风险。

跨境人民币双向资金池服务，是企业以区内账户为主账户，实现境内人民币资金池与境外人民币资金池内资金的双向流动，能够提高企业全球资金使用效率，对企业跨国资金管理有重要意义。而跨境人民币贷款业务可以帮助企业向境外融资，能够很大程度上减少融资成本。“央行30条”提出创新有利于风险管理的账户体系，其中试验区内的居民可通过设立本外币自由贸易账户实现分账核算管理，开展相关投融资创新业务；非居民可在试验区内银行开立本外币非居民自由贸易账户，按准入前国民待遇原则享受相关金融服务。[①]

6.4

上海自贸区跨境直接贷款发展模式与对策

相对上海自贸区，深圳前海的跨境人民币贷款政策在某些方面更加优惠。一是前海对贷款额度没有严格限制，原则上租赁公司的风险资产都可以通过境外借款来支持，如金融租赁企业最高可达到资本金的11.5倍，融资租赁企业为9倍。二是贷款期限不固定，由借贷双方按照贷款实际用途在合理范围内自主确定，相较于自贸区的期限必须超过1年更加灵活。三是贷款用途比较灵活，由于前海大规模建设还未开始，跨境人民币贷款只是限定于区内企业的经营，而没有严格限定用于前海区内。结合上海自贸区的特点，我们对跨境贷款业务的发展提出一些政策建议。

6.4.1 宏观政策方面

第一，建立跨境贷款的数据平台。跨境贷款风险相比境内贷款更大，为有效控制风险，建议构建跨境贷款大数据平台，全国联网共享，平台数据包括贷款发放、收贷、担保等，由外汇局负责收集、汇总、分析和评估，和中国人民银行、银监会之间建立合作共享关系，共同搜集和运用信息，确保业务涉及的所有监管部门都能及时获得数据平台资料。商业银行可以从平台获取资信评估信息，预防和降低信用风险，同时建立在平台转让贷款债权的交易机制。

第二，建立完善的担保体系。在短期内跨境人民币贷款业务很难脱离担保环节，针对这个特点，可以适当修订贷款担保制度，简化担保流程，可以考虑由境内母公司为其境外的子公司提供担保，担保公司和被担保公司信息由银行搜集，并统一登记到跨境贷款大数据平台，随着数据库的不断积累完善，将会提升人民币跨境贷款业务效率，交易成本会越来越低。

第三，构建双向渗透型的离岸金融账户管理。建议加快改革非居民境内账户管理，可以考虑将NRA账户和离岸账户进行合并，在一定额度内，允许商业银行向合并后的账户提供融资，也允许其使用合并后账户存款资金向境内机构发放贷款。最终应发展成双向渗透型的离岸金融模式。[②]

第四，加快人民币利率市场化进程。跨境人民币贷款的正式启动，标志着境外人民

① 胥会云："跨境人民币资金池启动3个月内基本措施将出齐"，《第一财经日报》2013年12月。
② 宋汉光："银行跨境贷款业务之研究"，中国外汇》2010年第15期。

币回流的三大渠道已经整体启动，即债券、股票、贷款。我国目前资本账户没有开放，跨境人民币贷款业务也是局限于指定的区域才能开展，但随着资本项目下的逐步开放，以及跨境人民币贷款业务的不断发展，境内外贷款利率之间的影响和联动性会越来越大，境外较低的贷款利率会引导较高的境内利率水平向其靠拢，这是渐进的过程。因此，加快人民币利率市场化和国际化的进程，是趋势所在，也更能促进跨境人民币贷款业务的开展，减轻境内商业银行的压力。

以香港特区为例，目前内地一年期基准贷款利率为4.85%，而香港离岸市场一年期人民币贷款利率则在4%以下，低于内地利率水平，香港和内地跨境贷款业务的开展势必会倒逼内地利率自由化。因此，主动推进人民币利率市场化进程将会降低境内外的人民币利差水平，减轻国内商业银行压力，进一步为人民币国际化的推进奠定基础。

第五，促进人民币国际化。货币的区域化乃至国际化是一国经济实力发展到一定程度的结果，同时又将促进经济实力和国际竞争力的进一步提高。目前，跨境贸易人民币结算的逐步放开，使得人民币在周边国家广泛流通，这些均有力地推动了人民币国际化进程，但由于人民币资金来源主要是通过贸易结算获得，资金量有限，为更好地扩大人民币资金来源，应积极稳妥的发展商业银行跨境人民币贷款业务，使境外机构获得更多的人民币资金，开展人民币结算业务，进一步推动人民币国际化。①

6.4.2　商业银行跨境贷款管理方面

第一，构建境内商业银行跨境贷款管理体系。我国目前缺乏关于商业银行人民币跨境贷款的法律指引，甚至没有跨境贷款的明确定义，监管部门多，业务交叉。要规范发展该业务，需要首先出台明确的法律法规，确定跨境贷款的定义、跨境贷款管理的职责分工以及操作流程的具体要求。

第二，构建银行跨境监管合作机制。跨境人民币贷款涉及境内外企业和银行多方关系，信息不对称问题较突出，还会涉及不同国家法律体系、管理制度和地域限制。一旦出现风险，银行贷款的回收和抵押担保等环节都会面临困难，手续繁琐。为推进跨境贷款健康有序的发展，可以开拓境内外银行监管合作模式，尝试建立跨国大数据平台和贷款风险处置机制，缓解跨境贷款国际化带来的监管问题。

第三，实行严格的备案制度和额度管理。相比境内银行贷款，跨境人民币贷款风险更难防范，不仅在于借款企业的信息更难掌握，还在于由于属地管理的局限性，贷款用途难以监测，导致在贷款执行中最为关键的一环——贷后管理难度加大，成本增加。所以，必须实施严格的备案制度和额度管理。②

第四，为贷款设置“防火墙”。跨境贷款流程中，企业递交申报材料，银行对项目做了初步的审核认同后，要向企业出具“贷款意向书”。在出具“贷款意向书”之后，银行还有相应的尽职调查程序，还要进行风险控制流程，做信贷风险评估，出具相关的报告

① 宋汉光：“银行跨境贷款业务之研究”，《中国外汇》2010年第15期。

② 李鹏：“跨境人民币贷款谨慎启动”，《中国房地产报》2013年1月。

提交风控委审查，最后还要经过审贷会。企业拿到意向书，只能说是贷款的第一步。意向书是一种要约邀请，不具备法律效力，对借贷双方不构成任何约束，也不是必须的信贷资料。因此，在审核相关贷款的时候，严格走流程的同时要设立防火墙，特别要设置一些抵押担保措施，化解风险。

第五，充分发挥国内银行的作用，拓宽跨境贷款业务。跨境人民币贷款的模式主要有两种：一种是境外银行直接认可，境外银行直接发放贷款，并承担风险，内地银行只作结算行；另一种是内地银行进行尽职调查、贷前贷后管理，由境内银行向境外行提供信用保证，然后境外银行将资金借给用款企业，也就是“内保内贷”。由于融资租赁公司一般跟境外的银行关系不熟悉，要获得直接授信比较难。初期多数是中资银行与其境外分行联动，由中资银行的境外分行向境内企业提供资金。在这个交易中，境内、外机构的联合互动是成功的关键。

第六，境外贷款业务的放开会加剧内地银行贷款的竞争性，存贷款的利差可能会缩小，这就更要求银行加强内部管理，提升经营能力和效率。由于现在的跨境人民币贷款限制还很严格，银行所能获得的业务量会比较小，对内地银行的影响不会特别明显。因此，要抓紧时机加快提升内地银行经营和抵御风险的能力。

第七，积极应对可能的违法活动。上海地区银行、区内金融机构、企业和个人在开展跨境人民币业务及提供相关金融服务时，应按国家有关规定切实履行反洗钱、反恐融资和反逃税义务和职责。其中，《关于支持中国（上海）自由贸易试验区扩大人民币跨境使用的通知》要求银行在向区内金融机构和企业提供相关跨境人民币服务时，应明确列示包括保留相关交易记录和凭证，并确保能还原交易原貌、配合相关部门的检查等。①

① 陈月石、张飒：“自贸区跨境人民币使用细则落地”，《东方早报》2014年2月。

第7章

上海自贸试验区跨境资金流动的监测与金融审慎监管

跨境资金流动是经济金融全球化的重要组成部分，也是经济全球化和金融一体化的必然结果。跨境资金流动将全世界各国的金融市场紧密联系在一起，是国际分工的基础，也是国际经济贸易不可或缺的交易和结算媒介。国际金融市场一体化拓展了全球跨境资金的投资渠道，提高了全球跨境资金的运用效率。国际金融市场上的金融证券增强了全球跨境资金的获利能力，并通过“财富扩散效应”促进了世界各国金融市场的繁荣，从而间接地促进了商品和服务的全球流通，提高了人类整体的生活水平。重要国际金融市场所在国的经济增长常常会推动整个世界经济的经济繁荣，对全球经济发挥着远超其实力的影响。

国际货币基金组织（IMF）的统计数据显示，自2000年，全球跨境资本流动的整体规模不断上升。2008年全球跨境资本流动的净值超过1.7万亿美元，大约是2000年的2.9倍。尽管2008年的全球金融危机使跨境资本流动的总体规模大幅收缩，但从整体来看，全球跨境资金流动扩张的大趋势并未逆转。随着全球经济逐步恢复，跨境资本流动也日趋频繁。至2014年12月，全球跨境资本流动已经恢复至2011年水平。其中，美国、新兴市场国家，以及大宗商品市场成为全球跨境资金流向的核心区域。

然而，跨境资金流动也是一把“双刃剑”。随着全球经济金融一体化的发展，私人资本（包括证券投资基金、保险公司、对冲基金等机构投资者）成为跨境资本流动的主体，约占全球资本流动的3/4。由于跨境资金（无论是长期跨境资金流动，还是短期跨境资金流动）跨境流动的根本目的是为了获取更高的利润，或者在全球范围内分散资金风险。私人资本的逐利本性导致全球跨境资金流动出现不稳定的重大特征，即宽幅震荡的基本格局。全球跨境资金逐利性决定了各国的政治制度、经济制度、金融体制、产业政策等直接影响着全球跨境资金流动的方向。跨境资本流动受投机因素影响容易发生急剧波动，会对区域经济金融形成较大冲击，成为国际金融危机的导火线，可能导致经济与金融危机在全球范围的爆发。此外，跨境资本流动通常通过表外资本流动的非正常渠道进行，没有在国际收支平衡表中正式记录，成为大量外国资金流入和国内资金外逃的重要渠道。由于缺乏准确的统计数据，监管难度非常大。表外资本跨境流动通常会对经济体国际收支、汇率政策、货币政策以及金融市场的发展产生巨大影响。具体来说，全球跨境资金流动对全球各国的风险在于其削弱货币政策的独立性、损害实体经济发展、冲击基础货币量和物价、扰乱外汇市场秩序，以及加剧金融市场动荡等。

7.1 跨境资金流动的风险表现

7.1.1 削弱货币政策独立性

对于实行固定汇率制度，或者管理浮动汇率制度的非储备货币发行国而言，例如中国，全球跨境资金的自由流动会降低其货币政策的独立性和有效性。根据“三元悖论”理论，开放经济体的宏观经济管理当局无法同时实现跨境资金自由流动、独立货币政策（以调节经济增长），以及固定汇率制等三大宏观经济目标（见图7－1）。也就是说，一国的宏观经济管理当局需要在跨境资金自由流动、货币政策独立性和固定汇率制度安排三个相互矛盾的宏观经济目标之间作出平衡与取舍。Maurice Obstfeld 等认为“人类穷尽一切智慧，无非是在进行着‘三中择二’的不同组合”。

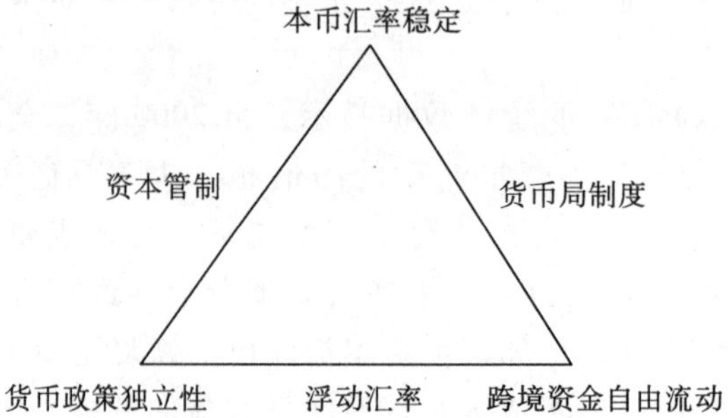

图7－1　开放经济体的“三元悖论”（Trilemma）

克鲁格曼（Paul Kurgman）在《萧条经济学的回归》一书中指出：开放经济体的汇率稳定、货币政策独立，以及与跨境资金自由流动之间存在相互替代关系，即开放经济体的固定汇率制度、跨境资金自由流动和独立货币政策三个目标无法兼得，就好像三角形的三个顶点，开放经济国家最多只能同时选择三个顶点中的任意两个顶点。克鲁格曼还进一步概括了开放经济体宏观政策目标的三种搭配模式：其一，保持本国独立货币政策和跨境资金完全自由流动，但必须实行浮动汇率制，舍弃汇率的稳定；其二，维持本国货币政策的独立性以及汇率稳定，但必须同时实施资本账户管制，限制跨境资金的自由流动；其三，允许跨境资金自由流动并保持汇率稳定，但必须放弃本国货币政策的独立性。

7.1.2 损害实体经济发展

全球经济金融一体化背景下的国际资本的有序流动，对于推动发展中国家经济增长、扩大就业、提升创新能力都起到积极作用。但如果跨境资金流动的方向、规模和结构与实体经济发展相背离，可能会导致本币升值压力加大、贸易条件恶化、经济过热、产生资产泡沫等诸多问题，影响一国宏观经济增长的稳定性和可持续性，从而损害该国的实体经济发展。例如，当一国经济从萧条转入复苏阶段时，向好的经济态势可能吸引大量短期投机资本迅速涌入。然而，一旦市场风向或市场预期发生变化，就可能引发跨境资本流动的突然逆转，从而扭转正在好转的经济发展趋势。

假如一国实体经济短期内无法吸收大量流入的跨境资金，这些跨境资金就可能会流入证券或者房地产市场，导致资产市场和金融市场出现泡沫。由于大量的虚拟资本不能提升国家的实际产出能力，当虚拟资本泡沫破灭后，该国金融体系均衡将会被打破，并最终导致实体经济下滑的一系列后果。

7.1.3 冲击基础货币量和物价

大量的跨境资金流入会导致一国的基础货币投放量加大，增加基础货币量的内生性供给以及中央银行在公开市场实施回购工具的压力。大量跨境资金流入所增加的基础货币，会进入该国的货币流通领域，进而作用于商品市场和金融市场，从而加大通货膨胀和资产泡沫。实际物价水平的持续上涨拉升通货膨胀预期，调控货币政策压力加大，对实体经济形成负面影响。

对于经济增长速度过快的国家而言，中央银行将提高利率以抑制经济的过热增长。但提高利率会吸引大量的跨境资金，尤其短期国际资金的流入。对于实施固定汇率制度或者管理浮动汇率制度的国家而言，为了维持外汇市场上本国货币汇率的稳定，中央银行会用本币大量购入外汇。这一行为将被动投放基础货币，导致国内市场流动性泛滥，从而拉升国内通货膨胀率，降低货币政策的执行效果。相反，如果一国经济萧条，中央银行会采取降低利率等扩张性货币政策来刺激消费和投资。由于利率下降会导致资本外逃，央行将减少外汇占款以保持稳定汇率。基础货币因此收缩，货币政策预期效果受挫，经济将进一步衰退。

7.1.4 扰乱外汇市场秩序

汇率和利率是影响国际资本流动的最主要的两个因素。短期跨境资金流动中最重要的套利交易（carry trade），就是将跨境资金流动与汇率和利率捆绑在一起的一种投资工具。在套利交易中，投资者利用两种货币利差，借低息货币，买高息货币，并通过货币大额买卖实现高息货币币值稳定或升值，最终实现盈利。在我国，由于人民币资本账户尚未完全开放，大量跨境资金则通过商品贸易的买卖报价差、转口贸易价格差、外资房地产及境内外基于本外币利差、汇差的套利的关联交易实现跨境流入，以规避我国政策监管，投机资本获利后又以同样方式流出。可见，跨境资金流动助长了非法外汇交易，扰乱了国内外汇市场秩序。

此外，对汇率自由浮动的经济体而言，跨境资本流动会引发汇率的大幅浮动，进而对该国的国际贸易和银行体系产生影响；对以汇率稳定为政策目标的经济体而言，跨境资本流动则会扭曲其货币政策效果，形成被动货币扩张或紧缩。总之，在固定汇率制度下，跨境资金流动将使一国国内面临调整内部价格的压力；而浮动汇率制度下，跨境资金流动又使本国汇率出现“超调”（over - shooting）。大部分跨境资金流动都会影响到外汇市场的供求，并最终通过本币对内价格和对外价格（汇率）的变化，影响资源在本国部门间的配置。

7.1.5 加剧金融市场动荡

目前全球跨境资金流动的主体是私人资本跨境流动，私人资本的逐利性决定其重点关注的是股票和债券等证券市场。而股票债券价格的剧烈波动会导致相关经济体金融财富的变化，进而对该国的生产行为和消费行为产生影响。如果一国缺乏健全的金融监管，跨境资金的大规模流入将导致国内金融资产的迅速膨胀，加重银行体系的脆弱性和证券市场的波动性，进而引发系统性风险，甚至可能产生区域性或全球金融危机。

此外，跨境资本的过度流入也会加剧金融机构资产负债在币种、期限等方面的不匹配，提高不良资产占比，导致资产价格泡沫，使金融体系脆弱性加大，从而加剧整个金融市场的动荡。

7.2 典型国家跨境资金流动的监测与监管特点

近年来，我国资本项目可兑换和人民币跨境使用不断推进，提高了境内主体配置资源效率，也增强了国际市场对我国经济和金融发展前景的信心。但是，市场开放并不意味着放任不管，即使是实现了资本项目可兑换的国家或区域经济体，也将跨境投资及跨境资金流动等行为纳入监管范围。跨境资本流动越开放，越需要健全的监管体系。

从跨境资金流动的监测体系来看，许多国家依据的是国际收支不同内容进行分类监管。国际收支所包含的经常项目和资本项目的不同类别的对象是分类监管的重点，根据不同的资本流动形式或工具，采取不同的管理办法。对经常项目和资本项目进行细分，即包括对资本和货币市场工具的管制；对金融衍生工具的管制；对信贷操作的管制；对直接投资及其清盘的管制；对不动产交易的管制；对个人资本流动的管制；适用于商业银行和其他信贷机构的特殊条款；适用于机构投资者的条款；证券法规规定的其他限制措施。

对资本流动的管制形式包括：禁止资本流动；需要事先批准、授权和通知；歧视性税收；准备金要求或当局征收的罚息。这些规定的目的是影响交易的完成或执行，涉及资本的流入流出以及非居民在国内或居民在国外持有的资产。

7.2.1　美国跨境资金流动的监管模式与实践

1. 美国跨境资金流动的监管政策

美国是最早实现资本项目可兑换的国家，但在一些项目仍存在一定限制。美国对跨境资金流动，如跨境证券投资、跨境信贷的限制较少，甚至对跨境个人资本流动没有限制。当然一些发达国家大多没有限制个人的跨境投资。美国对跨境资金流动限制较多的是涉及反恐、反洗钱方面，具体限制监管政策如表7－1所示。

表7－1　　美国跨境资金流动监管政策主要内容

栏目	主要内容
跨境证券投资	1. 对非居民在美国境内购买、出售及发行股票或有参股性质的其他证券进行管制，而对非居民在美国境内购买债券和债务性质的证券没有限制，对美国居民在境外的股票、债券投资也没有管制 2. 限制外国共同基金在美国境内出售和发行股票或有参股性质的其他证券，但是该限制只适用于：（1）根据投资公司法定义为投资公司的非居民发行商；（2）采用小企业注册形式和小额发行豁免的非居民发行商。 3. 限制外国共同基金在美国境内出售和发行货币市场工具，但该限制仅适用于根据投资公司法案定义为投资公司的非居民发行商。 4. 非居民在美国境内出售和发行集体投资类证券适用与股票或有参股性质的其他证券相同的规定。所谓集体投资类证券包括股权证和登记凭证或者投资者在共同基金、单位和投资信托有集体投资利益的其他凭证
个人资本流动	对个人资本流动没有任何管制
国际直接投资业务及清盘	1. 限制与下述主体进行交易或涉及下述主体的交易：古巴、伊朗、伊拉克、朝鲜、利比亚、缅甸、苏丹、南斯拉夫、安哥拉完全独立国家联盟及其高级官员、干扰中东和平进程的外国恐怖主义分子、外国恐怖组织、一些外国恐怖政府和以哥伦比亚为中心的大贩毒者。 2. 遵循国家安全原则，如果外国资本获取控股权会威胁到国家安全，则将被暂停或禁止。 3. 限制所谓敌对国家或组织对美国的直接投资
不动产交易	1. 对非居民境内购买不动产的管制要求，外国居民或公司投资农用土地超过10%或拥有了实质控制股权的，必须向农业部申报。 2. 美国的一些州对外国人购买其地界内的土地实施不同的限制
跨境信贷业务	美国《约翰森法案》禁止在美国的居民向那些拖欠美国政府债务的外国政府借债或发放贷款或提供金融信贷，但该法案不适用于国际货币基金组织和世界银行成员国的政府

续表

栏目	主要内容
适用于商业银行和其他信贷机构的特殊条款	1. 投资管制包括银行的海外投资管制和非居民在银行的投资，美国银行在这些领域受到审慎监管。 2. 在外汇的敞口头寸限制方面，银行的外币头寸，无论是总头寸数或单个货币头寸数，都不受数量限制，但银行受到审慎监管

资料来源：叶辅靖："发达国家对资本流动的管理及其对我国的启示"，《经济研究参考》2002年第10期。

2. 美国跨境资金流动监测体系

从美国跨境资金监测的基本体系来看，美国商务部、财政部和美联储共同主持国际收支的跨境监测工作，其中美国财政部负责美国国际收支平衡表和国际投资头寸表的编制和公布工作，而美联储作为美国的中央银行更加清楚掌握跨境收付数据，承担具体的编制工作。

美国的"国际贸易劳务和投资统计法"具体明确了国际收支统计工作的最后负责者——商务部经济分析局，规定了其他政府部门——财政部、调查统计署与经济分析局在国际收支统计上分工协作的关系以及统计流程、保密规则和处罚条例。在国际收支统计成果的使用上，在第二年初正式公布出版上一年的国际收支统计年报，同时还公布月度、详略、季度统计报告，并作定期的信息介绍。

美国国际收支统计由美国商务部经济分析局负责，商品贸易数据由海关采集后提供给国际收支统计部门，非贸易、直接投资由经济分析局直接通过调查得到，证券投资及储备项目数据则由财政部提供。

美国在进行国际收支统计监测的基础上，主要借助反洗钱、反恐融资等手段加强跨境资金流动监管，但总体而言，由于美国在全球经济金融的霸主地位，其更关心国内经济发展情况，跨境资金流动监管处于从属地位。

3. 美国反恐、反洗钱监管实践

美国在监管跨境资金流动方面的重要形式是反恐、反洗钱，执行反恐、反洗钱政策的监管部门是由多个部门形成的综合体系，包括国土安全部、司法部和财政部。国土安全部负责打击与恐怖融资相关的洗钱犯罪、毒品犯罪及相关的金融交易，识别和发现金融体系中容易被洗钱分子利用的薄弱环节；司法部负责在法律授权范围内起诉洗钱犯罪案件并执行相关的财产罚没；财政部负责执行和实施《银行保密法》，财政部下设金融犯罪执法网络和海外资产控制办公室，金融犯罪执法网络为执法部门提供情报支持，海外资产控制办公室负责制订和更新受到制裁的实体和个人名单，禁止银行与名单上的客户发生交易，银行一旦发现名单客户，须立即冻结账户资金。

美国针对涉恐、涉洗钱的行为制定了严格的制裁法案：一是由以总统为代表的行政当局直接发布行政命令实施经济制裁，例如2005年6月29日，美国发布第13382号总统令对8家朝鲜实体进行制裁，后又根据该总统令于2005年10月21日对另外8家关联机构进行制裁。二是由国会通过议案对目标国实施经济制裁，比较有名的如：1996 年美国国会以利比亚、伊朗“支持恐怖主义”为名通过的《达马托法案》，该法案禁止外国公司对利比亚和伊朗的能源产业进行大规模投资，并称要对违反制裁法案的外国公司进行报复；1995 年由赫尔姆斯和共和党众议员丹杰·伯顿提出的《赫尔姆斯—伯顿法案》，该法案制定了极为严格的制裁措施，旨在强化对古巴的经济封锁，阻止外国公司在古巴投资。

7.2.2 日本跨境资金流动的监管模式与实践

1. 日本跨境资金流动监管的实践

日本外汇管理体制经历了逐步由集中化转向分散化的渐进过程。

在经常项目方面以及贸易支出方面，放松了对小额非贸易外汇收支的管理，逐步延长了企业、公司持有贸易外汇收入的时间，并最终废除了外汇集中制，允许贸易公司、商业公司和个人持有外汇。对出口认可证等手续进行大幅度地简化，除了军火等极少数交易外，基本上完全自由化，同时放松对结算方式的管理。

在资本流动方面，基本上解除了对内投资和对外投资的管制，对内投资项目只需事前申报，在指定范围、指定金额和一定期间内，如没有遭到有关当局的否定就可以自动执行；对外投资则逐步取消了投资限额，只需事前得到许可。除一些特殊情况，如：（1）投机资金的流动；（2）汇率的急剧变动；（3）发生国际收支平衡困难；（4）资本交易对金融资本市场带来恶劣影响等，可以采取特别限制的手段外，资本交易基本自由。

在个人资本流动方面，在原有的居民外汇存款账户基础上，新设立了居民外币存款一般账户和个人外币存款海外账户，允许日本居民、法人和公司把用日元购买的相当于 300 万日元的外汇存入国内的外汇银行和海外金融机构。

2. 日本跨境资金流动的监管政策

从政策方面看，日本颁布了《金融体制改革计划》，包括实现外汇交易的自由化；修改原有的《外汇管理法》，废除外汇兑换商制；个人之间相互兑换外币也将合法；允许日本境内居民的个人和企业在国外自由开立本币和外币账户，不需经事前许可或事后申报；放开资本项下业务的许可制或事前申报制，取消资本项下业务的各种事前审批制，将其改为事后报告制。

从外汇管理政策以及相关业务的渐进放开，日本外汇管理体制由严格管制转向基本上放任自由，对跨境资金流动的限制也非常少，除涉及一些特殊领域关系到日本军事安全等方面的管制之外（见表 7-2）。

3. 日本跨境资金流动监测体系

从日本跨境资金监测的基本体系来看，日本财政部和日本央行共同主持国际收支的跨境监测工作，其中日本财政部负责日本国际收支平衡表和国际投资头寸表的编制和公

表 7－2　　日本跨境资金流动监管政策主要内容

栏目	主要内容
跨境证券投资	机构投资者对非居民的证券（无论境内外）的投资限额为：（1）保险公司持有非居民发行证券的上限为其总资产的 30%；（2）购买外币资产的上限亦为 30%；（3）邮政保险基金持有非居民发行债券的上限为准备金的 20%；（4）养老基金购买外币资产，其上限为养老信托资产的 30%（对 1990 年 4 月 1 日以后存入的新存款，在 1991 年 12 月 27 日，将每个机构账户的上限提高到了 50%，外资附属公司的上限则提高到了 70%）
个人资本流动	对个人资本流动没有任何管制
国际直接投资业务及清盘	1. 居民境外直接投资只需在投资后 20 天内进行事后上报即可。但在武器制造和渔业等一些产业的直接投资仍需事前申报。非居民对日本直接投资方面，存在管制。 2. 关于直接投资的清盘，日本没有管制要求
不动产交易	对不动产交易没有管制
跨境信贷业务	对跨国信贷业务没有管制
适用于商业银行和其他信贷机构的特殊条款	1. 关于境外开户有以下规定：（1）信用合作社外币债券不包括非居民发行的公司债券投资的上限为其净值的；（2）信托银行的贷款信托账户进行外币债券投资的上限为资产的。 2. 关于对非居民贷款金融或商业信贷，日本法律规定：（1）银行发放国外贷款应事先通知，并有一定的等待期，但实际上在大部分情况下，一通知即可放贷。（2）银行可以自由发放海外长期日元贷款

资料来源：叶辅靖："发达国家对资本流动的管理及其对我国的启示"，《经济研究参考》2002 年第 10 期。

布工作，而日本银行作为日本的中央银行更加清楚掌握跨境收付数据，承担具体的编制工作。

日本采用国际收支间接申报与调查相结合的方式采集国际收支统计数据。但随着经济自由化的深化，通过国际收支间接申报采集数据面临一些问题，如国际收支间接申报限额提高，使数据涵盖面下降；间接申报的统计基础是现金收付制，而非国际收支平衡表所倡导的权责发生制等。

因此，日本正逐步从国际收支间接申报体系向调查为主的统计体系过渡，通过对贸易信贷、工人汇款、进口货物价格、国际旅游等项目进行调查，较为科学、可靠地采集相关跨境收付数据，实现对跨境资金流动的监测。

7.2.3　韩国跨境资金流动的监管模式与实践

韩国在推进资本账户开放过程中，建立了较为有效的跨境资金流动信息与监测预警体系，对防范跨境资金流动风险发挥了积极作用。

1. 韩国跨境资金流动监管的实践

韩国在促进跨境资金流动方面，同样采取的是渐进式的资本项目自由化和对外开放政策。在跨境直接投资、证券投资、贸易贷款等方面，出台了系列开放政策，促进跨境资金流动和资本对外开放。

在跨境直接投资方面，1988年将居民海外直接投资的自动许可上限提高到200万美元，1994年允许外国投资者直接投资于中小企业的可转换债券、长期无担保债券等。1998年5月，完全废除了外国资本投资韩国公司证券的限制，本国债券市场和货币市场也向外国投资者开放。同时，对于资本流出也继续保持开放态度。

在跨境证券投资方面，允许韩国证券公司在外国的资本市场上从事经纪业务，允许韩国的保险和信托公司在一定限额内投资于外国证券；允许外汇银行在境外发行外币债券，承销和买卖非居民发行的外币债券，并且在1990年允许国内三大投资信托公司各自建立证券投资基金投资于韩国企业和外国证券。允许交易外汇期货和期权合同，取消对远期合同期限的限制，鼓励金融机构偿还被视为“条件不利”的外国短期资金和外国银行贷款，允许更多的外国银行从事信托投资业务。1998年5月，完全废除了外国资本投资韩国证券的限制，本国债券市场和货币市场也向外国投资者开放。

在跨境证券发行方面，1991年允许居民发行外币证券，所筹资金用以购买本国无法替代的进口原材料和机械品等等；1992年允许居民在海外发行可转让大额存单和商业票据；1993年允许居民进行对外债券投资；1995年最终取消了对企业、个人的外国证券投资限额。

在个人跨境资金流动方面，自1992年1月开始，放开外国投资者直接投资韩国国内的股票及相应证券产品；1991年私人资本项目的净额有明显的改善；1992年证券资本净流入几乎翻了一番，这表明了股票市场部分向外部投资者开放。在以后的几年里，证券投资的净流入继续增加，1995年私人证券投资的净流入额达到160亿元。

2. 韩国跨境资金流动监测体系

从日本跨境资金监测的基本体系来看，韩国主要有中央银行主持国际收支的跨境监测工作。在经历了1997年亚洲金融危机对韩国的巨大影响后，韩国在着力构建资本流动信息与监测预警体系方面进行了深刻探索，构建了集报告信息的采集、监测分析和预警、宏观审慎监管、在紧急情况下恢复部分资本管制等形成独立体系的跨境监测与监管制度。

1999年，韩国中央银行建立了由报告机构、信息集中机构和信息使用者三方构成的外汇信息系统，进行外汇交易信息的采集、共享以及资本流动，特别是短期资本流动的监测和分析，监测内容包括国内、国际金融市场（外汇市场、股票市场、NDF市场等），短期资本流动（证券投资、对冲基金等），外国投资者动向等。

同年，在世界银行的帮助下，韩国构建了旨在加强政府维护市场稳定能力、防止危机再次发生的基本面危机指数模型，供韩国国际金融中心使用。

（1）外汇交易信息的采集和共享。韩国中央银行建立外汇信息系统，由报告机构、信息集中机构和信息使用者三方构成。由83家金融机构为主要的数据报送机构，报告表格达101种，数据涉及几乎全部外汇交易，申报数据以跨境为标准，数据报告频率分为日报、周报、月报和半年报等；韩国银行负责收集报告机构报来的数据，生成657类统计报表，并按照法律规定的范围将这些数据提供给政策制定和执行机关；包括财经院、韩国银行、银行监督院、税务厅、韩国国际金融中心等八个部委依照法律规定来使用信息。

申报机构对相同数据只需申报一次，所有部委通过系统根据法律规定提取各自所需信息，提高了工作效率；减少了人工收集数据和生成统计报表过程中发生错误的可能性，提高了数据报告的准确性。

(2) 资本流动的监测和分析。韩国监测的内容包括国内和国际金融市场、短期资本流动和外国投资者动向等。其中，跨境短期资本流动监测分析是重点，韩国银行对短期资本进行多种统计，如流量统计、实际投资资金的统计、存量统计，并对外国投资者、韩国投资者分别进行统计，以区分跨境短期资本双向流动情况。事实上，外国证券投资者投资的登记、交易、结算的每个环节都按规定由金融监督院或韩国银行监控，可及时了解投资人名称、国别、投资目的、投资形式等信息。

(3) 宏观审慎监管体系。韩国金融监督院负责实行宏观审慎监管，保留了恢复部分资本管制的权力，即在极端情况下，可以采取如部分或全部冻结外汇支付和交易、实行资本交易审批制、中央银行集中所有外汇等保护措施，以便维护韩元稳定和金融机构的正常经营，防范金融危机再次发生。

3. 韩国跨境资金流动管理的经验总结

韩国采取渐进的方式不断推进资本账户的开放，使韩国在一定程度上避免了其他过快开放资本目的国家所导致的国内金融混乱与外部投机资本冲击，从而在相当长的时间内维持了国内产品与货币市场的稳定。从促进韩国金融对外开放的改革效果来看，是比较有效的。大多发展中国家金融制度均属于抑制性的，金融改革体系不健全，采取渐进式金融开放是比较适宜的。

但是韩国模式一方面忽视了资本管制成本的不断增加与管制效率降低所导致的福利损失；另一方面在整体的渐进原则指导下，国内宏观政策与微观经济制度的改革相对滞后致使资本项目即使实施渐进开放，仍然缺乏必要的前提条件，且资本项目开放的内部次序也并不合理，本应最后开放的短期资金流动却率先实现了自由化。韩国的金融改革开放尽管抑制了内、外部的经济、金融冲击，但潜在的风险因素却在不断累积，并最终引发了1997年的金融危机。

在跨境资金流动监管方面的另一重要贡献是在经历了金融危机后，韩国政府接受国际货币基金组织的帮助与建议，尽快建立较为完整的跨境资金监测体系，确定了相关跨境投资必须在特定银行设立特定账户，且资金流出境外时必须与当初申报时的目的一致的监测方案，这一点对于上海自贸试验区建设自贸账户体系有重要的参考意义。

7.2.4 巴西跨境资金流动的监管模式与实践

巴西资本账户开放进程始于20世纪60年代，跨境资金流动模式是遵循先流入后流出、先直接投资后证券投资、先机构后个人的步骤，通过渐进、审慎方式推进。

1. 巴西跨境资金流动监管的实践

巴西在20世纪中期，通过大规模举借外债以促进发展经济，形成以外债为主导的资本账户开放模式，尽管形成资金充裕、利率低廉的国际资金流入趋势，但也引发了80年代的“债务危机”，导致国内经济低增长高通胀，严重破坏经济平衡。

在这以后，巴西为摆脱外债趋高带来的经济低增长高通胀的影响，在推动跨境资金流动，促进资本账户开放方面，采取有顺序、有步骤的渐进过程。20世纪90年代初，巴西进行新自由主义经济改革，从直接投资、证券投资、外债等多方面循序渐进推动资本账户开放。其中，外商直接投资开放政策措施主要涉及准许外资参与“国家私有化计划”、取消内外资区别，以及中央和各州市享有不同税收优惠等。巴西还逐步开放能源、矿业、冶金、电信、交通、金融、航空等国家垄断的战略部门。

1993年，在推出外汇市场自由化措施的同时，巴西政府开始逐渐限制短期外资对固定收益证券的投资，以防止政府债务的进一步增加。央行试图通过采取这些措施来减少货币政策对外部平衡的影响，同时不中断自20世纪80年代中期以来的金融开放进程。

跨境直接投资方面的开放政策主要是放宽境外直接投资的总量、流量和额度。具体措施包括，1990年放松非金融企业1年内100万美元以下的海外投资报批限制；1994年，放松非金融企业1年内的海外投资500万美元以上的报批限制；2002年，国家发展银行提供资金优惠支持企业境外建厂。

跨境证券投资方面的开放政策涉及非居民在本国境内发行和买卖有价证券以及非居民在境外发行和买卖有价证券。主要政策措施包括准许外国投资者进入国内证券市场、取消非居民投资国内资本市场的数量限制，以及放松居民海外证券投资限制等。在限制跨境资金流动方面，通过税收调节，如提高大部分证券投资的进入税率，同时禁止有关的基金投资于货币市场基金，禁止私有化基金中的外国资本投资于国内债券，允许养老基金用其储备投资于境外投资基金，实行大规模的外汇交易自由化等。

外债开放政策方面包括1991年准许农业部门海外信贷融资，1996年把农业信贷业务扩展到所有金融机构和1999年取消外国贷款最低还款期限。

2. 巴西跨境资金流动的监管政策

巴西实行强制结售汇体制，不允许外币在境内流通。除经批准经营外汇业务的金融机构、外国自然人、电力、石油等少数行业的外资企业和临时入境人员外，其他机构和个人均不得开立外汇账户，且所有进入巴西的外汇都必须全额结汇。从巴西资本账户的管制程度来看，对相对发达国家而言比较严格的。但巴西政府为利用外资服务本国实体经济的发展，同样也是不遗余力制定相应政策，在跨境直接投资、证券投资和贸易信贷等方面进行突破（见表7-3）。

3. 巴西跨境资金流动监测体系

巴西以中央银行信息系统为技术平台，以外汇兑换合同登记为核心，以外国资本注册申报为补充，通过与外贸和税务信息系统联网，对跨境资本流动实现了全方位监测。

1999年5月，巴西央行开始实施市场预期调查制度，即中央银行收集市场参与者对主要经济指标的预期值，中央银行利用相应的统计方法将收集的各类数据信息综合整理，

表 7-3　　巴西跨境资金流动监管政策主要内容

栏目	主要内容
跨境证券投资	1. 准许国外机构投资者直接投资境内证券市场，资金出入不受时间限制，且免征资本所得税，但汇出投资所得须征收15%所得税；鼓励外资投向国内证券市场，特别是国内证券发行市场。 2. 准许非居民投资巴西“新兴企业共同投资基金”和“不动产投资基金”。 3. 准许外国资本建立“新兴企业投资基金”，准许外国资本投资可转换债券，在期货和期权市场实施对冲操作
国际直接投资业务及清盘	1. 准许转换联邦公共部门的外币债务、债券、存款，用于参与“国家私有计划”；减免外资股权资本利润和股息汇出的额外税及非居民利润和股息的抵扣税。 2. 对外资实行国民待遇，准许外资进入港口和内陆航运业、新闻媒体、海关保税仓库、高速公路等公用事业。 3. 准许外资参股或控股巴西金融机构，但货币行政当局和总统有最后决策权
适用于商业银行和其他信贷机构的特殊条款	1. 准许金融机构发行国际债券，只要资产在巴西期限超过5年，则不限制其国内外债券的发行顺序；废除“5年内金融机构海外发行债券收益禁止海外转移”。 2. 准许提前偿还境外借款和进口融资款；暂时取消公共部门对外借款。 3. 取消偿还进口融资首付款原有20%的限制；与进口有关的债务必须缴纳准备金。 4. 取消外国贷款最低期限的规定

资料来源：何迎新：“巴西资本账户开放实践及对我国的启示”，《湖南财政经济学院学报》，2013年第12期，经作者整理。

定期向市场公布。

巴西在对跨境资金监测方面采取了两个比较有力的措施：一是建立专门的站点和系统，通过电子化手段，高效实时地收集市场预期信息；二是根据所收集信息，定期综合整理，向政策制定者和市场提供市场预期调查结果，包括每日、每周市场报告、市场预期时间序列标点。通过市场预期调查为跨境资金流动监管政策制定提供有益的信息参考，在中央银行和市场参与主体之间建立了一个快捷、有效的双向沟通机制。

7.2.5　主要经验总结及启示

1. 跨境资金流动监管需要建立有效的跨境资本流动统计、监测、分析体系

跨境资本流动涉及企业、银行、证券、保险等多个部门，需要建立有效的监管协调机制，确保信息的及时交换和准确共享，以便为跨境资本流动风险预警提供有力支持。从国外跨境资金流动的监测经验来看，跨境资本流动监测体系有利于外汇管理部门及时掌握大额资金流动状况，有效地防范国际短期资本大规模流动的冲击；并且可以及时反映外汇收支情况，有效地实现监管的信息对称，有效打击跨境洗钱犯罪活动，从源头上杜绝违规资金进入外汇黑市交易；同时可以更好地分析国际收支状况和外汇收支，充分发挥外汇资金统计的服务功能

从跨境资金流动的综合监管经验来看，可从两方面考虑：

一是建立全方位跨境资金流动监测体系，在外汇综合性统计监测系统如国际收支平衡管理信息系统、账户系统和其他业务系统的基础上，继续完善能够监测跨境资金流动的系统，制定操作规程、设定岗位职责，定期监测，达到对各类跨境收付汇资金性质的立体监测功能，通过多方位比对，对跨境资金性质、方向等快速进行总量定位和明细查询，同时按照资金变动的波幅对各时间段比较的数据进行预测和分析，实现跨境资金总量规模监测、跨境资金流向监测和跨境资金用途监测。

二是注重跨境资金流动监测信息的共享。包括涉及外汇资金流动监管的各部门之间非现场监管数据共享，以及外汇管理各业务部门与征信系统、反洗钱系统的对接。

2. 跨境资金流动监测的重点应是短期跨境资金流动

国外大部分发生金融危机的实践中，短期资金跨境大规模流动或者大规模瞬间撤资，是引发这些金融危机的直接原因之一。尽可能地提高监测预警的时效，及早发现跨境资金流动的潜在问题，为相关风险的化解和处理争取时间，是完善跨境资金流动监测工作的主要目标之一。

为加强跨境短期资本流动的监测，韩国央行专门设计了短期资金流动监测的指标体系，为政策调整和预警提供最直接的变量，对防范跨境资金流动引发的金融危机产生了重要的预警作用。借鉴韩国经验，加强跨境短期资金的预警与防范体系建设，是当前防范跨境资金流动风险的关键。

3. 发挥银行在跨境资金流动中的关口作用，提高其合规经营意识

目前，相当一部分外汇业务交由银行直接审核办理，银行成为防范资金大规模进出的重要关口。应继续关注银行在跨境资金流动中的影响，督促其严格执行外汇管理政策法规，切实提高依法合规经营水平，发挥银行在防范违规资金流动风险中的作用。一是要求银行在不断改善金融服务的同时进一步加强合规经营，严把资金交易真实性审核关。二是督促银行建立健全外汇业务内控制度，加强内部管理。三是给予银行业务人员必要的指导和培训，通过政策讲解、实例研讨等方式对银行国际业务从业人员进行培训，帮助他们掌握甄别异常资金的方法。四是加大对银行的考核力度。对银行报送数据准确度和办理业务合规性（尤其是对外商特殊投资类型公司结汇、土地保证金结汇、股权投资结汇以及结汇资金流向等情况）开展非现场核查工作，以此为依据加强对银行的考核，促使外汇指定银行依法合规办理业务，强化政策执行效果。

4. 根据实际情况合理设计监管工具，加强宏观审慎监管

面对跨境资金大规模双向流动态势，大多新兴经济体并没有采取资本管制手段，而普遍采用宏观审慎监管工具。一方面，新兴经济体自身经济实力增强，抵御外部冲击能力大大提升，应对跨境资金流动的能力大大加强；另一方面，在经济日益一体化的背景下，采取资本管制已不太符合历史潮流。

通过采用宏观审慎监管，在有效防范跨境资金流动风险的同时，不至于影响本国对

外开放形象，也不容易造成各国之间的矛盾与对抗。当然，各国具体情况不同，需结合各国实际，合理设计本国的宏观审慎政策工具，并与价格性资本管制手段有机结合，使其发挥宏观审慎监管效用。

5. 推进资本项目可兑换与改进监管，加强风险管理并行不悖

一般来说，资本项目可兑换意味着资本管制少，但资本项目可兑换并不排斥对少数资本交易实行必要管制。已实现资本项目可兑换的发达国家均或多或少存在一定的资本管制。发达国家推进资本项目可兑换并不是一味放弃监管，而是在这一过程中，注重加强审慎监管和金融体系自身的发展，降低风险。推进资本项目可兑换反过来也为金融体系发展和完善金融监管提供了新的动力和要求。在开放次序上，发达国家也结合国情自主选择。有的国家先开放资本流出项目，有的先开放资本流入项目。

7.3 我国跨境资金流动的监测与监管政策与措施

7.3.1 我国跨境资金流动的监管制度

我国由于金融市场基础和市场规范还很不完善，金融监管水平相对落后，跨境资金流动对新兴市场国家来说是把“双刃剑”，在带来利益的同时也包藏着巨大风险。因此，我国目前还不能像发达国家那样，允许资本自由流动，在跨境直接投资、证券投资、跨境贷款以及经常项目的资金流动等方面，均实施相对较严格的限制。

1. 经常项目跨境资金流动的管制①

经常项目跨境资金管理的主要内容包括货物贸易管理、服务贸易管理、个人经常项目管理、外汇账户管理和特殊经济区经常项目管理。

货物贸易管理以银行结售汇制度为核心划分为两个主要部分：一是出口收汇核销管理，除经批准的以外，一般贸易出口项下的收汇均要办理货物出口和收汇对应核销手续。二是进口付汇核销管理，保证进口货物流与付汇资金流的真实匹配，防止无贸易背景的资金流出。

服务贸易管理主要包括三个方面：一是对服务贸易外汇收入，境内机构和个人可以存入经常项目账户，也可以结汇；二是通过完税证明的相关凭证对资金流出实施真实性审核；三是对法规没有明确的服务贸易跨境资金实行管理部门按金额分级审核管理。

外汇账户管理的核心是外汇账户的开立和账户资金的限额管理，除企业首次开立外

---

① 杜鹏：“中国跨境资本流动管理研究”，天津财经大学博士学位论文，2011 年。

汇账户需要到外汇管理部门办理开户信息登记外，企业个人开立外汇账户及账户内保留资金多少不受限制，同时企业还可以根据自身经营需要，提前购汇存放账户内用于进口支付。

个人经常项目管理主要是包括：一是实行年度结汇、购汇限额管理，目前个人年度内购汇或结汇限额5万美元以内的，均可凭本人有效身份证明去银行直接办理；对于超过5万美元部分需提供有效的证明资料和凭证，经银行审核后办理。二是个人经常项目下跨境收支分为经营性和非经营性管理，个人经营性的外汇收、付按照企业的规定进行管理。

2. 跨境直接投资的管制

对跨境直接投资的管制包括非居民对内直接投资的管制和居民对外直接投资两方面。我国对跨境直接投资盘的管制相当宽松，如表7-4所示。

表7-4　我国跨境直接投资限制的主要内容

栏目	主要内容
居民对外直接投资	在我国居民对外直接投资方面，国家外汇管理局进行外汇来源审查和外汇风险评估后，经外经贸部批准，并向国家外汇管理局办理外汇汇出登记和汇出手续后，我国居民即可以对外投资
非居民对外直接投资	符合中外合资、合作和独资企业法及其他有关规定如产业指导目录，经外经贸部批准，非居民可以来华投资。 对外商直接投资的汇入没有管制。 只有基于环境和安全的考虑，对某些行业的外商直接投资是禁止的

总体而言，在跨境直接投资方面，我国的政策是积极鼓励的。

3. 跨境证券投资的管制

证券投资流动包括资本市场工具、货币市场工具和金融衍生工具跨国交易，我国对资本、货币市场工具和金融衍生工具跨国交易的管制包括如表7-5所示的几个方面。

在跨境证券投资领域，为推动跨境资金流动但又不至于形成系统性风险，我国陆续形成了以合格境外机构投资者制度QFII、合格境内机构投资者QDII、沪港通业务等的限额投资管理制度。

表7-5　我国跨境证券投资限制的主要内容

栏目	主要内容
股权类证券	不允许非居民境内出售和发行股票或有参股性质的其他证券； 除经批准可以对外借款的金融机构、工商企业或企业集团外，居民不可以到境外购买证券； 中国人民银行要对金融机构到境外购买证券进行资格审查； 我国居民到境外出售和发行股票，需事前经中国人民银行、国家外汇管理局和中国证监会的批准

续表

栏目	主要内容
债务类证券	不允许非居民境内购买、出售和发行债券和其他债务性证券，我国居民境外出售和发行债券和其他债务性证券，需事前经外汇管理局核准 只有经外汇管理局核准的金融机构和企业可以在境外发行债券； 中国人民银行对金融机构到境外出售和发行债券进行资格审查
货币市场工具	不允许非居民境内购买、出售和发行货币市场工具； 我国居民境外出售和发行非证券类工具需外汇管理局核准； 我国居民境外购买货币市场工具不受监管
金融衍生工具	不允许非居民在我国境内购买、出售和发行金融衍生工具； 我国金融机构境外购买、出售和发行金融衍生工具，需事前进行资格审查和外汇敞口头寸的管理； 外商投资企业不受限制，但事后需要登记

4. 跨境信贷业务的管制

对跨境信贷业务的管制通常涉及三项内容：一是商业信贷，即直接与国际贸易相关的信贷；二是金融信贷，如银行向非居民提供的贷款等；三是担保、保证和备用融资工具。我国对信贷业务的管制也包括两方面，如表 7－6 所示。

表 7－6　我国跨境信贷业务限制的主要内容

栏目	主要内容
商业信贷和金融信贷	我国工商企业不可以向非居民放贷；我国金融机构向非居民发放贷款需由中国人民银行进行资格审查并遵守外汇资产负债比例管理。 只有经国家外汇管理局批准的金融机构才可以对外借款，被授权的工商企业也可以对外借用商业信贷。 外商投资企业可以不经批准向非居民借款，但事后需向外汇管理局办理登记
担保、保证和备用融资工具	被授权的我国金融机构有外汇收入来源的和非金融法人单位可以向非居民提供担保；未经国务院批准，国家机关和事业单位不可以提供担保。 银行提供融资担保需经外汇管理局逐笔核准；银行可以不经外汇管理局批准直接提供非融资担保，但事后需向外汇管理局办理登记

在跨境资金流动方面，目前我国外汇管理政策在经常项目的贸易结算和资本项下的跨境直接投资方面限制较松，目的是支持实体经济发展和实体企业走出去，对资本项下的跨境投资、境外融资等方面的限制相对较紧。

7.3.2　我国跨境资金流动的监管制度问题

1. 外汇管理政策调整滞后

当前，我国对外开放力度不断加强，涉外经济快速发展，涉外交易主体日益多元化，导致跨境资金流动的规模、频率和渠道在不断变化，而外汇管理政策调整难以及时跟进，致使部分业务没有被政策覆盖，形成监管空白。

如涉外企业自有外汇增多后，其境外投资和外汇理财需求相应增加，特别是随着涉外经济规模的扩大，贸易投资便利化程度的提高，跨境资金套利的机会与可能性相应增加，其活跃程度和对市场机会的敏感性也随之大大增强，汇差、利差等市场套利因素如发生任何细微变化都可能引起大规模资金流动。

与此相适应，现行外汇管理政策调整难以跟上涉外经济金融形势变化需要，尤其以预收应付货款、服务及个人外汇收支、隐性外债等方式流动的资金基本上没有严格的政策限制措施，增加了外汇管理对跨境资金流动的监测难度。

另外，随着对外经济开放幅度加大，对外投资变化的加快，有关外汇管理政策制定、出台有一个考察论证和通过实践检验不断完善的过程。从发现外汇管理政策漏洞到堵塞漏洞需要一定时间，存在一定的时滞效应与决策延迟效应，在这段时间内，部分领域会出现“技术性监管空白”，缺乏外汇管理的法律依据，给外汇管理增加了难度，增加了外汇管理对跨境资金流动的监管难度。

2. 协调联动监管跨境资金流动的监管体系尚未形成

监管机制要真正实现对跨境资金的有效监管，必须结合我国实际，全面整合现有监管资源，加强各部门政策实施的协调配合，建立安全、及时、准确的信息、数据交流途径。目前，在跨境资金流动管理上，我国尚未建立协同监管机制，相关部门基本是各自为政，条块分割，部门间的管理目标和政策导向缺乏协调，相关数据、信息缺乏交流。

从监管部门的协同性来看，部门间协调机制不健全，跨境资金多头管理、分段监管的情况比较常见。如目前对外商投资的管理涉及国家发展改革委员会、国家商务委员会、海关、税务、国家外汇管理局等多个部门，各部门各司其职，职能重合和空白地方较多，给可疑外汇资金流入境内结汇以可乘之机。

以外债管理为例，国家发展改革委员会只负责制定借用外债和国际商业贷款规模计划，财政部负责国际开发机构和多边组织机构的贷款、政府贷款，国家外汇管理局负责全部外债的统计和中外资银行短期外债指标的核定，而外资企业外债由企业在投资总额和注册资本差额之间自主决定，由国家外汇管理局监督。由于没有统一的管理目标和政策间的衔接，加上单个部门管理的盲目和低效，政策效果将会相互抵销，监管合力没有形成，监管效率低，效果不佳。

3. 跨境资金流动渠道识别难

随着我国经济金融开放程度的不断加深，规避资本管制的渠道不断增多，维系资本管制的成本也大大增加，异常跨境资金识别难。比如说，通过虚假贸易带动资金跨境流动的方式越来越隐蔽，采取少报出口、多报进口，或进口预付货款、出口延期收汇等，其操作手段是进口时报高进口设备或原材料的价格，然后从国外供货商手中索取回扣、分赃款，并将非法所得留存境外；出口时则大幅压低出口商品价格，或采用发票金额远低于实际交易额的花招，将货款差额由国外进口商存入出口商在境外的账户。这类方式很难实现实时跟踪并掌握跨境投资套利的证据，监管很难。

例如：境外投资时，部分企业通常以企业正常海外投资的形式将资金转往国外，在境外改变资金的使用性质，在境外被非法占有或挪作他用，采用此种手法转移资金的多为大型企业高管人员或某项具体业务的负责人员，操作比较隐蔽，同样难以监管。

事实上，随着我国资本账户开放的力度加大，对外经济业务往来的增多，包含贸易项下的资金流动和资本项下的资金流动等，均有形式多样的流出渠道。尤其是在互联网及金融创新不断发展的今天，企业更是可以通过全球第三方支付网络、在境外买卖国内资产等金融创新规避监管。在现有监管框架下，异常跨境资金流动的识别越来越难。

4. 政策执行不力影响跨境资金流动的检测效果

如投资项下跨境资金流入，虽然目前有银行、会计师事务所、外管局三方审验，但由于验资询证仅限于注册会计师事务所，在当前审计全面市场化的背景下，某些事务所出于自身业务发展需要，不严格执行审计的有关政策规定，不经询证即为企业出具验资报告，使得验资流于形式。此外，本外币监管政策的现实分离，也削弱了跨境资金流动监测的效果。如目前对结汇资金进入人民币账户后的后续监管没有明确规定，结汇后人民币资金在关联公司之间多次划转后，就可以毫无顾忌地偏离跨境资金原有使用范围。

专栏 7-1

新常态下跨境资金流动管理的难点及对策①

中国经济正由过去的高速增长进入到提质增资的新常态，人民币汇率和跨境资金流动双向波动可能会成为一种新常态。随着资本项目可兑换进程加快，外汇管理方式正在经历巨大的变革，梳理新常态下外汇管理中存在的问题，尽快适应监管方式由事前向事后监测核查转变，在大幅促进贸易投资便利化的同时，切实防范跨境资金流动风险，是当前外汇管理工作重点和主要挑战。

跨境资金流动特点

一是跨境资金流动进一步趋于均衡。国家外汇管理局统计数据显示，2014 年，银行代客涉外收支顺差 405 亿美元，同比下降 80%，银行代客结售汇顺差 1564 亿美元，同比下降 60%，资金净流入量下降。从构成上看，经常项目收支逆差 1162 亿美元，与全部收支顺差方向相反；经常项目结售汇顺差 1801 亿美元，占全部结售汇顺差的 115%。经常

① 陈咏晖：《金融时报》2015 年 8 月 5 日。

项目主导顺差的格局正发生积极变化，资本项目影响加大，跨境资金流动趋于均衡。

二是跨境资金双向波动明显。2014年数据显示，无论银行代客收支还是结售汇顺差均经历了由正转负的过程，双向波动明显。其中，从银行代客收支数据看，一二季度均呈现顺差态势，顺差规模分别为455亿和407亿美元，三季度出现逆差，规模200亿美元，四季度逆差规模则进一步扩大至257亿美元。从银行代客结售汇数据看，一季度顺差1633亿美元，二季度大幅减少至299亿美元，三季度实现顺差56亿美元，基本接近平衡，四季度则转为逆差424亿美元。

跨境资金管理难点

一是跨境资金流动方向识别难。当前跨境资金流动方向依旧存在不确定性。首先，全球经济复苏态势并不均衡。2015年1月14日世界银行发布的最新《全球经济展望报告》显示，预计2015年全球经济增长水平为3.0%，较2014年6月份预测下调0.4个百分点。其中预计美国经济增速达到3.2%，欧元区的经济活动弱于预期，经济增速为1.1%，日本经济2015年经济增速预计达到1.2%。其次，货币政策取向出现差异。经济增速的不均衡也导致了主要发达经济体政策取向的差异。美国2015年可能开启加息周期，欧洲央行行长德拉吉在2015年1月22日首次货币政策会后举行的新闻发布会上宣布推出资产购买计划，预计持续至2016年9月，欧洲版QE将持续18个月，总规模高达1.08亿欧元。此外，日本应对连续的经济萎缩，也陆续推出额外的经济刺激方案。再次，中国经济进入新常态后，世界可能会重新评估中国经济，并通过改变本外币币种、期限结构等方式去杠杆化。上述因素叠加加大了跨境资金流动研判的难度。

二是跨境资金流动短期波动可能加剧。一方面，由于受地缘政治、油价波动、货币政策等因素影响，国际金融市场反应敏感，全球资金纷纷寻求更为安全的避风港，加剧了市场的波动。另一方面，由于汇率市场化程度的不断提高，央行退常态式的外汇市场干预，跨境资本受汇率、利率以及市场预期等因素的影响，短期波动加大。国外由于美国经济复苏势头强劲，加之加息预期，带动美元创出新高，可能引起跨境资金从新兴市场流回美国。

三是跨境资金流动渠道识别难。国际经验表明，一国从经常项目开放到资本项目开放时间跨度平均为7年左右，我国从1996年接受国际货币基金组织第八条款，实现了经常项目可兑换，至今已接近20年。随着我国经济金融开放程度的不断加深，规避资本管制的渠道不断增多，维系资本管制的成本也大大增加，异常跨境资金识别难。一方面，企业可以通过低报出口、高报进口，或转移价格等方式进行规避监管；另一方面，企业可以通过资本项目资金借道货物贸易逃避监管。在互联网及金融创新不断发展的今天，企业更是可以通过全球第三方支付网络、在境外买卖国内资产等金融创新规避监管。在现有监管框架下，异常跨境资金识别成本较高。

四是跨境资金流动管理政策工具组合及出台时机把握难。由于我国利率和汇率尚未完全市场化，故采用价格型管理工具有限，更多的是采用行政手段进行干预。但是，从发现问题到提出政策解决方案，再到政策发挥效果，往往存在所谓的时滞现象，所以政策工具组合及出台时机把握显得尤为重要。管理实践上，由于我国经济持续增长，资本流入压力大，故在均衡管理的基础上，更多的是侧重于对跨境资金流入进行管理。如在

2007 年，为遏制跨境资金流入过快压力，7 月份出台了经常项目联网核查和资本项目贸易信贷管理政策组合，该政策出台时本轮全球金融危机在国外已经初现征兆，不久便通过实体经济部门传导至我国，跨境资金流动方向也出现逆转，政策出台时机的把握难度由此可见；同样为了应对跨境资金流入压力，2013 年出台了加强银行结售汇综合头寸管理以及专项核查的政策组合。上述政策均在短期内取得了一定效果，但是事后来看，时机把握以及有效性仍待进一步提高，新型市场化管理手段有待进一步改进。

管理跨境资金流动的建议

一是加强对跨境资金流入、流出的双向监测预警。随着经济市场化和国际化程度的日益提高，影响我国跨境资金流动和人民币汇率走势的因素也日益复杂化、多样化。在任何时点上，都可能同时存在影响跨境资金流动和人民币汇率上行或者下行的因素，只是在不同阶段某个因素可能发挥主导作用，而且各因素的作用还会随着时间推移此消彼长，动态地发展演变。预测跨境资金流动和人民币汇率走势，要在密切关注国内经济运行状况、财政金融风险事件发生情况以及世界经济复苏态势和主要经济体尤其是美国货币政策的走向等国内外经济金融形势发展演变的基础上，加强对跨境资金流入和流出的双向监测预警，并完善应对预案。宏观层面，应根据国际收支新变化，前瞻性地研究财政货币政策、汇率政策等宏观经济政策的应对措施；中观层面，应整合外汇管理分析内容，进一步完善综合分析框架，构建基于交易数据和管理数据的分析体系，为非现场监测、现场核查指明方向。充分依托各监测系统以及外部数据库，构建跨境资金流动监测预警机制。尤其是在兼顾流入风险的同时，梳理跨境资金流出的渠道和风险。

二是建立健全宏观审慎管理框架下的外债和资本流动管理体系，建立早期预警机制。密切关注国内外宏观经济形势的变化，加强宏观经济形势分析研判。目前，美国 QE 退出已正式启动，退出的进程和退出过程中产生的影响，都会变成国际金融市场一个不确定、不稳定的因素。美国量化宽松退出的过程，可能造成国际资本的回流，也会加剧人民币汇率的波动。随着量化宽松退出政策的推进，还会造成整个国际金融市场资金成本的变化。因此，应未雨绸缪，在借鉴国内外预警机制方法的基础上，综合信号法、景气分析法、计量经济模型等方法，加强对跨境资金的流入和流出双向风险的监测和预警，建立起体现我国跨境资金流动特色的早期预警机制，提高研判的科学性和前瞻性。同时，为应对资金大规模流动的压力和冲击，提前准备好预案，准备好工具，针对可能流入或者流出的风险进行及时、审慎的调控。

三是探索跨境资金流动管理政策工具组合。积极转变政府管理职能，运用更加市场化的手段进行风险防控，兼顾价格型与数量型工具选择。具体而言，根据跨境资金流动防线，具体可以分为对资本流入的管理和对资本流出的管理两个方面，对资本流入的管理措施包括：流入外资按一定比例以无报酬准备金存入中央银行。该措施于 20 世纪 90 年代初期，当巨额国际资本涌入智利时，为减少外部冲击对经济的不利影响，被智利当局所采取。对外债和外汇衍生产品征税，对金融中介的净外汇负债征税或实施数量限制，限制货币错配等。对于资本外流的管理措施包括：对国内机构海外投资和所持外汇账户实行审批制，对国内机构海外投资和外汇交易实行报告制度，限制非居民的金融投资（如股票），或对此实行审批制度，对资本流出征税等。

7.4 促进上海自贸区跨境资金流动的金融审慎监管制度与政策

7.4.1　上海自贸区跨境资金流动的监管制度

推动上海自贸试验区跨境资金流动的核心载体是自贸账户体系。跨境资金流动，尤其是跨境证券投资等非实体经济的跨境资金流动，可能形成的不可测风险更为隐蔽，因此对跨境资金流动的风险监管尤为重要。

2015年2月12日，中国人民银行上海总部（含中国人民银行上海分行和国家外汇管理局上海分局）推出了一项重要的监管实施细则，即《中国（上海）自由贸易试验区分账核算业务境外融资与跨境资金流动宏观审慎管理实施细则》（以下简称《宏观审慎管理实施细则》）。

1. 跨境资金监管的基本模式

《宏观审慎管理实施细则》确立了跨境资金流动的两种可选渠道，即试验区内企业和非银行金融机构可以在现行外债及境外借款管理模式和本细则宏观审慎管理模式下任选一种模式适用，通过其结算银行向中国人民银行上海总部备案。对于这两种模式，原则上选定一种模式则不可更改；如确有合理理由需要更改的，须通过结算银行向中国人民银行上海总部提出申请，且只能更改一次。

以上两种渠道发生的从境外融入的资金均接入分账核算单元，遵循《宏观审慎管理实施细则》的相关规定，该类行为称之为“分账核算境外融资”。通过接入到分账核算单元，中国人民银行上海总部、国家外汇管理局上海分局、上海自贸区管委会均能直接监控资金的流动情况，为实现跨境资金流动监管嫁接了可供回溯的渠道。

2. 对分账核算境外融资规模进行了可控的构造设计

《宏观审慎管理实施细则》对境外融资规模从结构上和总量上进行了控制，既界定了企业主体的融资规模，又通过中国人民银行上海总部控制了总体融资规模上限。

一是对区内企业和金融机构，通过试验区分账核算单元从境外融入的本外币资金按余额合并计算总规模：

分账核算境外融资 =Σ境外融资余额×期限风险转换因子×币种风险转换因子×类别风险转换因子

期限风险转换因子根据境外融资期限来确定，约定还款期限在1年以下短期境外融资的风险转换因子设定为1.5，还款期限在1年以上中长期境外融资的风险转换因子设定为1。

币种风险转换因子根据是人民币还是外币来确定，境外融资以人民币计价结算的，币种风险转换因子设定为1；以外币计价结算的，币种风险转换因子设定为1.5。

类别风险转换因子根据表内融资还是表外融资来确定，表内融资的风险转换因子设定为1，表外融资（或有负债）的风险转换因子设定为0.2和0.5两档。

二是从总量上对分账核算境外融资的上限进行了规定：

分账核算境外融资的上限≤资本×境外融资杠杆率×宏观审慎调节参数

其中境外融资杠杆率按区内融资主体类型设定，区内法人企业（分支机构不适用）设定为其资本的2倍；已建立分账核算单元的区内非银行法人金融机构设定为其资本的3倍，非银行金融机构的上海市级分账核算单元设定为其境内法人机构资本的8%；已建立分账核算单元的区内新设法人银行机构设定为其一级资本的5倍，银行上海市级分账核算单元设定为其境内法人机构一级资本的5%；未建立分账核算单元但在其他金融机构分账核算单元开立自由贸易账户的区内法人非银行金融机构按其资本的2倍设定，非银行法人金融机构在区内的直属分公司按境内法人资本的5%设定。

宏观审慎调节参数初始值设定为1。

三是《宏观审慎管理实施细则》规定中国人民银行上海总部可视具体情况调整参数。比如，宏观审慎调节参数就可以视跨境资金流动的规模进行调整；基于维护国家金融稳定的需要，可对境外融资杠杆率、风险转换因子、宏观审慎调节参数等进行调整。这些调整均是中国人民银行上海总部的一些临时应急管理措施，金融监管机构包括中国人民银行上海总部可根据分账核算单元的境外融资情况进行应急调整，给予其足够的监管灵活性。

3. 从政策上确立了类似于跨境资金流动监测的预警体系建设方案

在《宏观审慎管理实施细则》方案中，中国人民银行上海总部根据“宏观审慎原则”的要求，会同有关部门建立试验区分账核算境外融资宏观调控工作机制，由风险预警指标体系及相应的宏观调控政策工具构成。

关于预警体系的建设，中国人民银行上海总部根据系统采集的数据以及试验区经济金融运行和跨境跨区资金流动情况建立包含境外融资规模预警指标、境外融资结构预警指标（境外融资货币结构指标、汇率敏感度指标、期限结构指标、期限错配率等）、跨境/跨区资金流动预警指标、区内信贷供求预警指标等的风险预警指标体系。

依据预警指标的相关临界值，风险预警设置I级（轻度风险）、II级（中度风险）以及III级（重度风险）三个风险级别。风险预警指标达到风险级别临界值时，中国人民银行上海总部将向金融机构发出相应的风险预警，并可以采用相应的宏观政策调控工具进行相应的调节。

宏观政策调控工具包括境外融资杠杆率、风险转换因子和宏观审慎调节参数，其他类工具包括延长融入资金的账户存放期限，对融入资金征收特别存款准备金、征收零息存款准备金，以及必要时为维护国家金融稳定采取的规模控制等。

除了调整相关参数外，必要时中国人民银行上海总部可采取限制或停止办理相关业务。如因风险转换因子、境外融资杠杆率和宏观审慎调节参数调整导致期间分账核算境外融资余额超出上限的，原有融资合约可持有到期；在分账核算境外融资余额调整到新上限前，不得办理新的分账核算境外融资业务。

4. 确立了现场检查与非现场监管的相关制度

《宏观审慎管理实施细则》规定，中国人民银行上海总部定期或不定期对金融机构和区内企业通过试验区分账核算单元办理的境外融资情况进行非现场核查，发现疑问的，发起监测查疑，金融机构应及时反馈；必要时可发起现场检查。

同时，对非现场监管数据的动态、科学分析是一项技术性很强的工作。要加强建立一支同时具备金融、财务、统计、数学、计算机等多方面的知识与技能，能适应由合规性监管转变为风险性监控的监管团队。采取从数据库中挖掘出有效监管数据的方式，建立对异常资金流动进行监测的监管制度。

5. 对跨境资金流动不规范情况建立了惩处机制

对跨境资金流动不规范情况建立异常名录制度。如对于经营期超过1年但仍没有在公示平台上公示其相关信息，或被列入经营异常名录的企业，金融机构不得为其办理分账核算境外融资跨境结算业务。对中国人民银行等六部委发布的重点监管企业名单内的企业，金融机构应审慎为其办理分账核算境外融资跨境结算业务。

发现未及时或虚假报送分账核算境外融资有关信息的，中国人民银行上海总部将在查实后对涉及的金融机构作出通报批评，限期整改并可根据《中华人民共和国中国人民银行法》和《中华人民共和国外汇管理条例》等有关规定进行查处。发现超规模开展分账核算境外融资，或融资款项用途与细则规定不符的，资金尚未使用的，应原路退回所融入的款项；资金已经使用的，中国人民银行上海总部可根据《中华人民共和国中国人民银行法》和《中华人民共和国外汇管理条例》等有关规定对借款主体进行处罚；情节严重的，可暂停其开展分账核算境外融资业务。

对于办理超额分账核算境外融资结算的金融机构，中国人民银行上海总部将责令整改；对于多次发生办理超额分账核算境外融资结算的金融机构，中国人民银行上海总部可暂停其开展分账核算业务。

总体而言，《宏观审慎管理实施细则》从监管模式、监管机制、监管政策及监管惩处机制等方面，建立了较为完整、系统的监管体系，对于通过上海自贸区分账核算单元进行境内外投融资的业务，有了较为全面的指导原则和操作指南。

7.4.2　上海自贸区跨境资金流动的监管措施

1. 建立上海市跨部门的跨境资金监测应急协调部门

考虑到跨境业务规模、敏感性、复杂性、跨部门等因素，对跨境资金流动的监管需要以中国人民银行、国家外汇管理局为主体的监管机构重点介入，也需要银行、证券等传统金融机构的全面配合。同时以互联网金融、电商、第三方支付等新金融业务机构的大规模跨境资金的流动成为新常态，对其的监管需要新金融业务机构的支持与配合。因此，在充分利用好上海自贸区分账核算单元的资金流动渠道的基础上，以中国人民银行上海总部、国家外汇管理局上海分局以及上海自贸试验区管委会为主体，积极组织和利用好传统金融机构和新金融机构的业务数据，并建立相应的协会来配合，形成联动应急管理协调部门，将有利于更加迅速地预警并监控跨境资金流动。

2. 建立跨部门的跨境资金监测数据分析与信息共享机制

充分运用大数据、云计算等新型分析工具和方法，加强对跨境资金流动的监测数据进行深度分析，从海量的大额和可疑交易数据中筛选、甄别出跨境资金异动的线索，精确定位跨境资金流动的属性，并与反洗钱机构建立业务合作，深度分析跨境资金异动的合理性。

注意加强信息数据的深度共享，中国人民银行上海总部可与国家外汇管理局上海分局、上海自贸区管委会等建立深度的信息共享机制，对可疑跨境流动资金数据信息和调查取证信息方面开展深度交流，通过联席会议制度共同对跨境流动中的可疑资金进行甄别分析，筛查并预防异动资金跨境流出入。

3. 建立适应可兑换的国际收支统计和监测体系

依据国际收支平衡表和国际收支头寸表的具体内容，及时编制跨境资金流动监测报告。分初步数据、中间数据和最终数据，初步数据应该电子记录每天的跨境资金流动的金额、流向、用处，中间数据可分周期每月或每季度对跨境资金流动的流动方向、流入流出头寸、双向流动净头寸等进行汇总分析，最终数据可对全年的跨境资金流动情况进行监测并形成分析报告。

可借鉴日本在国际收支监测方面的办法，采用国际收支间接申报与调查相结合的方式采集国际收支统计数据。对国际收支间接申报过程中出现的统计基础不一致、数据采集方法和内容不灵活等问题，通过结合实地调查和统计的方法，促进对国际收支监测的准确性、及时性。

4. 建立本外币的一体化管理框架

2014 年 5 月，上海自贸试验区推动了自贸账户分账核算体系，人民币作为跨境投资的结算货币开始启动。在此之前，2014 年 2 月中国人民银行上海总部出台了“关于支持中国（上海）自由贸易试验区扩大人民币跨境使用的通知”，对经常和直接投资项下跨境人民币结算、人民币境外借款、跨境双向人民币资金池等出台了相关的办法，支持人民币对跨境业务的服务。2015 年 5 月，中国人民银行上海总部出台了“关于启动自由贸易账户外币服务功能的通知”，其服务内容主要涉及经常项下的贸易结算和跨境直接投资业务，对资本项下的证券投资、跨境借款等业务未曾提出。

由于我国实行的是有管理浮动汇率制度，“汇率套利”现象一直存在，资本项下的各类跨境投资如人民币和外币服务如没有启动，涉及资本项下的跨境投资同样会产生汇率套利的现象。因此，在启动资本项下的跨境投资业务时，处理好本外币服务跨境投资，建立一体化的管理框架，对于限制跨境投资过程的“汇率套利”是非常必要的。

5. 建立对资金流出后的流向进行跟踪服务的制度

“假贸易、真套利”、“假贸易、真投资”等跨境资金异动现象、虚假贸易伴随着热钱流入，一直是国际上防止国际资本不正常流动带来金融风险的重要内容。有效监控资金跨境流动的真实目的、用途，是防范这一类风险的关键。而当前建立在自贸账户体系的跨境投资，减少了外汇管理局的许多审批环节，甚至实行的是备案制，一定程度上对跨境资金流动的真实原因的监控力度、风险防范力度削弱。因此，强化对通过自贸账户体系流动资金的多次跟踪服务，能更好地追溯资金的流向及运用方式，是加强监控跨境资金流动的重要保证。

6. 充分发挥交易所等交易平台的一线监管职能

发达国家和地区跨境资金流动的监管模式已经证明了各类跨境资金流动的渠道或者交易平台对交易主体一线监管的作用发挥关键的、基础性作用，是真正掌握跨境资金流动方向和使用性质的基础。

上海自贸试验区建立了分账核算体系，启动了自贸账户单元，所有注册自贸区的公司或金融机构，或者通过自贸账户体系与境外发生资金往来的各类业务，自贸账户体系均能有效追溯资金来源及用途。从自贸账户目前所能发挥的作用来看，可以实行全天候24小时监测资金流向。因此，自贸账户体系为跨境资金流动建立了一个有效的一线监督平台。

Reference

参考文献

[1] Adrian, T. , and H. S. Shin, 2010, "Liquidity and leverage," *Journal of Financial Intermediation*, Vol. 19, No. 3, pp. 418 –37.

[2] Azis, I. J. , H. S. Shin. , 2015, The Three Phases of Global Liquidity [M] //Managing Elevated Risk. Springer Singapore, pp. 7 –44.

[3] Bayoumi, T. and F. Ohnsorge, 2013 "Do Inflows or Outflows Dominate? Global Implications of Capital Account Liberalisation in China", IMF Working Paper. Forthcoming.

[4] Berger, H. , T. Harjes, 2009, "Does Global Liquidity Matter for Monetary Policy in the Euro Area?", *International Finance*, 12: 1, pp. 33 –55.

[5] BIS, 2011 "Macroprudential Policy Tools and Frameworks—Update to G20 Finance Ministers and Central Bank Governors" .

[6] Bracke, T. , M. Fidora, 2012, "The macro – financial factors behind the crisis: Global liquidity glut or global savings glut?", *North American Journal of Economics and Finance*, 23, 185 –202.

[7] Brana, S. , M. Djigbenou, and S. Prat, 2012, "Global excess liquidity and asset prices in emerging countries: a PVAR approach", *Emerging Markets Review*, 13, 256 –267.

[8] Chen, S. , P. Liu, A. Maechler, C. Marsh, S. Saksonovs, and H. S. Shin, 2012, "Exploring the Dynamics of Global Liquidity", IMF Working Paper, WP/12/246.

[9] D'Agostino, A. , P. Surico, 2009, "Does Global Liquidity Help to Forecast U. S. Inflation?", *Journal of Money, Credit and Banking*, Vol. 41, 2 –33.

[10] Edwards, Sebastian, 1999, "How Effective Are Capital Controls?", Journal of Economic Perspectives, Vol. 13 (4), pp. 65 –84.

[11] Eichengreen, B. , G. Rachita, and P. Ugo: , 2011, "Capital Account Liberalization, Financial Development and Industry Growth: A Synthetic View", Journal of International Money and Finance, Elsevier, Vol. 30 (6),

pp. 1090 – 1106.

[12] Eichengreen, B, 2001, "Capital Account Liberalization: What Do the Cross – Country Studies Tell Us?", World Bank Economic Review, Vol. 15 (3), pp. 341 – 365.

[13] Gupta, A. S, 2008, "Does Capital Account Openness Lower Inflation?", International Economic Journal, Korean International Economic Association, Vol. 22 (4), pp. 471 – 487.

[14] Helbling T, R. Huidrom, M. A. Kose, and C. Otrok, 2011, "Do credit shocks matter? A global perspective," *European Economic Review*, 55, 340 – 353.

[15] International Monetary Fund, 2010, "Russia's Experience with Capital Flows", IMF Country Report, No. 10/246 (Annex1, pp. 34 – 37).

[16] Ishii, S., and K. Habermeier, 2002, "Capital Account Liberalization and Financial Sector Stability", IMF Occasional Paper, pp. 405 – 437.

[17] Kaplan, E., and D. Rodrik:, 2002, "Did Malaysian Capital Controls Work?", Preventing Currency Crises in *Emerging Markets*, University of Chicago Press.

[18] Kollmann, R., Z. Enders, and G. J. Müller, 2011, "Global banking and international business cycles", *European Economic Review*, 55, 407 – 426.

[19] Lysandrou, P., 2011, "Global Inequality, Wealth Concentration and the Subprime Crisis: A Marxian Commodity Theory Analysis", Development and Change, 42 (1): 183 – 208.

[20] Miles, William: 2004, "Effectiveness of Capital Controls: the Case of Brazil", Review of Development Economics, Vol. 8 (1), pp. 68 – 80.

[21] Montiel, Peter, and CarmenReinhart: 1999, "Do Capital Controls and Macroeconomic Policies Influence the Volume and Composition of Capital Flows? Evidence from the 1990's", Journal of International Money and Finance, Vol. 18 (4), pp. 619 – 635.

[22] Pattanaik S., 2009, "The Global Financial Stability Architecture Fails Again: sub – prime crisis lessons for policymakers," *Asian – Pacific Economic Literature*, 23, 21 – 47.

[23] Popov, A., G. F. Udell, 2012, "Cross – border banking, credit access, and the financial crisis," *Journal of International Economics*, 87, 147 – 161.

[24] Rüffer, R., L. Stracca, 2006, "What is global excess liquidity, and does it matter?", ECB Working Paper, No 696.

[25] Shin, H. S., 2012, "Global banking glut and loan risk premium", *IMF Economic Review*, 60 (2): 155 – 192.

[26] Shin, H. S., 2013, "The Second Phase of Global Liquidity and Its Impact on Emerging Economies", in *Asia Economic Policy Conference at the Federal Reserve Bank of San Francisco*.

[27] Sousa, J., A. Zaghini, 2008, "Monetary Policy Shocks in the Euro Area and Global Liquidity Spillovers", International Journal of Finance and Economics, 13: 205 – 218.

[28] Tahsin Saadi Sedik and Tao Sun: 2012, "Effects of Capital Flow Liberalization—What is the Evidence from Recent Experiences of Emerging Market Economies?", IMF Working Paper, November 2012.

[29] Tamirisa, Natalia: 2004, "Do Macroeconomic Effects of Capital Controls Vary by Their Type? Evidence from Malaysia", IMF Working Paper.

[30] 肖凤娟："1978 年以来我国的外汇管理体制改革与资本管制政策"，《中央财经大学学报》2011 年第 5 期。

[31] 肖凤娟："我国外汇管理体制改革的回顾与展望"，《国际贸易》2008 年第 7 期。

[32] 安睿："对跨境流动资金一体化监管的思考与建议"，《华北金融》2013 年第 3 期。

[33] 乔兆颖："完善中国跨境资金流动监测预警指标体系"，《青海金融》2013 年第 5 期。

[34] 李伟、乔兆颖、柳光程："中国跨境资金流动监测预警指标体系研究"，《金融理论与实践》2013 年第 4 期。

[35] 杨波："跨境人民币资金流动分析框架及作用机理"，《金融理论与实践》2013 年第 6 期。

[36] 郭雅欣、魏刚："国际短期资本流动监控：出资方和受资方的监控方案"，《国际经贸探索》2001 年第 1 期

[37] 孙明春："加强对国际资本流动的宏观管理"，《国际金融研究》1997 年第 2 期。

[38] 宋林峰："20 世纪 90 年代巴西资本管制的经验与启示"，《拉丁美洲研究》2002 年第 3 期。

[39] 张碧琼："我国国际资本流动管制非对称性后果及对策"，《中国经贸导刊》2004 年第 12 期。

[40] 张立文："管制与放松管制：从亚洲金融危机看中国政府关于国际资本流动的政策取向"，《世界经济》2000 年第 12 期。

[41] 关秀丽："亚洲国家的资本流动及中国外资管理的政策选择"，《宏观经济研究》2001 年第 9 期。

[42] 宋汉光："银行跨境贷款业务之研究"，《中国外汇》2010 年第 15 期。

[43] 连俊："人民币国际化步伐越走越实"，《经济日报》2014 年 1 月 7 日。

[44] 彭玉镏、汪杨健："跨境人民币贷款防范两大风险"，《证券日报》2013 年 5 月 10 日。

[45] 张永春等："商业银行跨境人民币贷款业务研究"，《华北金融》2010 年第 10 期。

[46] 张华君："离岸市场全球开花，人民币支付全时区启动"，《第一财经日报》2014 年 4 月。

[47] 肖旺："跨境人民币贷款成新宠租赁公司意在境外低成本资金"，《金融时报》2014 年 7 月 7 日。

[48] "前海国开资产管理公司政策研究中心报告"，2014 年 7 月。

[49] 胡思幸、余璐："前海'结拜'伦敦金融城"，《深圳商报》2014 年 10 月

16日。

[50] 谢卫群："人民币国际化加速"，《人民日报》2014年2月。

[51] 胥会云："跨境人民币资金池启动，3个月内基本措施将出齐"，《第一财经日报》2013年12月。

[52] 卢丽涛："前海跨境贷'成长的烦恼'"，《第一财经日报》2014年8月。

[53] 李鹏："跨境人民币贷款谨慎启动"，《中国房地产报》2013年第1期。

[54] 陈月石、张飒："自贸区跨境人民币使用细则落地"，《东方早报》2014年2月。

[55] 刘桂平："跨境人民币业务的发展现状与建议"，《上海金融》2012年第8期。

[56] 范建波："国际资本流动趋势及其对我国的影响"，《经济师》2005年第9期。

[57] 余杰："90年代国际资本流动的特征与趋势"，《财经问题研究》1998年第9期。

[58] 王军："中国资本流出的总量和结构分析"，《改革》1996年第5期。

[59] 刘剑平："战后日本外汇管理体制的演变"，《现代日本经济》1990年第3期。

[60] 江时学："论资本管制"，《太平洋学报》2002年第1期。

[61] 尹翔硕："国际资本流动与金融危机"，《国际金融研究》1998年第12期。

[62] 陈炳才："人民币国际化：主权货币结算和资本项目可兑换同时进行"，《武汉金融》2010年第3期。

[63] 尹伟华、张焕明："我国资本外逃的规模测算：1985—2008"，《金融发展研究》2009年第8期。

[64] 王杨堕："从国际收支角度对我国宏观经济政策的分析"，《技术经济》2003年第8期。

[65] 胡敏等："我国强制结售汇制度的发展历程与改革"，《重庆工商大学学报》2008年第3期。

[66] 胡俊伟："资本项目跨境资金流动探析"，《中国金融》2013年第15期。

[67] 胡俊伟："防范资本项下跨境资金流动风险"，《中国外汇》2013年第17期。

[68] 刘源："从跨境人民币结算角度审视本外币一体化跨境监管"，《金融纵横》2013年第11期。

[69] 邱成晟、张爱萍、朱燕涛、王筱珑、黄良军、刘亮："我国跨境资金流动监测体制现状与改革设想"，《福建金融》2013年第10期。

[70] 周豪、温小敏："跨境资金流动风险监测预警指标体系的构建与实证分析"，《上海金融》2010年第5期。

[71] 钮伟："跨境资金流动的潜在风险及政策建议"，《浙江金融》2010年第5期。

[72] 李亚新："对跨境资金流动形势的基本判断"，《中国金融》2011年第3期。

[73] 李思敏："跨境资金流动中的风险监管"，《中国金融》2011年第3期。

[74] 谢洪燕、罗宁："跨境资本流动的最新风险与趋势解析及对我国的启示"，《国际贸易问题》2011年第1期。

[75] 张弘芬："跨境资金流动非现场监测现状、瓶颈与对策"，《时代金融》2011年

第 8 期。

［76］杜鹏："我国跨境资金流动现状与特征分析"，《上海金融》2011 年第 6 期。

［77］赵勇："人民币跨境流动风险问题研究"，《西部金融》2011 年第 7 期。

［78］万荃："积极防范跨境资金流动双向波动风险"，《金融时报》2013 年第 2 期。

［79］崛起战略研究联盟秘书长研究员王大贤："跨境资金流动风险管理的新考验"，《上海证券报》2013 年 3 月 29 日。

［80］李继伟："我国资本项目开放中的风险预警研究"，《暨南大学》2010 年。

［81］余明、邹林、高材林、王宇："资本项目自由化进程中的跨境资金流动风险控制"，《中国外汇管理》2002 年第 8 期。

［82］贺聪："宏观审慎管理与货币政策：一个文献回顾"，《浙江金融》2012 年第 2 期。

［83］梁宏祺："跨境资金流动对我国经济金融的影响及对策"，《区域金融研究》2012 年第 7 期。

［84］杨波："跨境资金流动的本质及其宏观经济分析框架研究"，《河南财政税务高等专科学校学报》2012 年第 3 期。

［85］赵玉超："跨境资金流动：变化大影响深"，《中国外汇》2012 年第 13 期。

［86］郑宝利、黄雅娟、马飞："构建跨境资金流动监测分析框架探讨"，《大庆社会科学》2013 年第 6 期。

［87］翁东玲："人民币资金跨境流动中的风险与防范"，《福建论坛（人文社会科学版）》2013 年第 9 期。

［88］朱莉："跨境资金流动监测分析框架及方法探析"，《华北金融》2013 年第 12 期。

［89］牛娟娟："防范跨境资金流动风险仍是当前重要任务"，《金融时报》2014 年 3 月 7 日。

［90］汪滔："上海自贸区资本开放与风险管理"，《企业家日报》2014 年 11 月 9 日。

［91］高宏伟："跨境资金短期流动的阶段性驱动因素解读"，《经济问题探索》2014 年第 12 期。

［92］王玲、沈伟基："人民币跨境流动的监管问题研究"，《现代管理科学》2015 年第 3 期。

［93］吴彬、金海平："利率和汇率市场化改革对我国短期跨境资金流动的影响"，《华北金融》2015 年第 1 期。

［94］陈刚："资本项下跨境资金流动形势分析与研判"，《西部金融》2015 年第 4 期。

［95］施琍娅："自贸区跨境资金宏观审慎管理框架"，《中国金融》2015 年第 5 期。

［96］郑薇："跨境资金流动监管的深圳实践"，《中国金融》2013 年第 5 期。

［97］马飞："构建跨境资金流动监测分析框架、指标和机制的探讨"，《黑龙江金融》2011 年第 5 期。

［98］苏彩玲："我国跨境资金流动预警指标体系研究"，《武汉金融》2014 年第

8 期。

[99] 杨波："跨境人民币资金流动对宏观经济的影响：渠道、机理及其检验"，《金融监管研究》2014 年第 6 期。

[100] 罗素梅、赵晓菊："自贸区金融开放下的资金流动风险及防范"，《现代经济探讨》2014 年第 7 期。

[101] 孙涛、张晓晶："跨境资金流动的实证分析——以'香港路径'为例"，《金融研究》2006 年第 8 期。

[102] 张永春、张莉、马金辉："资本项目跨境资金流动监测预警体系的框架研究"，《华北金融》2009 年第 6 期。

[103] 王布衣、倪娜："构建跨境资本流动风险的应急机制"，《金融理论与实践》2007 年第 9 期。

[104] 高爱武、周阿平："关于建立银行跨境资金流动统计监测体系的构想"，《金融纵横》2005 年第 3 期。

[105] 林根："打造跨境资金流动监测体系"，《证券时报》2007 年 3 月 9 日。

[106] 刘义勇："跨境资金监测体系及数据整合优化研究"，《湖南大学》2012 年。

[107] 张文娟："跨境资金流动监测预警体系探析"，《青海金融》2012 年第 8 期。

[108] 梁建华："经常项目项下跨境资金异常流动研究"，《华北金融》2012 年第 9 期。

[109] 国家外汇管理局江西省分局课题组："关于跨境资金异常流动的应对研究"，《金融与经济》2013 年第 11 期。

[110] 毕德富、刘连营："金融危机背景下跨境资金流动监管面临的新挑战及策略选择"，《金融发展研究》2009 年第 11 期。

[111] 王玲、沈伟基："人民币跨境流动的监管问题研究"，《现代管理科学》2015 年第 3 期。

[112] 陈刚："资本项下跨境资金流动形势分析与研判"，《西部金融》2015 年第 4 期。

[113] 曹姝贤、胡永彬："现行监管模式下构建外汇管理主体监管框架的有效探索"，《金融纵横》2013 年第 5 期。

[114] 胡俊伟："资本项目跨境资金流动探析"，《中国金融》2013 年第 15 期。

[115] 金中夏、郭凯："遗失的美元：全球货币总量统计的巨大遗漏"，《国际经济评论》2012 年第 3 期。

[116] 张平、刘霞辉等："外部冲击与中国的通货膨胀"，《经济研究》2008 年第 5 期。

[117] 范小云、潘赛赛："国际资本流动理论的最新发展及其对中国的启示"，《国际金融研究》2008 年第 9 期。

[118] 李成、郝俊香："国际资本流动理论的发展与展望"，《西安交通大学学报（社会科学版)》2006 年第 3 期。

[119] 杜萌、徐明伟、方华山、武岩："国际资本流动理论回顾：一个文献综述"，

《金融教育研究》2011 年第 5 期。

[120] 叶辅靖："发达国家对资本流动的管理及其对我国的启示"，《经济研究参考》2002 年第 10 期。

[121] 何迎新："巴西资本账户开放实践及对我国的启示"，《湖南财政经济学院学报》2013 年第 12 期。

[122] 何泽荣、徐艳："论国际热钱"，《财经科学》2004 年第 3 期。

[123] 郭建泉、周茂荣："弹性汇率制度下资本控制的经济效应"，《经济研究》2003 年第 5 期。

[124] 李风城："汇率制度选择中的资本控制决策"，《南开经济研究》2003 年第 2 期。

[125] 袁长军："国际资本流动与中国金融制度改革"，《金融科学》2001 年第 3 期。

[126] 刘莉亚、任若恩："银行危机与货币危机共生性关系的实证研究"，《经济研究》2003 年第 10 期。

[127] 何问陶、傅晓初："20 世纪 90 年代以来国际短期资本流动的特征和影响"，《商业研究》2002 年第 9 期。

[128] 乔妹红："从国际资本流动看新兴市场国家资本控制的必要性"，《上海金融》2001 年第 8 期。

[129] 周丽华："资本流动全球化与中国对策的选择"，《国际金融》2003 年第 8 期。

[130] 王志军："国际短期资本流动与国际货币合作化方式的选择"，《南开经济研究》2001 年第 5 期。

[131] 陈涛、王刁农："浅析'热钱'流动对我国货币政策的影响"，《中国外汇管理》2003 年第 9 期。

[132] 张礼卿："关注国际'热钱'：判断与对策"，《中国外汇管理》2003 年第 9 期。

[133] 冯菊平："调控我国涉外资本流动的汇率政策"，《武汉金融》2002 年第 4 期。

[134] 冯菊平："改进型的两级托宾税与我国的外资管理"，《金融研究》2002 年第 5 期。

[135] 冯菊平："国际短期资本流动的影响及对策"，《中国经贸导刊》2000 年第 8 期。

[136] 冯菊平："创新外汇管理理念　提高外汇管理成效"，《中国外汇管理》2001 年第 3 期。

[137] 邢毓静："从国际经验看中国的资本外逃和及其政策选择"，《世经评论》2000 年第 12 期。

[138] 晓枫："资本账户自由化与资本自由流动"，《国际金融研究》2002 年第 7 期。

[139] 常志霄："资本项目自由化：发达国家和发展中国家的近期经验"，《国际金融研究》2000 年第 5 期。

[140] 黄瑞玲："国际金融动荡的原因及中国的金融安全"，《世界经济与政治论坛》2000 年第 2 期。

[141] 李文泓：“国际金融监管理念与监管方式的转变及对我国的启示”，《国际金融研究》2002 年第 4 期。

[142] 马德伦：“当前我国资本项目外汇管理工作面临的新问题”，《中国外汇》2002 年第 5 期。

[143] 郑建平：“国际资本流动的产业分析：动因、作用及其机制”，复旦大学 2003 年博士论文。

[144] 鲁刚：“当前人民币跨境贸易结算的现状与问题探讨”，浙江大学 2013 年硕士学位论文。

[145] 崔莹：“跨境贸易人民币结算的演化历程、发展条件及影响研究”，南京航天航空大学 2011 年本科毕业论文。

[146] 师昀煜：“中国资本账户的开放评估及国际证券项目开放研究”，外交学院 2013 年硕士论文。

[147] 杜鹏：“中国跨境资金流动管理研究”，天津财经大学 2011 年博士论文。

[148] 申一村：“上海自贸区金融试点改革与人民币国际化进程研究”，河北大学 2014 年硕士论文。

[149] 宋旭晨：“上海自贸区金融自由化模式研究”，大连海事大学 2014 年硕士学位论文。

[150] 迟红丽：“美国量化宽松货币政策退出对我国跨境资金流动的影响”，吉林大学 2015 年。

[151] 贺迪：“国际短期资本流动对我国货币政策的影响研究”，湘潭大学 2013 年。

[152] 郑鹏：“完善我国跨境本外币资金流动监管研究”，上海交通大学 2013 年。

[153] 顾丹：“开放经济下中国国际资本流动与货币政策效力分析”，西南财经大学 2006 年。

[154] 于倩：“金融危机背景下国际资本流动对我国金融稳定影响研究”，中国海洋大学 2013 年。

[155] 孙琦：“中国资本账户开放与金融风险互动研究”，华东师范大学 2013 年。

[156] 张燕燕：“我国资本项目开放进程下的短期资本流动监管”，西南财经大学 2006 年。

[157] 陈勃特：“人民币国际化进程中的货币跨境流通与金融风险研究”，武汉大学 2012 年。

[158] 张晨：“跨境资金流动对我国货币政策有效性的影响研究”，南京理工大学 20134 年。

[159] 林勇：“经常项目跨境资金流动监管问题研究”，西南大学 2013 年。

[160] 洪昊：“我国‘热钱’跨境流动风险监测预警体系研究”，浙江大学 2010 年。

[161] 傅冰：“货币国际化进程中的金融风险与对策研究”，上海社会科学院 2012 年。

[162] 杨照泽：“跨境贸易人民币结算问题研究”，东北财经大学 2011 年。

[163] 吴文然：“完善我国跨境资金流动监管法律体系之初探”，复旦大学 2011 年。

[164] 张俊:"跨境资金流动预警机制与金融宏观调控研究",山西财经大学2012年。

[165] 金雪:"我国国际资本流动突变预警研究",中国海洋大学2013年。

[166] 于倩:"金融危机背景下国际资本流动对我国金融稳定影响研究",中国海洋大学2013年。

[167] 郑鹏:"完善我国跨境本外币资金流动监管研究",上海交通大学2013年。

[168] 刘义勇:"跨境资金监测体系及数据整合优化研究",湖南大学2012年。

Afterword

后 记

继2014年上海金融学院国购·自贸区金融研究院推出第一本有关中国（上海）自由贸易试验区建设发展过程中金融改革开放制度创新与实践的研究报告——《资本账户开放与上海自贸试验区金融创新研究》后，研究院期望在2015年年度研究报告中进一步聚焦该领域，对与之密切相关的主题跨境资金流动的发展情况、趋势及上海自贸试验区的制度创新进行研究分析。

在当前经济全球化、金融自由化背景下，适度突破我国资本账户管制的部分范围、领域是大势所趋，与之相对应的即为资金跨境流动作为展现载体。近年来世界多个国家因跨境资金流动的规模或方向的监测不准或监管不力，造成或大或小的金融危机。前车之鉴，在全国范围内放开资本账户管制，或者启动跨境证券投资等业务，对于我国尚不完备的金融体系和尚未成熟的金融市场而言，是一个严峻的考验，尤其是近两年来我国跨境资金双向流动趋势日趋明显，双向波动幅度日趋剧烈。

上海作为我国改革开放的排头兵，以中国（上海）自由贸易试验区建设为蓝图，主动承担金融开放与制度创新先行先试的国家战略，推动了以自贸账户体系分账核算为基础的系列金融开放举措，以便利于率先试行上海自贸试验区的跨境资金流动。本书基于这一现实，试图探讨全球跨境资金流动的总体趋势与我国跨境资金流动的主要变化与特征，在对我国跨境贸易结算、跨境直接投资、跨境证券投资、跨境贷款等方面的资金流动情况及变化趋势进行分析的基础上，重点对上海自贸试验区在如上领域的金融制度改革与业务创新进行分析与总结，以为上海自贸区对外金融开放政策与制度设计探索一点思路。

本书由殷林森、吴君、刘晓明、杨莉莉、聂峰、吴洁执笔完成。其中殷林森执笔第1章第1节、第2节、第5节、第6节、第5章、第7章第2节至第4节；吴君执笔第2章和第7章第1节；刘晓明执笔第1章第3节、第4节；杨莉莉执笔第3章；聂峰执笔第4章；吴洁执笔第6章。殷林森负责本书研究提纲、框架的设计，以及全书的统稿工作。

在本书写作过程中，上海金融学院校长王洪卫教授给予了充分的肯定、支持和悉心点拨；上海市人民政府参事、浦东新区人大副主任吴大器教授组织调研并提供相应指导；上海金融学院王莹教授全程组织、协调、策划该项研究工作，对研究提纲、框架设计等多次进行指导并给予全力支持，在此深表谢意。也感谢中国财政经济出版社及编辑赵力、吕小军老师的细致校订。同时，写作中借鉴、引用和参考了许多专家学者的研究成果，难以一一指出，只能期望在后期再作深入研究，以此表达谢意。

因对跨境资金流动的研究还是初入堂奥，加之国际资讯、数据收集等的困难，不当和错误之处难免，敬请读者指正。后续研究院还将更加努力，陆续形成一批有影响力的科研成果，更好地服务经济发展和社会需要。

2015 年 11 月